BITEF (Hrsg.)

**Intensivschulung
Multiplan 4.0**

BITEF (HRSG.)

INTENSIV-SCHULUNG MULTIPLAN 4.0

 Mit 1 Diskette 5 1/4"
für IBM PC und Kompatible

Erarbeitet von Werner Peters

V

Friedr. Vieweg & Sohn   Braunschweig/Wiesbaden

Dieses Buch ist keine Original-Dokumentation zur Software der Fa. Microsoft.
Sollte Ihnen dieses Buch dennoch anstelle der Original-Dokumentation zusammen mit Disketten
verkauft worden sein, welche die entsprechende Microsoft-Software enthalten, so handelt es sich
wahrscheinlich um eine Raubkopie der Software.
Benachrichtigen Sie in diesem Fall umgehend Microsoft GmbH, Edisonstr. 1, 8044 Unterschleißheim
– auch die Benutzung einer Raubkopie kann strafbar sein.

Verlag Vieweg und Microsoft GmbH

Das in diesem Buch enthaltene Programm-Material ist mit keiner Verpflichtung oder Garantie irgend-
einer Art verbunden. Der Herausgeber, der Bearbeiter und der Verlag übernehmen infolgedessen keine
Verantwortung und werden keine daraus folgende oder sonstige Haftung übernehmen, die auf irgend-
eine Art aus der Benutzung dieses Programm-Materials oder Teilen davon entsteht.

Der Verlag Vieweg ist ein Unternehmen der Verlagsgruppe Bertelsmann International.

Entwurf: Schrimpf & Partner, Wiesbaden
Druck und buchbinderische Verarbeitung: Lengericher Handelsdruckerei, Lengerich
Printed in Germany

ISBN   3-528-04729-1

VORWORT

Das vorliegende Buch richtet sich an alle, die in Ausbildung oder Beruf zur Aufgabe haben, Daten und Informationen tabellarisch zu erfassen, Berechnungen und Auswertungen durchzuführen sowie Datenbestände zu verwalten. Ziel dieses Buches ist es, dem Leser einen sicheren und geübten Umgang mit den Hauptfunktionen von MULTIPLAN zu vermitteln, um dieses Anwenderprogramm als *Werkzeug* effektiv für aktuelle wie zukünftige Aufgaben einsetzen zu können. Anwendern gibt dieses Buch einen soliden Einstieg in das Gebiet der Tabellenkalkulation.

Langjährige praktische Erfahrungen im Bereich der Aus- und Weiterbildung - speziell auf dem Gebiet der EDV-Schulungen - bestimmen das didaktische Konzept des Buches. Zum Selbststudium eignet es sich ebenso wie als begleitende Schulungsunterlage in Seminaren. *Praxisbezogene Fallbeispiele* leiten den Nutzer von der einfachen Datenerfassung und Berechnung hin zu komplexen Auswertungen von Tabellen und Kombinationen von mehreren Dateien. Anhand fachlicher Aufgabenstellungen werden alle wesentlichen MULTIPLAN-Befehle schrittweise entwickelt. Dieses exemplarische Lernen ermöglicht Ihnen, Ihr neu erworbenes Wissen auf eigene Aufgabenstellungen zu übertragen. Es wurde Wert darauf gelegt, nicht den gesamten Befehlsvorrat und Funktionsumfang von MULTIPLAN einfach aufzulisten. Unsere Schulungserfahrungen bestätigen, daß nicht das Auswendiglernen von Befehlsfolgen, sondern erst das Begreifen von Zusammenhängen zum flexiblen, kenntnisreichen Einsatz des Programms befähigt. Anwender, deren Ansprüche über eine normale Programmeinführung hinausgehen, finden in der *Intensivschulung MULTIPLAN 4.0* ein bewährtes Hilfsmittel.

MULTIPLAN zählt zur Standardsoftware und ist damit so ausgelegt, daß es in verschiedenen Bereichen für unterschiedliche Aufgabenstellungen eingesetzt werden kann. Als *Tabellenkalkulationsprogramm* dient es dem Sammeln, Analysieren, Auswerten und Präsentieren von Daten und Informationen. Ob betrieblicher Soll-Ist-Vergleich, Finanzplanung, Vertriebsanalysen, Kalkulationen oder Trendberechnungen - für diese und weitere Problemstellungen ist Multiplan einsetzbar. Der Hersteller Microsoft hat seine neuste Version von Multiplan (Version 4.0) um einen *Datenbankbereich* erweitert. Auf diesen Bereich wie auch auf andere ab Version 4.0 vorgenommene Veränderungen wird ausführlich eingegangen werden. Für die Zukunft wird es sicherlich von Bedeutung sein, daß die neue MULTIPLAN-Version auch unter dem *Betriebssystem OS/2* lauffähig ist und damit die Vorteile des Multitasking genutzt werden können. Welche Besonderheiten in bezug auf MULTIPLAN als OS/2-Anwendung zu beachten sind, wird im Anhang dieses Buches skizziert.

Im Gegensatz zur Individualsoftware, die auf spezielle Anforderungen hin eigens entwickelt wurde, verfügt der Nutzer von *Standardsoftware* über ein Programm, dessen Einsatzgebiete er selber definieren kann. Voraussetzung dafür, Aufgabenstellungen mit MULTIPLAN adäquat zu lösen und das Programm als *Werkzeug* effektiv zu nutzen, ist die sichere Kenntnis seiner vielfältigen Möglichkeiten und Funktionen. Dazu soll dieses Buch verhelfen.

Hinweise zum Arbeiten mit dem Buch

Ohne eigene Übungen wird sich der Lernerfolg nicht einstellen. Insbesondere in bezug auf Computer-Anwenderprogramme bestätigt sich diese Erfahrung immer wieder. Das vorliegende Buch kommt Ihnen in dieser Hinsicht besonders entgegen:

- Die vorgestellten Beispiele in den einzelnen Kapiteln sind so beschrieben, daß sie unmittelbar am Computer nachzuvollziehen sind. *Musterlösungen* für alle entscheidenden Lernschritte finden Sie auf der beigefügten Übungsdiskette.

- Für *selbständige Übungen* stehen Ihnen im neunten Kapitel Aufgaben mit Musterlösungen zur Verfügung. Die Beispiele orientieren sich in ihrem Schwierigkeitsgrad am Kenntnisstand der Lernkapitel. Der Vorteil für Sie: Nach jedem Fallbeispiel des Buches können Sie bei Bedarf zur Verfestigung des Lernstoffes auf ein Übungsbeispiel zurückgreifen, das Ihrem jeweiligen Wissensstand angemessen ist. Auch diese Fallbeispiele einschließlich deren Lösungen sind auf der beigefügten Übungsdiskette gespeichert.

Bemerkungen zu den Hardware-Voraussetzungen

Die Vielzahl der Herstellerfirmen von Personal Computern, die verschiedenen Betriebssysteme und nicht zuletzt die unterschiedlichsten Tastaturen machen es notwendig, sich vorab auf einen bestimmten Standard zu verständigen.

- Die beschriebenen Verfahren gelten für IBM Personal Computer (XT, AT, PS/2) und alle Kompatiblen. Als Gerätestandard wird von einem Diskettenlaufwerk und einer Festplatte ausgegangen. Anwender mit zwei Diskettenlaufwerken finden an den relevanten Stellen Hinweise.

- Die MULTIPLAN-Anwendungen beziehen sich auf das Betriebssystem DOS. OS/2-Anwender finden im Anhang eine Hilfestellung, die wesentliche Unterschiede auflistet.

- Die Tastenbezeichnungen orientieren sich an der deutschen IBM-MF-Tastatur. Die Abb.1-1 gibt Ihnen eine Übersicht über IBM-Standardtastaturen und die im Buch gewählten Tasten-Bezeichnungen.

Im Buch verwendete Tastenbezeichnungen	IBM PC	IBM-MF
\<Pfeiltaste rechts\>	→	→
\<Pfeiltaste links\>	←	←
\<Pfeiltaste oben\>	↑	↑
\<Pfeiltaste unten\>	↓	↓
\<Bild oben\>	PgUp	Bild↑
\<Bild unten\>	PgDn	Bild↓
\<Pos1\>	Home	Pos1
\<Ende\>	End	Ende
\<Return\>	↵	↵
\<Tab\>	↤	↤
	↦	↦
\<Esc\>	Esc	Esc
\<Leertaste\>		
\<Rücktaste\>	←	←
\<Strg\>	Ctrl	Strg
\<Umschalt\>	⇧	⇧
\<Alt\>	Alt	Alt
\<Entf\>	Del	Entf
\<Einfg\>	Ins	Einfg

Abb. 1-1: Übersicht Tastenbelegung

INHALTSVERZEICHNIS

1 MULTIPLAN-EINFÜHRUNG

Das erste Kapitel

- *listet auf, welche Geräteausstattung notwendig ist, um mit MULTIPLAN arbeiten zu können, und gibt Hinweise zur Installation des Programms;*
- *zeigt, wie das Anwenderprogramm MULTIPLAN gestartet und wieder verlassen wird, und gibt einen Überblick über den Aufbau des elektronischen Arbeitsblattes;*
- *erklärt die wichtigsten Datentypen, ferner die Eingabe, Korrektur und das Löschen von Texten, Zahlenwerten und Formeln;*
- *beschreibt die Handhabung des Befehlsmenüs und die Abfolge der Befehlsauswahl;*
- *gibt an, wie die HILFE-Einrichtung genutzt werden kann.*

1.1 Die Voraussetzungen schaffen

Bevor Sie beginnen, MULTIPLAN als Werkzeug zur Lösung Ihrer fachlichen Aufgaben einzusetzen, müssen Sie zunächst die Voraussetzungen dafür schaffen. Unumgänglich ist, das Programm richtig zu installieren; d.h. Geräte (Hardware) und Programm (Software) aufeinander abzustimmen, sie anzupassen. In diesem Zusammenhang sollten Sie sich vorab informieren über Fabrikat und Typ Ihres Computers, des angeschlossenen Bildschirms (einschließlich des Monitoradapters) sowie des Druckers.

Die folgenden Abschnitte leisten Ihnen Hilfestellung, die für die Anwendung von MULTIPLAN richtigen Einstellungen vorzunehmen.

1.1.1 System-Konfiguration

Ein Computer-System zu konfigurieren heißt, die verschiedenen hard- und softwareseitigen Komponenten (Zentraleinheit, Bildschirm, Drucker, Betriebssystem) aufeinander abzustimmen und die Kapazität des Systems den Anforderungen entsprechend auszulegen.

Verwaltet wird das Zusammenspiel der einzelnen Hardwarekomponenten und der eingesetzten Anwenderprogramme durch eine Systemsoftware - das sogenannte Betriebssystem. Welche Anwendersoftware auf welchem Computer eingesetzt werden kann, hängt unter anderem davon ab, welches Betriebssystem den Computer steuert.

Die Abstimmung der einzelnen Computer-Bestandteile übernimmt bei Anwenderprogrammen ein sogenanntes Installations- oder Setup-Programm. Dieses Programm sorgt dafür, daß sich Ihre Geräte und Programme wechselseitig "verstehen". Ihnen bleibt es überlassen, dem Programm die hierfür notwendigen Informationen einzugeben. Dazu gehört die Kenntnis darüber, mit welchem Monitor Ihr Computer ausgestattet ist und welches Druckermodell angeschlossen werden soll. Um Ihnen ein wenig behilflich zu sein, führt die nachfolgende Aufstellung auf, welche Ausstattung für den Einsatz von MULTIPLAN in Frage kommt.

Computer: IBM PC; PS/2-Computer oder jeder dazu kompatible Rechner.

Interner Speicher: Die Mindestkapazität des verfügbaren Arbeitsspeichers muß 384kB betragen.

Externe Speicher: Der Computer muß mindestens mit zwei Diskettenlaufwerken (wahlweise 3,5 Zoll oder 5,25 Zoll) ausgerüstet sein oder über eine Festplatte verfügen.

Betriebssystem: MULTIPLAN ist lauffähig unter den Betriebssystemen DOS (ab Version 2.0) und OS/2 (ab Version 1).

Monitor und Monitoradapter: IBM Monochrome, IBM Color Graphics Adapter (CGA), IBM Enhanced Graphics Adapter (EGA), IBM Video Graphics Adapter (VGA), Hercules Graphics Karte, Hercules Graphics Plus, Hercules InColor, AT&T 6300 (Olivetti) Graphics, Ericsson Graphics sowie alle kompatiblen Karten. Genauere Informationen über Monitore und Monitoradapter finden Sie in der von MULTIPLAN beigefügten und im Installationsprogramm abrufbaren Datei INFO.TXT.

Maus: Optional kann mit einer Maus gearbeitet werden, und zwar mit der Microsoft Maus oder kompatiblen Modellen.

Drucker: Brother, Cannon, Diablo, Epson, Fujitsu, Hewlett-Packard, IBM, Mannesmann, NEC, Okidata, Panasonic, QMS, Tandy, Texas Instruments, Toshiba. Präzise Informationen über die unterstützten Druckermodelle im einzelnen können Sie der von MULTIPLAN beigefügten Datei DRUCKER.TXT entnehmen.

1.1.2 MULTIPLAN installieren

Die Installation des Programms wird durch ein besonderes Einrichtungsprogramm von MULTIPLAN unterstützt, das sich auf der mitgelieferten Einrichtungsdiskette (5,25 Zoll-Disketten) bzw. Einrichtungs-/Druckerdiskette (3,5 Zoll-Disketten) befindet. Bevor Sie mit der Installation beginnen, sollten Sie aus Sicherheitsgründen zuerst eine Kopie der Originaldisketten erstellen. Arbeiten Sie mit den Kopien, während Sie die Originaldisketten an einem gesicherten Ort, möglichst entfernt von elektrischen Geräten, verwahren.

VORGEHEN: Installation von MULTIPLAN auf der Festplatte

- Schalten Sie den Computer ein und geben Sie - falls dies nicht automatisch erfolgt - Datum und Uhrzeit gemäß dem angezeigten Format ein.

- Auf Ihrem Bildschirm erscheint daraufhin das Bereitschaftszeichen (Prompt) des Betriebssystems:

C>

Daran erkennen Sie, daß DOS bereit ist, Befehle auszuführen.

- Legen Sie die Einrichtungsdiskette in das Diskettenlaufwerk A, und schließen Sie die Verriegelung.

- Starten Sie das Einrichtungsprogramm, indem Sie nach dem Prompt eingeben:

A:Setup;

Bestätigen Sie die Eingabe mit der Eingabetaste <Return>.

- Folgen Sie nun den Bildschirmtexten des Programms. Als erstes werden Sie aufgefordert, ein Inhaltsverzeichnis auf Ihrer Festplatte zu bestimmen. Geben Sie zum Beispiel ein:

C:\MP

und bestätigen Sie mit <Return>. MULTIPLAN erstellt dieses Verzeichnis automatisch und kopiert später alle notwendigen Dateien dorthin.

Danach werden Sie nach dem Monitor bzw. Adapter gefragt, den Sie einsetzen. Bestätigen Sie auch hier und im folgenden weiteren Dialog mit den Bildschirmtexten Ihre Angaben mit <Return>.

Schließlich verlangt das Einrichtungsprogramm die Angabe, ob, und wenn ja, mit welchem Drucker gearbeitet wird. Bei der Auswahl des Druckertyps zeigt das SETUP-Programm Treibersätze an (Dateien mit der Erweiterung: PRD- bzw. DBS). Aus den Abkürzungen im Dateinamen erkennen Sie, um welches Druckermodell es sich handelt.

- Wenn Sie Ihre Wahl am Bildschirm getroffen haben, verlangt MULTIPLAN nach der Programmdiskette, der Druckerdiskette und zum Schluß nochmals nach der Einrichtungsdiskette. Die Installation ist soweit abgeschlossen. Die Datei INFO.TXT, die

Sie an dieser Stelle aufrufen und lesen können, enthält zusätz-
liche Informationen und Korrekturen gegenüber dem MULTI-
PLAN-Handbuch.

- Die Maus muß eigens installiert werden. Halten Sie sich dabei
genau an die Anweisungen des Maus-Handbuchs. In bezug auf
den Einsatz der Maus mit MULTIPLAN sollten Sie sich vergewissern, ob sich die auf der Systemdiskette mitgelieferten
Dateien MOUSE.COM und MOUSE.SYS im Unterverzeichnis
MP befinden.

HINWEIS:
    Für den Fall, daß Sie noch nie mit Befehlen des Betriebssystems DOS gearbeitet und nun
    Schwierigkeiten haben, in das Unterverzeichnis MP zu gelangen, eine bestimmte Datei
    aufzurufen oder im nächsten Abschnitt das Programm mit DOS zu starten, schlagen Sie
    bitte in Ihrem DOS-Handbuch nach.

1.1.3 Starten des Programms

Nachdem Sie den Personal-Computer (PC) eingeschaltet haben und falls Sie
mit einer Festplatte arbeiten, erscheint das Bereitschaftszeichen (Prompt) des
Betriebssystems DOS auf dem Bildschirm:

C>

Damit befinden Sie sich automatisch auf der Ebene des Hauptverzeichnisses
von DOS. Bei der Installation des Programms auf der Festplatte hatten Sie für
MULTIPLAN ein Unterverzeichnis, nämlich das Verzeichnis MP angelegt.
Um MULTIPLAN nun aufzurufen, müssen Sie als erstes in dieses Unterverzeichnis gelangen und zwar mit der Eingabe:

C>cd MP   <Return>

Der DOS-Befehl "cd" steht für "change directory;"- Wechsel des Verzeichnisses.

Falls Sie eine Maus einsetzen, müssen Sie als Erstes den Maus-Treiber laden
mit:

C>MOUSE   <Return>

Es folgt die Meldung:

INSTALLING MOUSE Driver Version...

Da Sie die Maus wahrscheinlich auch für andere Anwenderprogramme einsetzen und nicht jedes Mal von neuem laden wollen, empfiehlt sich, den Maus-
treiber automatisch über die AUTOEXEC.BAT zu starten. Wenn Sie nicht
wissen, wie diese Datei zu schreiben ist, schlagen Sie im DOS-Handbuch oder
einem Lehrbuch unter dem Stichwort BATCH-Programmierung nach.

Jetzt können Sie mit mp MULTIPLAN aufrufen:

C>mp   <Return>

HINWEIS:
 Sollten Sie mit zwei Diskettenlaufwerken arbeiten, muß sich im Laufwerk A: (linkes bzw.
 oberes Laufwerk) die Systemdiskette von MULTIPLAN befinden und im Laufwerk B:
 (rechtes bzw. unteres Laufwerk) die Arbeitsdiskette zum Speichern Ihrer Übungsdateien.
 Auf dem Bildschirm meldet sich DOS mit dem prompt: A> und der Aufruf von MULTI-
 PLAN wäre entsprechend: A>mp.

1.2 Bildschirm, Arbeitsblatt, Feldzeigersteuerung und Aufruf von Menübefehlen

1.2.1 Bildschirm und elektronisches Arbeitsblatt

Nach einigen Sekunden erscheint auf dem Bildschirm der *Ausschnitt eines elektronischen Arbeitsblattes*. Statt "Arbeitsblatt" werden auch die Namen "WORKSHEET" oder "SPREADSHEET" verwendet, gemeint ist das Gleiche. Das MULTIPLAN-Arbeitsblatt besteht aus insgesamt 4095 Zeilen und 255 Spalten. Die Zeilen sind am linken, die Spalten am oberen Bidschirmrand zur Kennzeichnung einzeln durchnumeriert. Von Ausschnitt des Arbeitsblattes - in der oberen linken Ecke mit:-1 gekennzeichnet - ist die Rede, weil nur ein Teil des verfügbaren Raumes auf dem Bildschirm sichtbar ist, nämlich standard-mäßig 20 Zeilen und 7 Spalten.

Die kleinste Einheit des Arbeitsblattes wird als *Feld* bezeichnet und läßt sich durch je eine Zeilen- und Spaltennummer (z.B Z3S6) räumlich zuordnen. Man spricht in diesem Zusammenhang von *Feldadressen* - dieser Begriff wird im Buch weiter verwendet - oder von Positionsangaben (MULTIPLAN-Hand-buch). Mit Hilfe dieser Feldadressen läßt sich jedes einzelne Feld ansprechen. Zum Beispiel befindet sich der leuchtende *Feldzeiger* augenblicklich in der obersten linken Ecke des Arbeitsblattes. Präziser läßt sich die Position des Feldzeigers angeben mit *Z1S1*, d.h. er befindet sich im Schnittpunkt der ersten Zeile mit der ersten Spalte, eben im Feld Z1S1.

Vermerkt wird die Adresse des aktiven Feldes, d.h desjenigen Feldes, auf das der Feldzeiger gerichtet ist, in der Statuszeile, am unteren linken Rand des Bildschirms. Wenn Sie den Feldzeiger mit der *<Pfeiltaste rechts>* in das nächste Feld nach rechts bewegen, ändert sich automatisch die Feldadresse in der Statuszeile von Z1S1 in *Z1S2*.

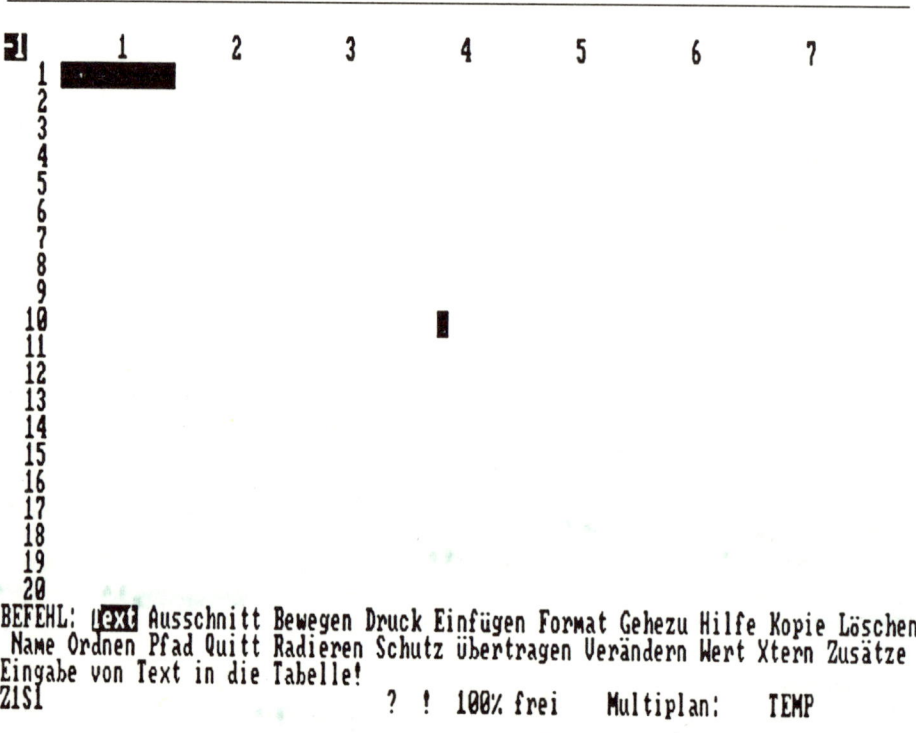

Abb.1-2: MULTIPLAN-Bildschirm

Falls Sie eine Maus einsetzen, befindet sich in der Mitte des Bildschirms der
Mauszeiger. Wie mit dem Feldzeiger können die Felder des Arbeitsblattes mit
der Maus angesprochen werden. Bewegen Sie den Mauszeiger auf die Feld-
adresse Z3S2 und klicken Sie mit einer der beiden Maustasten (falls Sie eine
Maus mit drei Tasten haben, wählen Sie die linke oder rechte Taste). Das Feld
wird aktiviert, optisch daran zu erkennen, daß es durch einen hell leuchtenden
Hintergrund hervorgehoben wird. In der Statuszeile wird wieder die veränderte
Feldadresse, d.h. die Adresse des aktiven Feldes angezeigt.

Neben der Adresse des aktiven Feldes verzeichnet die Statuszeile, wieviel *Spei-
cherplatz* (relativ) noch zur Verfügung steht (zur Zeit ohne Eingabe *100%*).
Rechts daneben wird der vorläufige Name der Datei angezeigt: "*TEMP*". Nä-
heres dazu erfahren Sie im Kapitel 3 über das Speichern von Dateien.

Am unteren Bildschirmrand erkennen Sie das aus 2 Zeilen bestehende *Haupt-
befehls-Menü* von MULTIPLAN. Durch Aktivierung der einzelnen Befehle
werden Sie MULTIPLAN Anweisungen geben, Tabellen zu erstellen, zu be-

rechnen, zu speichern und zu präsentieren. Der leuchtende Hintergrund markiert die momentane Position des *Befehlszeigers* auf dem Befehl *Text*.

1.2.2 Bewegen des Feldzeigers über die Tastatur oder mit der Maus

Es wurden bereits erwähnt, daß der Feldzeiger sowohl mit den Pfeiltasten als auch mit der Maus zu steuern ist.

Feldzeiger-Steuerung über die Tastatur

Über die Tastatur können Sie den Feldzeiger mit Hilfe der Pfeiltasten steuern.

<Pfeiltaste rechts>	Felddzeiger um ein Feld nach rechts bewegen
<Pfeiltaste links>	Feldzeiger um ein Feld nach links bewegen
<Pfeiltaste oben>	Feldzeiger um ein Feld nach oben bewegen
<Pfeiltaste unten>	Feldzeiger um ein Feld nach unten bewegen

Bewegen Sie jetzt einmal den Feldzeiger nach rechts , bis er in der Spalte 7 steht (Feld *Z1S7*). Beobachten Sie, was passiert, wenn Sie den Feldzeiger weiter nach rechts bewegen. Der Feldzeiger bleibt weiterhin sichtbar, während sich die Spaltennummern des Bildschirmausschnitts verschieben. Das wird als "Rollen" der Tabelle bezeichnet. Wenn Sie den Feldzeiger zum unteren Rand des Bildschirm bewegen, zum Beispiel zum Feld *Z25S10*, verschieben sich die Ausschnitt-Zeilen entsprechend.

Das *Rollen des Ausschnitts* können Sie sich zunutze machen, um den Feldzeiger nicht nur um jeweils ein Feld zu bewegen, sondern seitenweise.

<Strg> + <Pfeiltaste rechts>	Ausschnitt um 1 Bildschirmseite nach rechts verschieben
<Strg> + <Pfeiltaste links>	Ausschnitt um 1 Bildschirmseite nach links verschieben
<Bild oben>	Ausschnitt um 1 Bildschirmseite nach oben verschieben
<Bild unten>	Ausschnitt um 1 Bildschirmseite nach unten verschieben

Von Bedeutung für die Steuerung des Feldzeigers sind - außer den angeführten Tasten - die Taste: *<Pos1>* sowie die Taste *<Ende>*. Mit *<Pos1>* kehrt der Feldzeiger, unabhängig davon in welchem Feld er steht, sofort zum Ausgangsfeld: Z1S1 zurück. Mit *<Ende>* springt der Feldzeiger zum letzten belegten Feld der Tabelle. Diese Methode der schnellen Feldzeiger-Bewegung ist also nur verwendbar, wenn bereits Eingaben gemacht worden sind.

Feldzeiger-Steuerung mit der Maus

Mit der Maus läßt sich der Feldzeiger direkt über den Bildschirm bewegen, indem der Mauszeiger auf das gewünschte Feld gesetzt und eine der Maustasten betätigt wird.

Das seitenweise Rollen des Ausschnitts (Bildlauf) ist mit Hilfe der Maus ebenfalls möglich.

Waagerechter Bildlauf:

- der Mauszeiger wird an den oberen Bildrand auf die Spaltennummerierung bewegt. Für einen Bildlauf nach links wird die linke Maustaste, für einen Bildlauf nach rechts die rechte Maustaste betätigt. Der Ausschnitt verschiebt sich um soviele Spalten, wie sich der Mauszeiger vom linken Bildrand befindet.
  Beispiel: Der Ausschnitt zeigt die Standardeinstellung (Spalten: 1 bis 7; Zeilen:1 bis 20). Bewegen Sie den Mauszeiger auf die Spaltennummer 5 und klicken mit der rechten Maustaste. Der Ausschnitt verschiebt sich um 5 Spalten nach rechts, denn Spalte 5 ist die fünfte Spalte vom linken Bildrand aus gesehen.

Senkrechter Bildlauf:

- der Mauszeiger wird an den linken Bildrand auf die Zeilennummerierung bewegt. Für einen Bildlauf nach oben wird die linke Maustaste, für einen Bildlauf nach unten die rechte Maustaste betätigt. Der Ausschnitt verschiebt sich um soviele Zeilen, wie sich der Mauszeiger vom oberen Bildrand befindet.
  Beispiel: Der Ausschnitt zeigt die Standardeinstellung (Spalten: 1:7; Zeilen:1:20). Bewegen Sie den Mauszeiger auf die Zeilennummer 15 und klicken mit der rechten Maustaste. Der Ausschnitt verschiebt sich um 15 Zeilen nach unten, denn Zeile 15 ist die fünfzehnte Zeile vom oberen Bildrand aus gesehen.

1.2.3 Aufruf von Menübefehlen

Mit Pfeiltasten und Mauszeiger lassen sich schnell Felder erreichen, die mehr oder weniger in der Nähe der Ausgangsposition liegen. Bei weiter auseinanderliegenden Feldabständen werden diese Methoden ineffektiv. Besser ist es, den Befehl *Gehezu Zeile_Spalte* einzusetzen. Mit diesem Befehl weisen Sie MULTIPLAN an, den Feldzeiger in ein bestimmtes Feld zu bewegen.

Bei dieser Gelegenheit lernen Sie gleichsam, das Menü von MULTIPLAN zu handhaben. Die beiden Menüzeilen am unteren Bildschirmrand verzeichnen alle Befehle, die MULTIPLAN kennt (Hauptmenü) und ausführen kann.

```
BEFEHL: Text Ausschnitt Bewegen Druck Einfügen Format Gehezu Hilfe Kopie Löschen
 Name Ordnen Pfad Quitt Radieren Schutz übertragen Verändern Wert Xtern Zusätze
Geht zu Feld, benanntem Bereich oder Ausschnitt bzw. führt Makro aus!
Z1S1                        ? ! 100% frei    Multiplan:   TEMP
```

Möglichkeiten zur Auswahl eines Befehls:

* der Anfangsbuchstabe des gewünschten Befehls wird eingegeben;

* der Befehlszeiger wird mit der *<Leertaste>* nach rechts und mit der *<Rücktaste>* nach links zum gewünschten Befehl bewegt und dieser dann mit *<Return>* aufgerufen.

* der Mauszeiger wird auf den gewünschten Befehl bewegt, und dann klickt man mit der linken Maustaste, um den Befehl auszuwählen. Anzumerken ist hier, daß die rechte Maustaste direkt zur untersten Befehlsebene leitet; eine Technik, die Sie erst anwenden sollten, wenn Ihnen das Menü vertrauter geworden ist;

* mit der *<Esc>*-Taste können Sie den Befehl abbrechen.

Die zeitintensive Methode, Befehle mit Hilfe der *<Leertaste>* anzusteuern, empfiehlt sich insbesondere für Einsteiger. Zwischen Menü und Statuszeile, in der sogenannten Meldungszeile, erscheint ein Kommentar zum jeweiligen Befehl, der gerade im Anfangsstadium Ihrer Arbeit mit MULTIPLAN durchaus hilfreich sein kann.

Viele Befehle des Hauptmenüs eröffnen, wenn sie aufgerufen werden, eine Liste weiterer Befehle. Diese Untermenüs werden analog zum Hauptmenü mit den gleichen Tasten gehandhabt. Die Aktivierung eines Unterbefehls führt oftmals zu Befehlsfeldern, in denen durch Eingabe verschiedener Optionen die Ausführung des Befehls konkretisiert werden muß.

Eingaben in den Befehlsfeldern:

- Das mit leuchtendem Hintergrund markierte Befehlsfeld ist das aktive. Mit der *<Tab>*-Taste bewegen Sie den Zeiger von einem Befehlsfeld zum anderen. In der Meldungszeile vermerkt MULTIPLAN einen Kommentar zum jeweiligen Befehlsfeld.

- Haben Sie innerhalb eines Befehlsfeldes mehrere Wahlmöglichkeiten, bewegen Sie den Befehlszeiger mittels der Leertaste auf diejenige Option, die Sie wünschen und bestätigen entweder mit *<Return>* (woraufhin Sie wieder in das Untermenü gelangen) oder bewegen sich mit *<Tab>* in das nächste Befehlsfeld.

- Oft enthalten die Befehlsfelder bereits Vorschläge von MULTIPLAN. Sollten Sie mit dem konkreten Vorschlag einverstanden sein, bewegen Sie den Zeiger mit *<Tab>* zum nächsten Befehlsfeld, oder Sie bestätigen die Vorschläge mit *<Return>*.

- Sind Sie mit den Vorschlägen nicht einverstanden, überschreiben Sie die Angaben mit Ihren eigenen Antworten oder löschen die Vorschläge mit der *<Entf>*-Taste.

Wenden Sie nun die Technik der Befehlsauswahl in bezug auf das Bewegen des Feldzeigers mit Hilfe des Menübefehls *Gehezu* an.

Aufgabe: Bewegen Sie den Feldzeiger zum Feld *Z4095S255* und wieder zurück zur Ausgangsposition.

VORGEHEN: Feldzeigersteuerung über Menü

- Geben Sie ein G ein oder bewegen Sie den Feldzeiger auf den Befehl Gehezu und schließen mit *<Return>* ab.

- Im daraufhin erscheinenden Untermenü wählen Sie den Befehl *Zeile_Spalte*, indem Sie ein Z eingeben
oder
den Feldzeiger auf den Befehl bewegen und die *<Return>*-Taste drücken.

- Der Befehlszeiger steht nun im ersten Befehlsfeld, in dem die Zeilennummer 1 angezeigt wird. Überschreiben Sie die vorgegebene Zeilennummer, indem Sie 4095 eingeben.

- Mit der *<Tab>*-Taste bewegen Sie den Feldzeiger zum nächsten Befehlsfeld, wo die Spaltennummer mit 1 angezeigt wird. Geben Sie die Spaltennummer 255 ein.

GEHEZU Zeile: 4095   *Spalte:* 255

- Mit *<Return>* weisen Sie MULTIPLAN an, den Befehl ausführen.

- Am schnellsten bewegen Sie den Feldzeiger zurück, indem Sie die Taste *<Pos1>* drücken.

Sollten Sie aus Versehen den falschen Befehl gewählt haben, gelangen Sie mit der *<ESC>*-Taste zurück ins Hauptmenü.

Verlassen von MULTIPLAN

Nachdem Sie nun wissen, wie Befehle aufzurufen sind, können Sie mit einer der gelernten Methoden jederzeit MULTIPLAN verlassen über den Befehl *Quitt.* Da wir bislang noch nichts eingegeben haben, können Sie die anschließende Abfrage von MULTIPLAN nach einer Speicherung mit *Nein* beantworten.

1.3 Eingeben, Korrigieren und Löschen von Daten

Nach so vielen Vorübungen gehen wir nun dazu über, die ersten Daten einzugeben. Werden Daten eingegeben, folgt oft die Notwendigkeit, falsch eingegebene Daten zu korrigieren (editieren) oder gar vollständig zu löschen.

1.3.1 Eingabe von Texten, Werten und Formeln

MULTIPLAN unterscheidet streng zwischen Texten und Werten/Formeln als Eingabe. Texte und Zahlen sind zwei der fünf Datentypen, die MULTIPLAN verarbeiten kann (vgl. Abb. 1-3).

Aufgabe: Geben Sie im Feld Z1S1 das Wort: "Seminar" ein.

VORGEHEN: Texteingabe

- Der Feldzeiger *steht bereits* im richtigen Feld *Z1S1*.

- Wählen Sie den Befehl: *Text*, indem Sie ein *T* eintippen oder einfach die *<Return>*-Taste betätigen, weil der Feldzeiger bereits auf diesem Befehl steht.

- Geben Sie nun *den Text: Seminar* ein, und zwar ohne Anführungsstriche!

- Lassen den Befehl mit *<Return>* ausführen. In der Statuszeile neben der Feldadresse Z1S1 wird nun der Feldinhalt angezeigt.

Für Texteingaben gilt:

- Texte setzt MULTIPLAN in Anführungsstriche; hier:"Seminar".
- Texte werden standardmäßig linksbündig ausgerichtet.

Bewegen Sie nun den Feldzeiger auf das Feld Z2S1 und geben - nach dem oben beschriebenen Verfahren - den Text:"Intensiv-Seminar" ein. Sie werden feststellen, daß die Feldanzeige den eigegeben Text abschneidet. Das liegt daran, daß MULTIPLAN *standardmäßig 10 Zeichen pro Spalte* anzeigt. Daß der Gesamttext nicht verlorengegangen ist, erkennen Sie daran, daß das vollständige Wort als Feldinhalt neben der Feldadresse vermerkt ist. Sie werden im Kapitel 2 lernen, wie man die Breite der Spalten so verändert, daß die gesamte Eingabe im Feld angezeigt wird.

Gehen wir zum zweiten Datentyp von MULTIPLAN über: den Zahlen.

Aufgabe: Geben Sie im Feld Z1S3 die Zahl 1365 ein.

VORGEHEN: Zahleneingabe

- Bewegen Sie den Feldzeiger zum Feld Z1S3
- Der Aufruf des Befehls *Wert* erfolgt, indem Sie entweder den Anfangsbuchstaben *W* eingeben,
  oder
  mit der *<Leertaste>* bzw. *<TAB-Taste>* + *<Return>* den Befehl ausführen,
  oder
  mit der *linken Maustaste* den Befehl anklicken
- Geben Sie im Befehlsfeld den Wert *1365* ein, und schließen Sie die Eingabe mit *<Return>* ab.

Ist es bei Texteingaben unbedingt notwendig, den Befehl *Text* zu wählen, kann der Befehl *Wert* ausgelassen und die Zahl einfach eingegeben werden. MULTIPLAN schaltet automatisch auf Werteingabe.

Geben Sie nun mit der gleichen Technik im Feld Z2S3 den Wert *1365,00* ein. Die Anzeige der Zahl im Feld Z2S3 ist völlig übereinstimmend mit der vorherigen Eingabe - die Nachkommastellen erscheinen nicht. Das liegt daran, daß es bei Multiplan als Norm gilt, daß überflüssige Nullen abgeschnitten werden.

Eine weitere Besonderheit bei der Feld-Darstellung von eingegebenen Zahlen sehen Sie in Abb. 1-3, Spalte 4 und 5. Dort wird ersichtlich, daß MULTIPLAN Zahlen so genau wie möglich in der zur Verfügung stehenden Spaltenbreite (Standard: 10 Zeichen) anzeigt und daher bei Zahlen, die ausgeschrieben über die Spaltenbreite hinausgingen, zur sogenannten Exponentenschreibweise übergeht. (Das bedeutet: der Wert der eingegebenen Zahl ergibt sich aus der

Multiplikation der Mantisse mit der Potenz von 10. Konkret: $1E-08 = 1*10^{-8}$ $= 0,00000001$ oder $1,235E+09 = 1,235*10^9 = 1234567890$)

Ein anderes MULTIPLAN-Prinzip bei der Feld-Darstellung von Zahleneingaben ist, daß bei standardmäßiger Spaltenbreite nach der 4. Nachkommastelle grundsätzlich gerundet wird. Um das einmal nachzuvollziehen, geben Sie nun bitte im Feld Z3S3 die Zahl *1365,5555* ein. Der Wert wird exakt dargestellt. Wenn Sie nun ein Feld darunter, in Z4S3 die Zahl *1365,55555* eingeben, erkennen Sie, daß MULTIPLAN nach der 4. Nachkommastelle aufrundet bzw. abrundet. Es ist wichtig, sich daran zu erinnern, daß es sich nur um die gerundete *Anzeige* des Wertes handelt. Überprüfen Sie den angezeigten *Feldinhalt* in der Statuszeile und Sie werden sehen, daß MULTIPLAN mit dem exakten Wert rechnet!

Eingabe von Formeln mit Konstanten

Aus der Kenntnis, wie Zahlen einzugeben sind, folgt der nächste Schritt, nämlich mit diesen Zahlen Formeln zu erstellen.

Rechenzeichen nach der Reihenfolge der Berechnung:

-	negativer Wert
%	Prozent; Division durch 100
^	Potenzierung
*	Multiplikation
/	Division
+	Addition
-	Subtraktion

Aufgabe: Geben Sie in das Feld Z1S7 die Addition der Zahlen 5 und 11 ein.

VORGEHEN: Formeleingabe mit Konstanten

- Bewegen Sie den Feldzeiger auf das Feld Z1S7
- Rufen Sie den Menübefehl *Wert* auf und geben Sie ein: *5+11* oder beginnen Sie gleich mit der Eingabe von: *5.*

  Beachten Sie bitte, daß eine Formel kein Leerzeichen enthalten darf!
- Lösen Sie die Berechnung mit *<Return>* aus. Die Formel wird von MULTIPLAN sofort berechnet und das Ergebnis wird im Feld angezeigt.

Bei Mischberechnungen ist unbedingt zu beachten, in welcher Reihenfolge
MULTIPLAN rechnet - von dieser Reihenfolge ist nämlich das Ergebnis ab-
hängig.

Testen Sie das selbst, indem Sie im Feld *Z2S7* die Formel: $2+7*2$ eingeben.
Zuerst multipliziert MULTIPLAN $7*2=14$ und addiert dann $14+2=16$. Geben Sie dann in Feld *Z3S7* die Formel: $2*2+7$ ein. Zuerst wieder die
Multiplikation $2*2=4$ und danach die Addition $4+7=11$. Durch die Verwendung von Klammern kann man die Reihenfolge der Berechnungen ändern. Geben Sie im Feld *Z4S7* die Formel: $2*(2+7)$ ein. Zuerst berechnet MULTI-
PLAN den Klammerausdruck $2+7=9$ und danach die Multiplikation $2*9=18$.

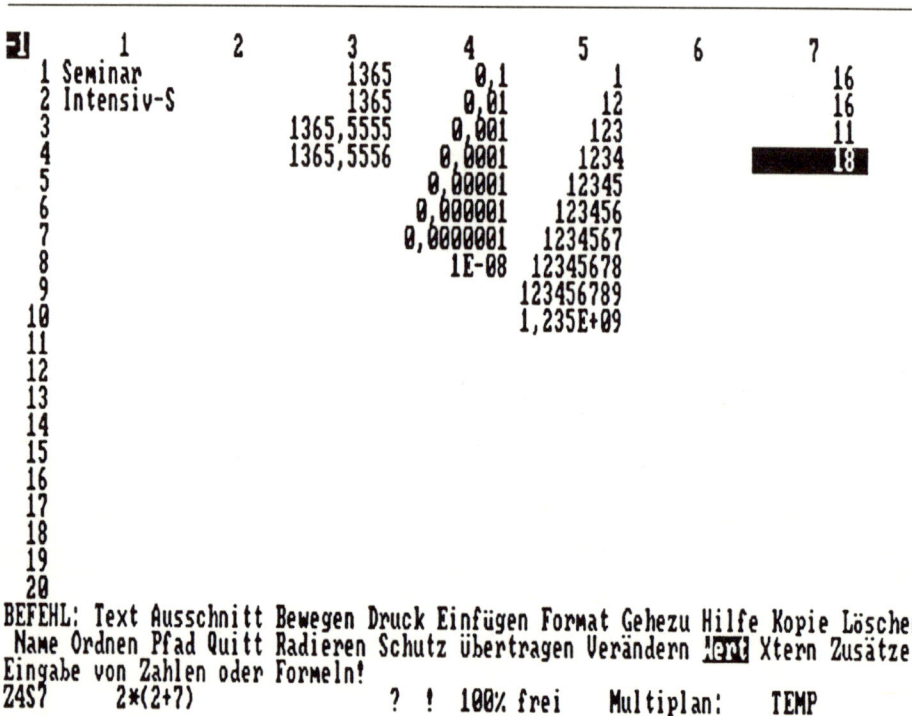

Abb. 1-3: Text-, Wert- und Formeleingaben

Über die Dateneingabe haben Sie drei - für die Arbeit mit MULTIPLAN - wesentliche Begriffe kennengelernt, die hier nochmals anhand des letzten Beispiels konkretisiert werden:

Feldadresse:	Z1S7
Feldinhalt:	5+11
Feldanzeige:	16

1.3.2 Korrigieren von Eingaben und Löschen von Feldinhalten mit Hilfe eines Menübefehls

Es wird häufig vorkommen, daß sich bei der Eingabe von Daten Fehler einschleichen. Tippfehler lassen sich ebensowenig vermeiden wie falsche Eingaben oder Eingaben in das falsche Feld. Sie haben verschiedene Möglichkeiten, fehlerhafte Eingaben zu berichtigen. Für die Korrekturtechniken ist von Bedeutung, ob der Fehler während der Eingabe bereits bemerkt wird oder erst, wenn die Eingabe in das Feld bereits erfolgt ist.

Korrektur während der Eingabe

<Rücktaste>
löscht das - von der Position des Zeigers aus gesehen -linksstehende Zeichen;

<Esc>-Taste
bricht den Befehl ab, d.h. sämtliche gerade eingegebenen Zeichen werden zurückgenommen

Korrektur nach der Eingabe

Überschreiben
Der alte Feldinhalt wird durch eine neue Eingabe gelöscht bzw. überschrieben.

Verändern
Mit diesem Menübefehl können Sie die Eingabe in das Befehlsfeld zurückholen und editieren. Texte erscheinen in Anführungsstrichen, die auch nach der Korrektur vorhanden sein müssen. Der Zeiger steht am rechten Ende. Innerhalb der Eingabe bewegen Sie den Zeiger mit Hilfe der angeführten Funktionstasten zeichenweise oder wortweise.

<F9>	Zeiger um ein Zeichen nach links
<F10>	Zeiger um ein Zeichen nach rechts
<F7>	Zeiger um ein Wort/Zahl nach links
<F8>	Zeiger um ein Wort/Zahl nach rechts

Wenn Sie das Zeichen bzw. die Zeichen entsprechend markiert haben, gebrauchen Sie die

<Rücktaste>
um den - von der Position des Zeigers aus gesehen - linksstehenden markierten Teil zu löschen

<Entf>
um den vom Zeiger markierten Teil zu löschen.

Ihre Korrektureingaben können sofort erfolgen, denn MULTIPLAN arbeitet im Einfügemodus, d.h. die neuen Zeichen werden an der Stelle, wo sich die Markierung befindet, eingefügt.

Radieren eines Feldinhaltes

Es passiert häufig, daß eine Eingabe versehentlich im falschen Feld erfolgt. Um eine solche Fehleingabe rückgangig zu machen, steht Ihnen der MULTIPLAN -Befehl *Radieren* zur Verfügung.

Aufgabe: Radieren Sie den Inhalt des Feldes mit der Adresse Z1S1

VORGEHEN:

- Bewegen Sie den Feldzeiger mit der Taste *<Pos1>* auf die Feldadresse Z1S1
- Rufen Sie dann den Menübefehl *Radieren* auf, indem Sie entweder:
  den Anfangsbuchstaben *R* eingeben
  oder
  den Feldzeiger mit Hilfe der *<Leertaste>* bzw. der *<TAB-Taste>* auf den Befehl bewegen und die *<Return>*-Taste drücken
  oder
  den Befehl mit der *linken Maustaste* anklicken.

Für Korrektur wie Radieren der Inhalte und Anzeigen einzelner Felder sind die oben angeführten Techniken nützlich. Wenn es jedoch darum geht, die Inhalte von mehreren Feldern zu verändern, ist eine andere Methode angezeigt.

1.3.3   Feldbereiche für einen Befehl festlegen

Im Zusammenhang mit dem Radieren von Feldinhalten lernen Sie, wie Feldbereiche festgelegt werden. Dies ist eine Technik, die Sie während der Arbeit mit MULTIPLAN immer dann anwenden, wenn ein Befehl für mehrere Felder zugleich zur Anwendung kommen soll.

Bestimmen eines Bereichs mit zusammenhängenden Feldadressen

Ein Bereich wird durch zwei Feldadressen festgelegt, die durch einen Doppelpunkt als Bereichsoperator verbunden sind. Durch diesen Doppelpunkt begreift MULTIPLAN die beiden Feldadressen als Eckpunkte eines Bereichs "von...bis". Anfangsadresse ist normalerweise das Feld der oberen linken Bereichsecke; die Adresse für das Bereichsende ist diejenige der linken unteren Bereichsecke. Die Funktionstaste <F6> (Doppelpunkt) kann zur Erweiterung des Bereichs eingesetzt werden. Auf alle Felder innerhalb des Bereichs wird der gewählte Befehl angewendet.

Aufgabe: Radieren Sie die Inhalte der Felder *Z3S3* und *Z4S3*

VORGEHEN:

- Bewegen Sie den Feldzeiger auf die Feldadresse *Z3S3*
- Rufen Sie dann den Menübefehl *Radieren* auf.
- Geben Sie im Befehlsfeld den zu radierenden Bereich an: *Z3S3:Z4S3*

```
RADIEREN Felder: Z3S3:Z4S3

Geben Sie bitte die Position eines Felds oder eines Tabellenbereichs ein!
Z4S3     1365,5556           ? ! 100% frei    Multiplan:   TEMP
```

Bestimmen eines Bereichs mit nicht zusammenhängenden Feldadressen

Es zählt zu den Vorzügen von MULTIPLAN, daß nicht zusammenhängende Bereiche oder Felder miteinander verknüpft und damit auch bearbeitet werden können. Als Verknüpfungsoperator gilt ein Strichpunkt.

Aufgabe: Radieren Sie die Inhalte der Felder *Z2S1, Z1S3, Z2S3, Z1S7, Z2S7, Z3S7* und *Z4S7*

VORGEHEN:

- Bewegen Sie den Feldzeiger auf die Feldadresse *Z2S1*.
- Rufen Sie dann den Menübefehl *Radieren* auf.
- Geben Sie im Befehlsfeld den zu radierenden Bereich an: *Z2S1;Z1S3:Z2S3;Z1S7:Z4S7*

RADIEREN Felder: Z2S1;Z1S3:Z2S3;Z2S7:Z4S7

Geben Sie bitte die Position eines Felds oder eines Tabellenbereichs ein!
Z4S7   2*(2+7)   ? ! 100% frei   UF   TEMP

Markieren eines Bereichs mit der Maus

Aktivieren Sie das obere linke Feld des Bereichs, indem Sie mit der linken
Maustaste klicken. Halten Sie dann eine der beiden Maustasten gedrückt und
bewegen die Maus diagonal nach rechts, bis der gewünschte Bereich markiert
ist.

HINWEIS
    Eine Bereichsmarkierung mit der Maus können Sie vor Auswahl des Befehls vornehmen.
    Der markierte Bereich wird dann von MULTIPLAN für den entsprechenden Befehl
    übernommen.

1.4 Die Hilfsinformationen von MULTIPLAN in Anspruch nehmen

Auf eine für MULTIPLAN-Einsteiger sehr nützliche Einrichtung sei ganz besonders hingewiesen: die Hilfe. Verschiedene Möglichkeiten bietet MULTI-
PLAN an, um Hilfetexte in Anspruch zu nehmen:

- Mit dem Menübefehl: HILFE wird ein HILFE-Untermenü angezeigt und
  eine erste Hilfe-Seite (vgl. Abb. 1-4). Die Menüpunkte werden wie bei den
  anderen Menüs aufgerufen.

- Mit Hilfe der Taste <?> oder wenn Sie mit der Maus das Fragezeichen am
  unteren Bildschirmrand anklicken, erhalten Sie eine kontextabhängige
  Hilfsinformation über den Befehl, mit dem Sie gerade arbeiten.

- Wollen Sie zu einem beliebigen Befehl die Hilfeinformation aufrufen, muß
  dieser Befehl markiert und dann die Fragezeichentaste <?> betätigt werden.

Wenn Sie den Befehl *Hilfe* wählen erscheint das folgende Bild:

Hilfe

Sie haben drei Möglichkeiten, HILFE in Anspruch zu nehmen:

1. Während Sie arbeiten, können Sie jederzeit die "?" Taste drücken.
   Der gerade benutzte Befehl wird erläutert. Drücken der Taste "W"
   bringt Sie wieder in Ihre Tabelle zurück.

2. Informationen zu einem der unten angegebenen Themen erhalten Sie
   durch Drücken des entsprechenden Anfangsbuchstabens.

3. Durch "Blättern" machen Sie sich mit allen zur Verfügung stehenden Informationen vertraut. Drücken Sie auf "N" um die nächste Seite, auf "V"
   um die vorhergehende Seite oder auf "E" um die Anfangsseite zu sehen.

   Hilfe zu einem bestimmten Befehl erhalten Sie durch Markieren dieses
   Befehls mit der Leertaste und Eingabe des "?".

```
HILFE: Wiederaufnahme Erklärung Hilfe Nächste_Seite Vorhergehende_Seite
       Lösungen Befehle Ändern_Vorschläge Formeln Tastatur Makros
Kehrt zu Multiplan zurück!
Z2S1     "Intensiv-Seminar"      ?  !  100% frei  UF            TEMP
```

Abb. 1-4: Hilfe-Menü

VORGEHEN: Aufrufen von Hilfsinformationen zum Befehl *Radieren.*

- Bewegen Sie mit der *<Leertaste>* bzw. der Maus den Befehlszeiger zum Befehl *Radiere,* ohne ihn mit *<Return>* aufzurufen.

- Drücken Sie die Taste *<?>* oder klicken Sie mit der Maus das
  Fragezeichen am unteren Bildschirmrand an. Auf dem Bildschirm erscheint ein kontextabhängiger Hilfstext, d.h. in diesem Fall werden Informationen zum Befehl *Radiere* angezeigt.

- Mit dem Unterbefehl *Nächste_Seite* bzw. *Vorhergehende_Seite*
  blättern Sie in den Hilfetexten, die oftmals über mehrere Seiten
  gehen.

- Mit dem Unterbefehl *Wiederaufnahme* kehren Sie zurück in
  Ihre Tabelle und zwar genau an die Stelle, von der aus Sie die
  Hilfsinformation aufriefen.

Weitere Hilfs-Menüpunkte

Lösungen:	Unter diesem Stichwort erhalten Sie einen Überblick über häufig vorkommende Aufgaben, die zu ihrer Lösung verfügbaren Befehle sowie Verweise darauf, welche Hilfsmenü-Punkte im entsprechenden Zusammenhang zusätzlich informativ wären
Befehle:	Sie werden informiert, wie Befehle aktiviert und der Feldzeiger bewegt werden kann
Ändern:	Dieser Hilfsmenü-Punkt bezieht sich auf Hinweise zu Änderungs- und Korrekturtechniken
Formeln:	beinhaltet eine Liste aller Funktionen.
Tastatur:	Sie erhalten einen Überblick über mögliche Tastenkombinationen und ihre Auswirkungen
Makro:	Dieser sehr ausführliche Hilfsmenü-Text erklärt , wie ein Makro (Tastaturcode) geschrieben, benannt und aufgerufen werden kann

1.5 Befehls- und Funktionsübersicht

cd (change directory)	Interner DOS-Befehl zum Wechseln von Verzeichnissen
Funktionstaste <F6>	Erweitern von Feldbereichen
Gehezu Zeile_Spalte	Bewegt den Feldzeiger zum eingegebnen Feld
Hilfe	Gibt unterstützende Hilfetexte aus
Quitt	Beenden von MULTIPLAN
Radieren	Löscht den angegebnen Feldinhalt
Text	Eingabe von Texten
Verändern	Korrektur von Feldinhalten
Wert	Eingabe von Werten und Formeln

2 GRUNDLAGEN DER TABELLENKALKULATION

Im folgenden Abschnitt werden anhand des relativ einfachen Fallbeispiels einer Vereinsrechnung alle wesentlichen Grundfunktionen von MULTIPLAN angewendet.

In einzelnen Schritten wird erklärt:

- *wie das gegebene Datenmaterial als Text oder Wert tabellarisch erfasst und im Hinblick auf die spätere Bearbeitung übersichtlich geordnet wird;*
- *wie mit Formeln und Funktionen gearbeitet wird, um die notwendigen Berechnungen durchzuführen;*
- *welche Möglichkeiten MULTIPLAN für die Präsentation des Datenmaterials bereitstellt.*

Fallbeispiel: Vereins-Rechnung

Ein Verein beabsichtigt, seine laufenden Einnahmen monatlich zu erfassen und in Form einer Quartalsübersicht zu präsentieren. Ziel ist es, die Daten in einer übersichtlichen Tabelle zusammenzustellen, zu berechnen, für eine spätere Aktualisierung zu sichern und als Beleg auszudrucken.

Im einzelnen soll die Tabelle folgende Werte ausweisen:

- die einzelnen Einnahmeposten mit den entsprechenden Beträgen,
- die monatliche Summe der verschiedenen Einnahmen,
- die Quartalssummen der Einnahmeposten,
- die Quartalssumme der gesamten Einnahmen,
- den jeweiligen prozentualen Anteil der einzelnen Quartalssummen/Einnahmeposten an der Quartalssumme der gesamten Einnahmen.

▤	1	3	4	5	7	8

```
 1 ▐████████████▌
 2
 3
 4
 5                     EINNAHMEN-TABELLE
 6
 7                Januar     Februar      März        1.Quartal
 8 ─────────────────────────────────────────────────────────────────
 9 Spenden       3.500,00 DM 7.850,00 DM 4.637,50 DM│15.987,50 DM  92,39%
10 Veranstaltungen 156,50 DM   120,75 DM   233,45 DM│   510,70 DM   2,95%
11 Info-Verkauf     88,80 DM    50,00 DM    67,60 DM│   206,40 DM   1,19%
12 Beitrag         200,00 DM   200,00 DM   200,00 DM│   600,00 DM   3,47%
13 ─────────────────────────────────────────────────────────────────
14 Summe         3.945,30 DM 8.220,75 DM 5.138,55 DM│17.304,60 DM 100,00%
```

Abb. 2-1: Vereinsrechnung - Ergebnis

HINWEIS:

- Sollten Sie dieses Kapitel nicht in einem Stück durchgehen, kann die Datei mit: Übertragen Speichern zwischengespeichert werden. Im dritten Kapitel wird das Sichern von Dateien ausführlich beschrieben.
- Eine Musterlösung dieser Aufgabe finden Sie auf der beigefügten Übungsdiskette unter dem Datei-namen VEREIN.TAB gespeichert.

2.1 Tabellen einrichten

Tabellen einzurichten, heißt erst einmal, die gegebenen Daten in das Arbeitsblatt einzugeben. Es ist von Vorteil, sich bereits vor der Datenerfassung Gedanken darüber zu machen, in welcher Form die Tabelle zweckmäßig aufzubauen ist und wie die Daten aufbereitet werden sollen. Das hängt in erster Linie von der fachlichen Fragestellung ab. Halten Sie sich bitte an den vorgegebenen Tabellenaufbau in Abb.2-2.

	1	2	3	4	5	6
1						
2						
3						
4			EINNAHMEN-TABELLE			
5						
6		Januar	Februar	März	1.Quartal	1.Quartal
7		DM				%
8	Spenden	3500,00	7850,00	4637,50		
9	Veranstaltungen	156,50	120,75	233,45		
10	Info-Verkauf	88,80	50,00	67,60		
11	Beitrag	200,00				
12	Summe					

Abb. 2-2: Vereinsrechnung - Ausgangstabelle

2.1.1 Texte und Werte tabellarisch erfassen

Die Datenerfassung gehört bei der Arbeit mit einem Tabellenkalkulationsprogramm zu den zeitaufwendigsten Tätigkeiten. Dies gilt besonders dann, wenn
es in der Praxis umfangreiche Tabellen zu bearbeiten gilt.

Eine wesentliche Hilfe bietet MULTIPLAN dadurch, daß es möglich ist:

a)   Eingabevorgänge für eine umfangreiche Datenerfassung zu beschleunigen

b)   Eingaben, die sich in der Tabelle wiederholen von einem Feldbereich in
     einen anderen zu "kopieren".

Anhand des ersten Fallbeispiels soll der *Text/Wert-Modus* als eine schnellere
Art zur Datenerfassung vorgestellt werden.

VORGEHEN: Eingabe der Einnahmeposten im Text/Wert-Modus

-   der Feldzeiger wird auf das Feld bewegt, wo die erste Eingabe
    erfolgen soll, hier *Z8S1*;
-   im Menü wird der Befehl: *Text* gewählt und im Bedienfeld das
    Wort "Spenden" eingetragen;
-   betätigen Sie die *<Pfeiltaste unten>*
-   und der *Text/Wert-Modus* erlaubt die nächsten Eintragungen
    ohne eine vorhergehende Befehlsauswahl vorzunehmen.

Bei diesem Vorgehen werden Sie feststellen, daß es nicht mehr notwendig ist,
jede Eingabe mit der *<Return>*-Taste abzuschließen. Vielmehr erfolgt die
Ansteuerung des neuen Feldes mit Hilfe der Pfeiltasten und die Dateneingabe

in einem Vorgang. Zur Eingabe größerer Datenmengen empfiehlt es sich, den Text/Wert-Modus fest einzustellen, indem im Menü *Zusätze T/W-Modus Ja* gewählt wird.

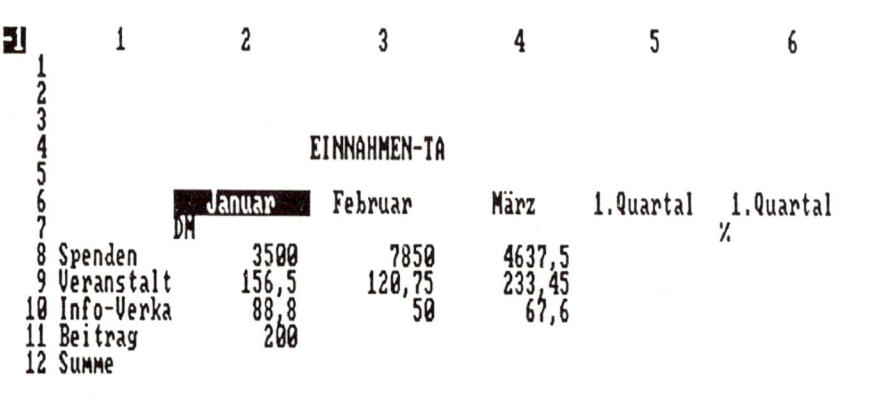

Abb. 2-3: Vereinsrechnung nach der Dateneingabe

2.1.2 Kopieren von Texten und Werten

Der Text/Wert-Modus ermöglicht eine effektive Technik der Dateneingabe. Handelt es sich bei den Eingaben um Texte oder Werte, die sich wiederholen, kann die Kopiermethode eingesetzt werden.

Im vorliegenden Beispiel einer Vereinsrechnung (vgl. Abb. 2-3) fehlen für die Monate Februar und März die DM-Spaltentitel ebenso wie die Beiträge in Höhe von 200 DM. Statt der langwierigen Eingabe der fehlenden Daten, die sich wiederholen, wird der Kopier-Befehl von MULTIPLAN eingesetzt.

Zunächst wird ein Kopierverfahren gezeigt, das grundsätzlich gilt.

VORGEHEN: Kopieren von Texten und Werten - Standardverfahren

- der Feldzeiger wird auf das Feld gestellt, dessen Inhalt es zu kopieren gilt: *Z7S2*.
- Im Menü wird die Befehlsfolge *Kopie Von* gewählt.
- die Bereichsangabe kann bei Vorabmarkierung mit der *<TAB>*-Taste übersprungen werden, ansonsten ist die Feldadresse *Z7S2* einzutragen:

  KOPIE VON Feld: Z7S2   +   *<TAB>*

  in Feld: Z7S2:Z7S5

Der Zielbereich wird eingetippt oder mit den Pfeiltasten oder der Maus markiert.

- Der Kopiervorgang wird mit der *<Return>*-Taste abgeschlossen.

Für den vorliegenden Fall bietet MULTIPLAN allerdings ein noch schnelleres Verfahren an. Dieses Verfahren läßt sich immer dann einsetzen, wenn der *Zielbereich der Kopien direkt und zusammenhängend an den Quellbereich anschließt*. Vorgeführt wird diese Technik anhand der Kopie des Januar-Beitrages von 200 DM in die Felder für die Monate Februar und März.

VORGEHEN: Kopieren von Texten und Werten in einen Blockbereich

- der Feldzeiger wird auf das Feld gestellt, dessen Inhalt es zu kopieren gilt: *Z11S2*.
- Wählen sie den Kopier-Befehl *Kopie Rechts*
- *KOPIE RECHTS Anzahl: 2   +   <TAB>*

  Beginn bei: Z11S2

- Schließen Sie die Befehlsfolge mit *<Return>*

Analog zur *Kopie Rechts* gilt das gleiche Verfahren für die *Kopie Nach_unten*.

Mit der Maus beschleunigt sich der Kopiervorgang ein weiteres Mal. Markieren Sie vorab den Bereich *Z11S2:Z114* und klicken mit der rechten Maustaste den Befehl Kopie. Die Kopie wird sofort ausgeführt.

2.1.3   Texte oder Werte ausrichten

Nach der Eingabe der Texte und Zahlen erscheinen zunächst nicht alle Einnahmeposten vollständig auf dem Bildschirm, das Zahlenmaterial ist aufgrund der unterschiedlichen Nachkommastellen wenig überschaubar und die Monatsbeschriftungen ergäben zentriert ein annehmbares Bild. Für die folgende Bearbeitung der Tabelle erhöht es die Übersicht, die wenigen Formatierungen sofort vorzunehmen.

Es bestehen zwei Optionen, das Format von Feldern zu bestimmen. *Ausrichten* ist eine davon und bedeutet, daß Texte wie Werte linksbündig, rechtsbündig und zentriert dargestellt werden können. Aufgrund der Voreinstellung von MULTIPLAN werden Texte linksbündig und Werte rechtsbündig ausgerichtet. Der Standard der Ausrichtung kann über die Befehlsfolge *Format Standard Felder Ausrichtung* geändert werden.

Am Beispiel der Monatsnamen und der DM-Leiste (Bereich *Z6S2:Z7S6*) soll gezeigt werden, wie Feldeingaben zu zentrieren sind.

VORGEHEN: Ausrichten von Feldeingaben

- der zu zentrierende Bereich wird entweder als Erstes mit der Maus markiert oder später über das Menü bestimmt;
- im Menü werden die Befehle *Format Felder* ausgewählt;
- wurde der Bereich vorab mit der Maus markiert, erscheinen bereits die korrekten Felder; ansonsten wird der zu formatierende Bereich *Z6S2:Z7S6* an dieser Stelle eingetragen und mit der *<Tab>*-Taste weitergesprungen;
- mit den Befehlen *Ausrichtung Mitte* und der abschließenden Bestätigung durch die *<Return>*-Taste werden die spezifizierten Feldeingaben zentriert.

Ausrichten lassen sich prinzipiell nicht nur Texte, sondern auch Werte. Um die Übersicht von Zahlen zu erhöhen, bietet sich darüber hinaus ein einheitliches Anzeigeformat an. Zum Beispiel kann für die Vereinsrechnung eine feste Anzahl von Stellen hinter dem Komma vorgesehen werden.

2.1.4 Zahlenformat mit einheitlichen Nachkommastellen

Mit Hilfe der zweiten Option der Feld-Formatierung *Formatcode* kann das Anzeigeformat von Feldinhalten bestimmt werden. Im vorliegenden Fall soll diese Möglichkeit dadurch genutzt werden, daß die Zahlen einheitlich mit 2 Nachkommastellen angezeigt werden.

VORGEHEN: Festlegen der Zahlen auf 2 Nachkommastellen

- den Zahlenbereich *Z8S2:Z12S6* mit der Maus markieren. Der Formatcode gilt auch dann, wenn die Werte noch nicht in die Felder eingetragen wurden;
- im Menü die Befehle *Format Felder* wählen;
- wurde der Bereich vorab mit der Maus markiert, erscheinen bereits die korrekten Felder. Ansonsten wird der zu formatierende Bereich Z8S2:Z12S6 an dieser Stelle eingetragen und mit der *<Tab>*-Taste weitergesprungen zur Befehlsmeldung
- *Formatcode: Standard.*

  Mit einer *Pfeiltaste* oder der rechten *Maustaste* wird die Liste der zur Verfügung stehenden Formate abgerufen,

- und aus den angezeigten Möglichkeiten wird mit Cursor oder Maus das Format *0,00* markiert und mit der *<Return>*-Taste ausgewählt.

Beachten Sie bitte, daß der Format-Befehl nur die Darstellungsform der Zahlen ändert, nicht den tatsächlichen Wert. Wie Sie in der Statuszeile am unteren linken Rand des Bildschirms sehen können, bleiben die Nachkommastellen auch dann gespeichert, wenn sie auf dem Bildschirm nicht sichtbar sind.

2.1.5 Die Breite von Tabellenspalten verändern

Für die weitere Arbeit dürfte es bereits jetzt unbefriedigend sein, daß zwei der Einnahmenposten - nämlich Veranstaltungen (Feld *Z9S1*) und Info-Verkauf (Feld *Z10S1*) - nicht vollständig auf dem Bildschirm erscheinen. Daß es sich nur um das Erscheinungsbild handelt, ist dadurch zu überprüfen, daß, nachdem der Feldzeiger auf die entsprechende Adresse (z.B. Z9S1) bewegt wurde, der korrekte Feldinhalt in der Statuszeile vermerkt wird. Eingaben werden deshalb nicht immer vollständig angezeigt, weil die Standard-Spaltenbreite von 10 Zeichen zur Darstellung nicht ausreicht. Mit dem Befehl *Breite_der_Spalte* stellt MULTIPLAN eine Möglichkeit bereit, die Spaltenbreiten den jeweiligen Anforderungen entsprechend zu verkleinern oder zu vergrößern.

VORGEHEN: Breite einer Spalte bestimmen

- den Feldzeiger in die zu verbreiternde erste Spalte bewegen oder mit der Maus anklicken

- mit dem *Format*-Befehl *Breite_der_Spalte* kann sowohl die Breite einer einzelnen Spalte, wie die von mehreren Spalten bestimmt werden.

- Nach der Befehlsmeldung

  FORMAT BREITE_DER_SPALTE in Zeichen oder S(tandard): S

  wird die rechte Pfeiltaste so oft betätigt, bis der gesamte Text (hier: Veranstaltungen) auf dem Bildschirm erscheint. Alternativ kann die notwendige Anzahl der Zeichen (hier: 15) eingetippt werden.

  S für Standard bedeutet eine Spaltenbreite von 10 Zeichen. Maximal kann die Breite von Spalten auf 64 Zeichen bestimmt werden.

- Wenn die Spalte vorher durch die Maus markiert wurde, kann nun mit der <Return>-Taste der Befehl ausgeführt werden.

- Ohne Vorabbestimmung wird die zu verbreiternde Spalte eingetragen:

Spalte:	1	+	<Tab>
bis:	1	+	<Return>

Aus Übersichtsgründen können nunmehr mehrere *Spalten des Arbeitsblattes* gleichzeitig verbreitert werden, so daß sich die %-Angaben (Spalte 6) in der äußersten rechten Spalte auf dem Bildschirm befinden.

VORGEHEN: Breite mehrerer Spalten festlegen

- die zu verbreiternden Spalten (hier: S2:S6) mit der Maus markieren oder später über das Menü bestimmen
- Die Befehlsfolge bleibt die gleiche:

  Format Breite_der_Spalten

- Die *<Pfeiltaste rechts>* so oft betätigen, bis die %-Angaben den äußersten rechten Rand des Bildschirms bilden. Sollte die %-Spalte verschwinden, kann sie mit Hilfe der *<Pfeiltaste links>* auf den Bildschirm zurückgeholt werden.
- Die Bereichsbestimmung:

Spalte:	2	+	<Tab>
bis:	6	+	<Return>

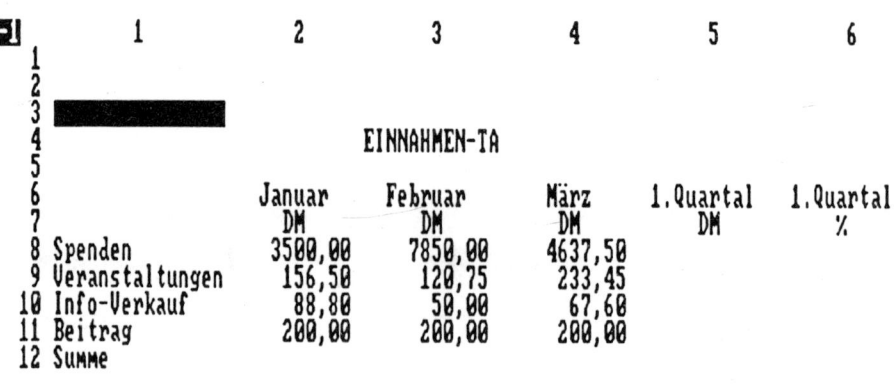

Abb. 2-4: Vereinsrechnung - Zwischenergebnis
          nach erster Formatierung der Tabelle

2.2 Tabellen berechnen

Nachdem die Daten in einer Tabelle erfasst sind, kann mit der eigentlichen Berechnung begonnen werden. Es gilt, für die Ermittlung der Monats- und

Quartalssummen sowie die prozentualen Anteile entsprechende Formeln aufzustellen.

Aufgabe: Mit Hilfe der ersten Formel soll die Summe der EINNAHMEN im
JANUAR gebildet werden.

Die Formel kann wie folgt eingeben werden.

VORGEHEN: Summenformel mit Konstanten

- Der Feldzeiger wird auf das Feld bewegt, in dem das Ergebnis
  angezeigt werden soll, hier: Z12S2.
- Im Menü wird der Befehl *Wert* gewählt.
- Geben Sie die Formel ein:

  3500,00 + 156,50 + 88,80 + 200,00

  und bestätigen Sie mit der *<Return>*-Taste.
  MULTIPLAN berechnet die eingegebene Formel und weist das
  Ergebnis im Feld *Z12S2* aus.

Die gezeigte Art, *Formeln mit konstanten Werten* aufzustellen, erweist sich als
äußerst unflexibel, sobald sich auch nur einer der Werte ändert. Gerade dies
geschieht in der Praxis oft. Wünschenswert wäre für diesen Zweck ein relativ
stabiles Kalkulationsschema mit Zahlen, die monatlich, quarteilsweise oder
jährlich fortgeschrieben werden könnten. Diesem Ziel werden *Formeln* gerecht, die nicht mit Konstanten, sondern *mit Variablen* arbeiten.

Beachten Sie Bitte:
   In bezug auf Tabellenkalkulationsprogramme sind die Feldadressen nichts anderes als Variable.

Im folgenden wird behandelt, wie Formeln mit Feldadressen so aufzubauen
sind, daß sie unabhängig von den konkreten, zu verarbeitenden Werten stabil
bleiben.

2.2.1 Formeln und Funktionen mit Variablen aufstellen

Aufgabe: Die Formel zur Berechnung der Einnahmensumme im Januar soll
statt wie oben mit Konstanten nunmehr mit Variablen aufgestellt
werden.

VORGEHEN: Summenformel mit Variablen

- Bewegen Sie den Feldzeiger auf das Feld Z12S2.

- Im Menü wird der Befehl *Wert* gewählt
- und die Formel mit Feldadressen wie folgt eingetippt:

  Z8S2 + Z9S2 + Z10S2 + Z11S2

- und mit *<Return>* abgeschlossen.

Der entscheidende Vorteil von Formeln, die mit Feldadressen statt mit konstanten Werten rechnen, ist sofort überprüfbar. Erhöht sich das Spendenaufkommen im Januar von 3500 auf 4000, berechnet die aufgestellte Formel automatisch das neue Ergebnis.

Für eine Reihe von möglichen Formeln bietet MULTIPLAN eine vereinfachte Entwicklung und verkürzte Schreibweise an: die FUNKTIONEN. Additionen wie im vorliegenden Fall können mit Hilfe der Summen-Funktion durchgeführt werden. Die allgemeine Schreibweise der Summenfunktion lautet: *Summe (feldbereich)*.

Aufgabe: Die Berechnung der Einnahmensumme für den Februar soll mit Hilfe der Summenfunktion erfolgen.

VORGEHEN: Summenfunktion mit Variablen

- Bewegen Sie den Feldzeiger auf das Feld *Z12S3*
- und wählen den Menübefehl *Wert*.
- Zuerst wird der Funktionsname *Summe* eingetragen, danach der Bereich definiert:

  Summe (Z8S3:Z11S3).

  Mit *<Return>* erfolgt die Eingabe der Funktion in das Feld.

Die Einnahmensumme für den Monat März kann nach einer der beiden Methoden berechnet werden. Zu beachten ist in jedem Fall, daß Formeln keine Leerzeichen enthalten dürfen.

HINWEIS:
MULTIPLAN stellt eine große Anzahl von Funktionen bereit. Aus der Hilfe können Sie die Einteilung ersehen in: finanzmathematische, logische, mathematische, statistische, und trigonometrische Funktionen, in Datenbank-, Text- und Datumsfunktionen, sowie Funktionen für besondere Zwecke. Einen Teil dieser Funktionen werden Sie noch im Verlaufe des Buches kennenlernen.

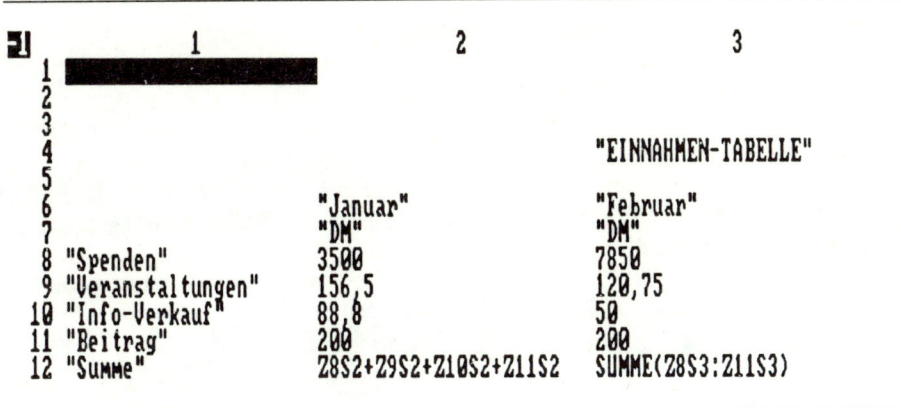

Abb. 2-5: Vereinsrechnung - Summenformeln

2.2.2   Kopieren von Formeln in einen Blockbereich

Analog zur Dateneingabe gilt auch für die Entwicklung von Formeln, daß die mühselige Art des Eintippens, wenn möglich, durch effektivere Methoden ersetzt werden sollte. Kopiert werden können nicht nur Texte und Werte, sondern ebenso Formeln. Anstatt jede Formel einzeln einzutragen, wird die erste Formel entwickelt (Quellformel) und danach in die anderen Felder kopiert. Da die Technik des Kopierens für Texte, Werte und Formeln identisch ist, hätte es ausgereicht, die Formel zur Berechnung der Spendensumme im Januar aufzustellen und für die anderen Monate nach rechts zu kopieren. Um dieses effiziente Arbeitsmittel der Tabellenkalkulation speziell für Formeln einzusetzen, müssen allerdings bestimmte Vorüberlegungen getroffen werden. Eine entscheidende Voraussetzung besteht darin, die Quellformel, die kopiert werden soll, richtig zu entwickeln. Von daher wird der logische Aufbau kopierfähiger Formeln im Mittelpunkt der weiteren Ausführungen stehen.

Für das vorliegende Fallbeispiel wird das Vorgehen anhand der *Berechnung der Quartalssummen* exemplarisch vorgestellt. Als Erstes wird im Feld *Z8S5* die Quellformel zur Berechnung der Quartalssumme/Spenden erstellt. Korrekt aufgebaut ist die Formel dann, wenn sie sich in die Felder *Z9S5:Z12S5* (= Formeln zur Berechnung der Quartalssummen für die Veranstaltungen, den Info-Verkauf, den Beitrag sowie die Gesamtsumme der Einnahmen) kopieren läßt.

Nach dem, was Sie bislang gelernt haben, wäre folgende Formel angemessen:

$$Z8S2 + Z8S3 + Z8S4,$$

mit dem Ergebnis: 15987,5.

Wie eine Kopie der Formel nach unten beweist, wird für jede Einnahmenquelle die gleiche Quartalssumme ausgewiesen, was inhaltlich falsch ist. Das entscheidende Handicap der kopierten Formeln liegt in den fixierten Feldadressen, die sich ausschließlich auf das Spendenaufkommen beziehen und die Felder mit Bezug auf die übrigen Einnahmenquellen unberücksichtigt lassen. Anders formuliert: die zu kopierende Summenformel muß so geändert werden, daß die Feldadressen anpassungsfähig, d.h. variabel werden.

Die Lösung des Problems besteht darin, Bezugsfelder der Formel mit einem "Versatz" relativ zu adressieren.

Dies hört sich kompliziert an. Daher wird zunächst gezeigt, wie praktisch vorzugehen ist, um dann besser zu verstehen, was mit relativen Feldadressen gemeint ist.

VORGEHEN: Kopieren von Formeln mit relativen Feldadressen

- Erster Schritt ist, den Feldzeiger auf das Ergebnis-Feld zu stellen (Quartalssumme/Spenden) $Z8S5$.

- Wählen Sie für den Eintrag der Quellformel den Menübefehl Wert

  und bewegen zum Einsetzen der relativen Feldadressen die Maus oder den Feldzeiger auf die Position: 3 Spalten links vom Ergebnisfeld (Feld $Z8S2$);

  tippen ein Pluszeichen ein und der Feldzeiger springt zurück ins Feld $Z8S5$;

  bewegen die Maus oder den Feldzeiger auf die Position: 2 Spalten links vom Ergebnisfeld (Feld $Z8S3$);

  tippen ein Pluszeichen ein und der Feldzeiger springt zurück ins Feld $Z8S5$;

  bewegen die Maus oder den Feldzeiger auf die Position: 1 Spalte links vom Ergebnisfeld (Feld $Z8S4$);

  und schließen die Summenformel

  $$ZS(-3) + ZS(-2) + ZS(-1)$$ *relative Feldadressen!*

  mit der <Return>-Taste ab.

- Leiten Sie dann den Kopiervorgang ein mit Kopie Von Feld $Z8S5$ in Feld $Z9S5: Z12S5$

Nachdem es praktisch gelungen ist, eine kopierfähige Formel zu entwickeln, werden die folgenden Erklärungen am Beispiel nachvollziehbar.

2.2.3 Die Bedeutung von relativen und absoluten Feldadressen in Formeln

Um die relative Feldadressierung zu verstehen und das Wort: "*Versatz*" mit Inhalt zu füllen, lohnt ein genauer Blick auf die Formeln.

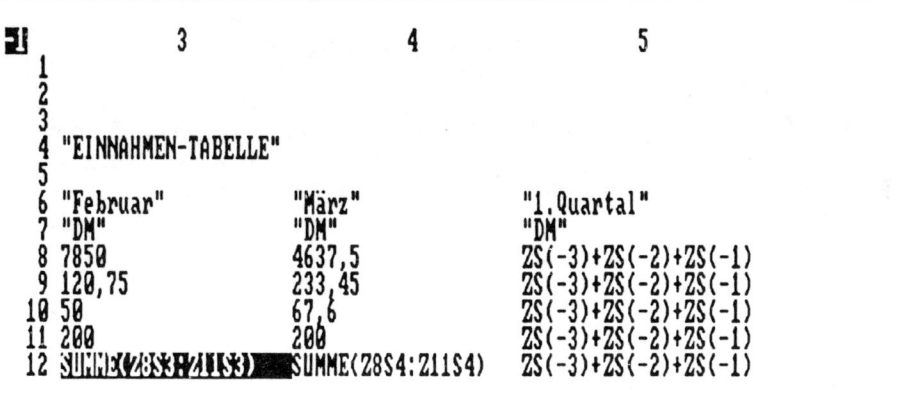

Abb. 2-6: Summenformel mit relativen Feldadressen

Mit Hilfe der Maus- oder Feldzeiger-Technik wurde in das Feld Z8S5 die Quell-Formel

ZS(-3) + ZS(-2) + ZS(-1)

eingegeben.

Aussagekräftig ist diese Art der Formelschreibung, weil sie exakt das wiedergibt, was "*Versatz*" meint.

Der Feldzeiger steht im Ergebnis-Feld (hier:*Z8S5*). Von dieser Position (!) ausgehend, interpretiert MULTIPLAN wie folgt:

- Nimm den Inhalt des Feldes in der gleichen Zeile: Z, um 3 Spalten nach links "*versetzt*":S[-3];

  = Inhalt des Feldes *Z8S2*

- addiere hinzu den Inhalt des Feldes in der gleichen Zeile: Z, um 2 Spalten nach links "*versetzt*":S[-2];

  = Inhalt des Feldes *Z8S3*

- addiere hinzu den Inhalt des Feldes in der gleichen Zeile: Z, um 1 Spalte nach links "*versetzt*":S[-1];

  = Inhalt des Feldes *Z8S4*

- berechne die Summe und gib sie im Ergebnisfeld aus:

  = Ergebnis im Feld *Z8S5*.

Kopiert werden kann die erstellte Formel deshalb, weil nicht mehr die absoluten Feldadressen festgehalten werden, sondern der Versatz. Auf diese Weise bleibt die Formel zur Berechnung aller Quartalssummen identisch.

Im folgenden wird das beispielhaft für die *Berechnung der Quartalssumme/Veranstaltungen* nachvollzogen. Die Formel wurde in das nächste Ergebnis-Feld Z9S5 kopiert. Von dieser Position (!) ausgehend, interpretiert MULTIPLAN wie folgt:

- Nimm den Inhalt des Feldes in der gleichen Zeile: Z, um 3 Spalten nach links versetzt:S[-3];

  = Inhalt des Feldes *Z9S2*

- addiere hinzu den Inhalt des Feldes in der gleichen Zeile: Z, um 2 Spalten nach links versetzt:S[-2];

  = Inhalt des Feldes *Z9S3*

- addiere hinzu den Inhalt des Feldes in der gleichen Zeile: Z, um 1 Spalte nach links versetzt:S[-1];

  = Inhalt des Feldes *Z9S4*

- berechne die Summe und gib sie im Ergebnisfeld aus:

  = Ergebnis im Feld *Z9S5*.

Die gleiche Prozedur gilt für alle kopierten Summenformeln.

Ein effizienter Umgang mit Tabellenkalkulations-Programmen beinhaltet in jedem Fall das Kopieren von Formeln. Wesentlich ist, sich vorab den oben dargestellten Zusammenhang zu vergegenwärtigen, denn davon wird abhängen, ob die Berechnungen korrekt, flexibel und schnell ausgeführt werden. Es wird immer von der konkreten Aufgabenstellung abhängen, ob und wann Formeln mit relativen oder absoluten Feldadressen aufzubauen sind.

Eine Prozentformel, mit der die Vereinsrechnung zum Abschluß kommt, bringt *beide Adressierungsformen* zur Anwendung.

Aufgabe: Vervollständigt wird die Einnahmentabelle durch die Berechnung der prozentualen Anteile der einzelnen Einnahmensummen an den Gesamteinnahmen des Quartals. Entwickeln Sie eine Formel zur Berechnung des Anteils der Spenden an den Gesamteinnahmen, die zur Berechnung der übrigen Einnahmenanteile kopiert werden kann.

VORGEHEN: Kopieren einer Formel mit relativer und absoluter Feldadressierung

- Feldzeiger auf das Ergebnisfeld *Z8S6* stellen oder mit der Maus das Feld anklicken;
- den Menü-Befehl *Wert* wählen;
- Zellzeiger oder Maus in das linke Feld *Z8S5* (gleiche Zeile, um 1 Spalte nach links versetzt: ZS[-1]) bewegen;
- mit 100 multiplizieren: *ZS[-1]*100*
- dividiert (Divisionszeichen = /) durch die Quartalssumme/Gesamteinnahmen im Feld *Z12S5*

ZS[-1]*100/Z12S5

Das Bezugsfeld kann entweder eingetippt oder mit Feldzeiger bzw. Maus markiert werden. In jedem Fall muß die absolute Adressierung eingesetzt werden. Die relative Adressierung, die mit der Feldzeiger- und Maustechnik verknüpft ist, kann durch die Funktionstaste *<F3>* in eine absolute umgewandelt werden.

- Die Formel wird mit der *<Return>*-Taste ausgeführt
- und mit den Menübefehlen Kopie *Nach_Unten*

KOPIE NACH_UNTEN: 4   +   *<Tab>*
Beginn bei: Z8S6   +   *<Return>*

in die verbleibenden Zielfelder kopiert.

Prozentrechnungen sind typische Anwendungen für Formeln mit relativen und absoluten Feldadressen. Zur Abrundung dieses Abschnitts wird die erstellte kopierfähige Formel für den Spendenanteil nochmals eingehender erläutert.

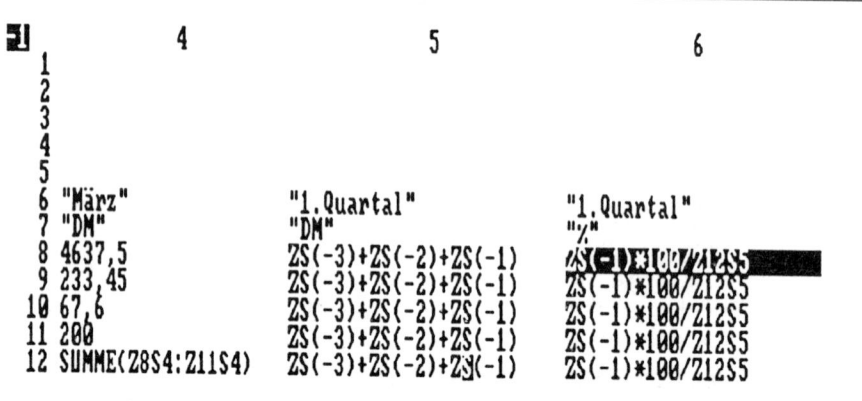

Abb. 2-7: Prozentformel mit absoluter und relativer Feldadressierung

Die Berechnung erfolgt im Dreisatz:

Inhalt des Feldes $Z12S5$ =   100 %
Inhalt des Felder $Z8:11S5$ =   ? %

....

Formel in $Z9S6$ = $ZS[-1]*100/Z12S5$

Der Feldzeiger steht im Ergebnisfeld Z8S6. Von dieser Position ausgehend, interpretiert MULTIPLAN wie folgt:

- Nimm den Inhalt des Feldes in der gleichen Zeile: Z, um 1 Spalte nach links versetzt:S[-1];

  = Inhalt des Feldes $Z8S5$

- multipliziere diesen Inhalt mit der Konstanten 100

  = Inhalt des Feldes $Z8S5*100$

- dividiere das Ergebnis durch den Inhalt des Feldes $Z12S5$, der in der Rechnung die absolute Basis von 100 % darstellt;

  = Inhalt des Feldes $Z8S5*100/Z12S5$

- berechne den Prozentanteil und gib das Ergebnis aus:

  = Ergebnis im Feld $Z8S6$.

Die Formel wurde in das nächste Ergebnisfeld Z9S6 kopiert. Von dieser Position ausgehend, interpretiert MULTIPLAN wie folgt:

- Nimm den Inhalt des Feldes in der gleichen Zeile: Z, um 1 Spalte nach links versetzt:S[-1];

  = Inhalt des Feldes $Z9S5$

- multipliziere diesen Inhalt mit der Konstanten 100

  = Inhalt des Feldes *Z9S5*100*

- dividiere das Ergebnis durch den Inhalt des Feldes Z12S5, der in der Rechnung die absolute Basis von 100% darstellt;

  = Inhalt des Feldes *Z9S5*100/Z12S5*

- berechne den Prozentanteil und gib das Ergebnis aus:

  = Ergebnis im Feld Z9S6.

ÜBERSICHT: Adressierungsformen

Absolute Adressierung	**Beispiele**
ZnSm	Z4S5
Adressierung eines Feldes	Z4S1:Z8S2
	Z4:8S5
Zn:xSm:y	Z3S4:12
Adressierung eines Bereiches	Z4:8S4:12

Relative Positionsangaben	**Beispiele:**
Z(-n) Z(-5)	Z(-1)S
n Zeilen über dem aktiven Feld	
Z(+n) Z(+5)	ZS(-1)
n Zeilen unter dem aktiven Feld	
S(-m) S(-5)	Z(+1)S(-1)
n Felder links vom aktiven Feld	
S(+m) S(+5)	ZS
n Felder rechts vom aktiven Feld	

Gemischte Feldadressierung:

Zn S   Z Sm
Zeile (Zn) bzw. Spalte (Sm) absolut gesetzt.
Zwischen Zeile und Spalte muß ein Leerzeichen stehen.

Beispiele:

Z3 S	Z4:8 S
Z S4	Z S1:2

2.3 Präsentation von Tabellen

Im Anschluß an die Tabellenberechnungen und Analysen sollte überprüft werden, inwieweit das Datenmaterial in einer angemessenen Form dargestellt wird. Die klare, übersichtliche Bildschirm- und Druckgestaltung des Datenmaterials zählt heute zum Standard jeder Präsentation.

MULTIPLAN bietet entsprechende Gestaltungsmittel an, die über die bislang vorgestellten Grundformatierungen der Tabelle hinausgehen. Zur besseren Übersicht und zur Vorbereitung des Ausdrucks soll im folgenden:

- die Tabelle durch Unterstreichungen und Trennlinien überschaubarer eingerichtet werden;

- das bisherige Format der Zahlen (einheitliche Nachkommastellen) wird durch differenzierte Bildschirmanzeigen ersetzt;

- darüberhinaus wird gezeigt, wie selbstdefinierte Zahlenformate mit MULTIPLAN erzeugt werden können.

2.3.1 Einfügen und Löschen von Spalten und Zeilen

Aufgabe: Trennlinien sollen oberhalb der Spendenzeile (*Z8*) und der Summenzeile (*Z13*) die Übersicht erhöhen.

Um die Linien ziehen zu können, müssen zunächst die dazu notwendigen Leerzeilen eingefügt werden.

VORGEHEN: Einfügen von Zeilen

- Der Feldzeiger wird in der *Zeile 8* positioniert
- Rufen Sie die die Menübefehle *Einfügen Zeile* auf.

  Eingefügt werden soll eine Zeile und zwar vor der achten Zeile

  EINFÜGEN ZEILE Zeilenanzahl: 1 vor Zeile:8

  Die Zeile soll nicht über das gesamte Arbeitsblatt eingezogen werden, sondern nur von der ersten bis zur siebten Spalte.

  von Spalte: *1*
  bis Spalte: *7*

  Diese Option, den Bereich für das Einfügen der Zeile zu begrenzen, ist insbesondere bei größeren Tabellen von Vorteil, weil dadurch negative Auwirkungen auf nicht sichtbare Teile der Tabelle verhindert werden.

- Mit der *<Return>*-Taste wird das Verfahren abgeschlossen.

Das gleiche Verfahren muß für das Einfügen einer Leerzeile vor der Summenzeile wiederholt werden.

Nachdem die benötigten Leerzeilen bereitstehen, können die Trennlinien eingezogen werden. Bislang bestand der Zielbereich des Kopiervorgangs aus einem einheitlichen Block. MULTIPLAN bietet darüber hinaus die Möglichkeit, in verschiedene, voneinander unabhängige Bereiche zu kopieren.

Für das Einziehen der Trennlinien eröffnet sich eine besonders vorteilhafte Methode: das *Kopieren in Mehrfachbereiche*. Konkret: in das Feld Z8S1 wird eine Strichlinie als *Text* eingegeben und sodann in die Feldbereiche *Z8S2:Z8S6* und *Z13S1:Z13S6* kopiert.

VORGEHEN: Kopieren in Mehrfachbereiche

- Feldzeiger auf das Feld *Z8S1* bewegen oder das Feld mit der Maus anklicken, die Striche eintippen

  Text: ----------------

  und mit *<Return>* in das Feld eingeben.

- Wählen Sie die Menübefehle *Kopie Von*

  KOPIE VON Feld: Z8S1   +   <Tab>
  in Feld:Z8S1:Z8S6;Z13S1:Z13S6

  und schließen Sie den Befehl mit *<Return>* ab.

```
KOPIE VON Feld: Z8S1              in Feld: Z8S2:Z8S6;Z13S1:Z13S6█

Geben Sie bitte eine Positions- oder Bereichsangabe ein!
Z8S1       "--------------------" ?  !  100% frei  UF              VER.TAB
```

BEACHTEN SIE BITTE:
   Mehrfachbereiche werden durch ein Semikolon als Verknüpfungoperator voneinander getrennt.

Das gleiche Verfahren gilt für das Einziehen von senkrechten Trennlinien.

Aufgabe: Die erste Spalte mit den Einnahmenposten und die 7 und 8 Spalte
für das Quartal sollen durch Trennlinien gesondert werden.

VORGEHEN: Einziehen von senkrechten Trennlinien

- den Feldzeiger in der *Spalte 2* positionieren oder ein Feld der
  zweiten Spalte mit der Maus anklicken.

- Menübefehle *Einfügen Spalte*

  EINFÜGEN SPALTE Spaltenanzahl: *1*

  vor Spalte: *2*
  von Zeile: *6*
  bis   :   *13*

- den Feldzeiger auf die *Spalte 5* bewegen oder ein Feld der
  fünften Spalte anklicken.

- Menübefehle *Einfügen Spalte*

  EINFÜGEN SPALTE Spaltenanzahl: *1*

  vor Spalte: *5*
  von Zeile: *6*
  bis   :   *13*

- Feldzeiger auf das Feld *Z6S2* bewegen bzw. das Feld mit der
  Maus anklicken.

- den Befehl *Text* wählen und ein großes "I" als
  Trennungszeichen eintippen und mit *<Return>* bestätigen.

- Menübefehle *Kopie Von*

  KOPIE VON Feld: Z6S2   +   <Tab>
  in Feld:Z6S2:Z13S1;Z6S5:Z13S5

- *<Return>*

- die Breite der Trennspalten (*S2; S5*) auf 1 Zeichen reduzieren
  mit *Format Breite_der_Spalten*

```
🔲     1        3        4        5        7        8
 1
 2
 3
 4              EINNAHMEN-TA
 5
 6         I  Januar   Februar    März  I 1.Quartal 1.Quartal
 7         I    DM       DM        DM   I    DM        %
 8    --------------I--------------------------I----------------
 9 Spenden     I  3500,00   7850,00   4637,50 I  15987,50    92,39
10 VeranstaltungenI  156,50    120,75    233,45 I    510,70     2,95
11 Info-Verkauf I   88,80     50,00     67,60 I    206,40     1,19
12 Beitrag      I  200,00    200,00    200,00 I    600,00     3,47
13    --------------I--------------------------I----------------
14 Summe        I  3945,30   8220,75   5138,55 I  17304,60   100,00
```

Abb. 2-8: Vereinsrechnung mit eingefügten Trennlinien

HINWEIS:
> Sollen andere Symbole für die Trennlinien verwandt werden, so kann in einer ASCII-Tabelle der entsprechende Code entnommen werden. Z.B. wurde für die senkrechten Trennlinien in der Abb.2-1 zu Beginn des Kapitels das Zeichen "|" mit dem Code 179 gewählt und für die waagerechten das Zeichen "-" mit dem Code 196. Eingegeben werden die Zahlen im numerischen Block, während die <Alt>-Taste gedrückt wird.

Die Tabelle war bislang so angelegt, daß die Währungs- und Prozenteinheiten aus der zweiten Zeile der Tabellentitel hervorging. MULTIPLAN stellt die Möglichkeit bereit, Währungs- und Prozentformate direkt mit den Zahlen zu verbinden. Die DM-Leiste wird dadurch überflüssig und kann gelöscht werden.

VORGEHEN: Löschen von Spalten und Zeilen

- Feldzeiger in die *Zeile 7* bewegen oder ein Feld der siebten Zeile mit der Maus anklicken.
- Befehlsfolge *Löschen Zeile*

Das Löschen von Spalten und Zeilen ist nicht weiter schwierig, allein das Wort "Löschen" verleitet zu falschen Assoziationen. Bedenken Sie den entscheidenden Unterschied zum Radieren. Dieser Befehl bewirkt, daß Feldinhalte in einem definierten Bereich "gelöscht" werden.

2.3.2 Feldübergreifende Texte zusammenhängend darstellen und Werte mit Währungssymbolen versehen

Durch das Löschen der Zeile hebt sich eine Umständlickeit deutlicher ab: die Spalten 5 und 6 enthalten den gleichen Tabellentitel.

Aufgabe: Die Überschrift: "1.Quartal" soll nur einmal eingegeben werden und zwar so, daß sie für beide Spalten (DM, %) gilt.

VORGEHEN: Zusammenhängende Darstellung von feldübergreifenden Texten

- Zunächst wird die überflüssige Überschrift im Feld *Z7S6* mit dem Befehl *Radieren* gelöscht.

- Die Überschrift im Feld *Z7S5* kann nun mit Hilfe von Leertasten nach rechts gerückt werden, damit ersichtlich wird, daß sie beide Spalten betrifft.

  Zum Editieren des Eintrags wird der Befehl *Verändern* gewählt, mit der *Funktionstaste <F7>* zum ersten Zeichen gegangen und einige Leertasten eingetippt und mit *<Return>* abgeschlossen.

- Weil der Eintrag nunmehr die Breite eines Feldes überschreitet, wird die Überschrift zu einem Teil abgeschnitten. Mit dem Formatcode @[Zusammen] erreicht man, daß die Überschrift vollständig angezeigt wird.

  Markieren Sie den Bereich *Z7S5:Z7S6* und wählen Sie die Befehlsfolge *Format Felder Formatcode*.

  Mit der Pfeiltaste wird die Liste der Formate aufgerufen und das Format *@[Zusammen]* gewählt.

  <Return> schließt den Vorgang ab.

Mit diesem Verfahren kann die Tabelle mit einer Gesamtüberschrift ausgestattet werden, die ohne störende Verbreiterung der Spalte als Ganzes angezeigt wird.

Aufgrund der fehlenden Tabellentitel geht aus den Zahlen nicht mehr die Maßeinheit hervor. Für eine übersichtliche Präsentation werden Währungssymbol und Prozentzeichen hinzugefügt. Im Abschnitt 2.1.4 wurde anhand der einheitlichen Darstellung der Zahlen mit 2 Nachkommastellen gezeigt, wie das Anzeigeformat von Werten zu bestimmen ist (Befehlsfolge *Format Felder Formatcode*). Diese Methode wird hier für die Währungsangaben wiederholt.

Aufgabe: Alle monatlichen Eingänge und deren Monats- und Quartalssummen (Bereich *Z9S2:Z14S5*) sollen mit Währungszeichen angezeigt werden.

VORGEHEN: Werte im Währungsformat darstellen

- Den zu formatiernden Feldbereich *Z9S2:Z14S5* mit der Maus markieren oder später im Menü eintragen.
- Rufen Sie die Menübefehle *Format Felder* auf.
- Wurde der Bereich vorab mit der Maus markiert, erscheinen bereits die korrekten Felder, ansonsten wird der zu formatierende Bereich *Z9S2:Z14S5* im rsten Befehlsfeld eingetragen und mit der *<Tab>*-Taste weitergesprungen zur Befehlsmeldung:
- *Formatcode: 0,00*

  Mit einer *<Pfeiltaste>* oder der rechten Maustaste wird die Liste der zur Verfügung stehenden Formate abgerufen.
- Aus den angezeigten Möglichkeiten wird mit der *<Pfeiltaste>* oder der Maus das Währungsformat mit Tausenderpunkten gewählt: *#.##0,00 DM (#.##0,00 DM)*

  und mit der *<Return>*-Taste bestätigt.

```
 1          1         3          4          5          7        8
1
2
3
4                          EINNAHMEN-TABELLE
5
6              I  Januar    Februar      März   I 1.Quartal 1.Quartal
7              I    DM         DM          DM   I    DM         %
8          ----I----------------------------------------------------
9  Spenden   13.500,00 DM 7.850,00 DM 4.637,50 DM I▮▮▮▮▮▮▮▮▮▮▮  92,39
10 VeranstaltungenI 156,50 DM   120,75 DM  233,45 DM I 510,70 DM   2,95
11 Info-Verkauf I  88,80 DM    50,00 DM   67,60 DM I 206,40 DM   1,19
12 Beitrag    I  200,00 DM   200,00 DM  200,00 DM I 600,00 DM   3,47
13         ----I----------------------------------------------------
14 Summe     13.945,30 DM 8.220,75 DM 5.138,55 DM I!!!!!!!!!!!  100,00
```

Abb. 2-9: Die Spaltenbreite ist zu gering, um das Zahlenformat anzuzeigen

Aufgrund der neuen Formatierung erscheinen in den Feldern Z9S5 und Z14S5 eine Reihe von Ausrufezeichen (!!!!!!!!). MULTIPLAN zeigt damit an, daß die

Spalte nicht breit genug für die Anzeige des Zahlenformats ist und verbreitert werden muß (*Format Breite_der_Spalten*).

Eine andere Möglichkeit besteht darin, gewählte Anzeigeformate durch andere zu ersetzen (*Format Ersetzen*). Diese Methode wird im nächsten Abschnitt für die Prozentformatierung angewendet.

2.3.3 Das Anzeigeformat von Werten durch ein anderes ersetzen

Statt einer Neuformatierung bietet sich oftmals an, das Format einfach auszutauschen. In bezug auf die Prozentformatierung soll dieses Verfahren gezeigt werden. Eine Voraussetzung muß aber vorab geklärt werden. *Die Prozentformatierung beinhaltet eine Multiplikation mit 100.*

Die bisherige Prozentformel: *ZS[-1]*100/Z12S5*
verändert sich in: *ZS[-1]/Z12S5*

Aufgabe: Die Prozentformel soll in bezug auf den später eingesetzen Prozent-Formatcode verändert und kopiert werden.

VORGEHEN: Anpassung und Kopie von Prozentformeln

- Feldzeiger auf das Feld *Z9S6* bewegen oder das Feld mit der Maus anklicken.
- Den Befehl *Verändern* aufrufen, die Zeichen: **100* löschen und mit *<Return>* die angepasste Formel eingeben.
- Die Befehlsfolge *Kopie Von* wählen;

  KOPIE VON Feld:Z9S6   +   *<Tab>*
  in Feld:Z10S6:Z12S6;Z14S6   +   *<Return>*

Im folgenden Schritt kann die Prozentformatierung vorgenommen werden.

Aufgabe: Das Format: 0,00 im Feldbereich Z9:14S6 soll durch ein anderes mit nachfolgendem Prozentzeichen ersetzt werden.

VORGEHEN: Ein Format durch ein anderes ersetzen

- Befehlsfolge *Format Ersetzen*
- Mit einer *Pfeiltaste* oder der rechten Maustaste wird die Liste der zur Verfügung stehenden Formate abgerufen, aus den angezeigten Möglichkeiten wird das Prozentformat *0,00%* gewählt und mit der *<Return>*-Taste bestätigt.

FORMAT Ersetzen: *0,00*   +   *< Tab >*
durch: *0,00%*

```
Kein              t.m.jj
Standard          t.m
@[Zusammen]       t-mmm-jj
0E+00             t-mmm
0,00              mmm-jj
Norm              h:mm AM/PM
0                 h:mm:ss AM/PM
#.##0,00 DM;(#.##0,   h:mm
Balken;(Balken)   h:mm:ss
0%                t.m.jj h:mm
#.##0
#.##0,00
#.##0 DM;(#.##0 DM)
0,00%
0,00E+00
0,0
```

Abb. 2-10: Zahlenformate ersetzen

2.3.4 Anzeigeformate selbst definieren

Die Liste der Standardformate, die MULTIPLAN anbietet, scheint im Hinblick
auf praktische Anforderungen kaum ausreichend. Zum Beispiel enthält die
Liste weder einfache Prozentformatierungen mit einer Nachkommastelle noch
Formate mit ausländischen Währungssymbolen. Gelöst wird das Problem dadurch, daß der Benutzer eigene neue Formate erstellen und der Standardliste
beifügen kann.

Aufgabe: Die Prozentangaben sollen mit nur einer Nachkommastelle erscheinen und die DM-Beträge in $-Angaben umgewandelt werden.

VORGEHEN:

- Die Befehlsfolge *Format Ersetzen* wählen.

  Format Ersetzen: *0,00%*   +   *< Tab >*
  durch: *0,0%*   +   *< Return >*

  Das neu definierte Prozentformat ersetzt mit einer Nachkommastelle das Prozent-Standardformat der Werte im Bereich Z9S6:
  Z14S6 und wird in der Formatliste angehängt.

- Befehlsfolge *Format Ersetzen*

  Format Ersetzen: *#.##0,00 DM*   +   *< Tab >*
  durch: *#,##0.0 $*   +   *< Return >*

Die DM-Symbole werden durch Dollar-Zeichen ersetzt, die Tausenderpunkte durch Tausender-Kommata und das Dezimalkomma durch einen Dezimalpunkt. Das $-Format steht in der Liste weiterhin zur Verfügung.

Für die Erstellung von eigenen Formaten noch einige Beispiele:

a)   zum Unterschied folgender Währungformate:

   #.##0,00 DM   0.000,00 DM

   Im ersten Format werden die Zeichen: # als Platzhalter eingesetzt, aber nicht mit angezeigt. Die Nullen im zweiten Format werden ausgewiesen, wenn die Stelle nicht durch den eingegeben Wert besetzt wird. Ein derartige Darstellung ermöglicht, Zahlen zu zentrieren, ohne daß sich die Wertpositonen in der Bildschirmanzeige verschieben.

b)   amerikanische Schreibweise des Währungsformat

   #.##0,00 \$ $ #,##0.00

   Eine Schreibweise mit Dezimalpunkten und Tausenderkommata wie sie in den USA üblich ist, wird von MULTIPLAN zunächst als mögliches Format nicht akzeptiert. Vorab muß die veränderte Schreibweise mitgeteilt werden durch die Befehlsfolge *Format Optionen Dezimalzeichen*

c)   Speichern der neuen Formate

   Die neu definierten Formate werden gespeichert, d.h. stehen auch dann wieder zur Verfügung, wenn MULTIPLAN verlassen und später wieder zur Bearbeitung einer anderen Tabelle aufgerufen wird.

d)   Löschen der neuen Formate

   Gelöscht werden die hinzugefügten Formate durch die Befehlsfolge *Übertragen Bildschirmlöschen Gesamt.* Daraufhin wird die Liste der Standard-Formate wiederhergestellt.

HINWEISE:

- Den Standard des Formatcodes können Sie ebenso wie den Standard der Ausrichtung selbst bestimmen. Über die Befehlsfolge Format Standard Felder Formatcode legen Sie das allgemeine Anzeigeformat für Zahlen fest.

- Die Option "-" oder "Unverändert" kommt dann zur Anwendung, wenn ein Bereich, der z.B. zwei verschiedene Ausrichtung aufweist, nur im Zahlencode neu bestimmt werden soll.

- Ohne die Liste der Formate abzurufen, können Sie Schnellformatierungen vornehmen. Folgende Symbole sind im Befehlsfeld Formatcode anzugeben:

Z	@[Zusammen]	G	Ganze Zahl
S	Standard	W	DM-Währung
E	Exponentenschreibweise	*	Balken
F	Festkomma	%	Prozent
N	Norm	•	Unverändert

2.4 Befehls- und Funktionsübersicht

Einfügen bezieht sich sowohl auf Spalten als auf Zeilen. Die Feldadressen (Positionsangaben), die durch das Einfügen verändert werden, berichtigt MULTIPLAN automatisch.

Einfügen Spalte fügt eine oder mehrere Spalten mit leeren Feldern ein. Es können auch Teile von Spalten eingefügt werden, d.h. die Leerfelder werden nur für den definierten Bereich eingefügt und nicht für das gesamte Arbeitsblatt.

Einfügen Zeile fügt eine oder mehrere Zeilen ein.

Format bestimmt die Anzeige der Feldinhalte und die Breite der Spalten (???).

Format Breite_der_Spalte bestimmt die Breite von angegebenen Spalten. Die Spaltenbreite kann zwichen 0 und 64 Zeichen liegen.

Format Ersetzen ersetzt in der gesamten Tabelle ein Format durch ein anderes.

Format Felder ändert Ausrichtung und Formatcode eines Feldes bzw. Feldbereiches und zeigt den Feldinhalt in einer bestimmten Farbe.

Format Felder Ausrichtung bestimmt, ob der Feldinhalt links-, rechtsbündig oder zentriert angezeigt wird.

Format Felder Formatcode bestimmt die Form, in der ein Wert angezeigt wird

Format Formatcode @[Zusammen] zeigt Feldinhalte, die über eine Spaltenbreite hinausgehen, vollständig an. Voraussetzung ist, daß das benachbarte Feld leer ist.

Format Formatcode #.##0 DM zeigt Werte im Währungsformat und mit Tausenderpunkt an.

Format Formatcode 0,00% zeigt Zahlen im Prozentformat mit 2 Nachkommastellen an.

Format Optionen bestimmt, ob Formeln und Feldfehlermeldungen angezeigt werden sowie die Art des Dezimalzeichens.

Format Optionen Dezimalzeichen stellt Komma oder Punkt als Dezimalzeichen zur Wahl.

Format Standard	legt die Standardbreite aller Spalten fest, bestimmt Standardausrichtung und -formatcode der Felder und legt die Anzahl der auf dem Bildschirm angezeigten Zeilen fest.
Format Standard Felder Ausrichtung	legt die Voreinstellung für die Ausrichtung der Feldinhalte fest.
Format Standard Felder Formatcode	legt die Standardeinstellung für Zahlenformate fest.
Funktionstaste <F3>	wandelt relative Feldadressen in absolute um.
Kopie	vervielfältigt Inhalt und Format von Originalfeldern in andere.
Kopie Von	ist die allgemeine Form und kann für alle Kopiervorgänge angewendet werden.
Kopie Rechts	kopiert ein(en) Feld(-bereich) so oft wie angegeben nach rechts
Kopie Nach_Unten	kopiert ein(en) Feld(-bereich) so oft wie angegeben nach unten.
Löschen	bezieht sich sowohl auf Spalten als auf Zeilen. Die Feldadressen (Positionsangaben), die durch das Einfügen verändert werden, berichtigt MULTIPLAN automatisch.
Löschen Spalte	löscht eine oder mehrere Spalten.
Löschen Zeile	löscht eine oder mehrere Zeilen.
Radieren	löscht den Inhalt eines Feldes oder Feldbereichs. Im Gegensatz zum "Löschen" bleibt das Feld erhalten.
Summe (feldbereich)	addiert als Funktion die Feldinhalte aus dem angegebenen Feldbereich.
Verändern	dient zum Editieren des Feldinhaltes
Funktionstaste <F7> *Funktionstaste <F8>* *Funktionstaste <F9>* *Funktionstaste <F10>*	dienen zum Bewegen des Zeigers während der Korrektur.
Wert	trägt eine Formel oder eine Zahl in das aktive Feld ein.
Zusätze T/W-Modus Ja	stellt den Eingabemodus als Standard fest.

3 SPEICHERN, LADEN UND DRUCKEN VON TABELLEN

Dieses Kapitel:

- *wiederholt in Kürze wesentliche DOS-Befehle zum Einrichten, Wechseln und Löschen von Unterverzeichnissen auf der Festplatte;*
- *zeigt, wie eine Tabelle auf einer Diskette oder Festplatte gesichert und wieder geladen wird;*
- *erklärt, wie Pfadeinstellungen von MULTIPLAN aus vorgenommen werden;*
- *führt vor, wie Tabellen mit MULTIPLAN auszudrucken sind und welche Druckformate und Optionen MULTIPLAN für den Ausdruck von Tabellen bereitstellt.*

3.1 Speichern und Laden von Dateien

Sollten Sie noch Schwierigkeiten im Umgang mit Dateiverzeichnissen haben, lesen Sie zunächst den Exkurs im Anschluß an diesen Absatz. In dieser Ergänzung wird Ihnen das Notwendigste im Umgang mit dem Betriebssystem DOS in Bezug auf die Verwaltung von Dateien gezeigt. Leser, die sich mit DOS auskennen, überspringen den Exkurs und fahren fort mit dem Speichern von Dateien (3.1.1).

Exkurs: Die Festplatte mit Hilfe von Inhaltsverzeichnissen ordnen

Der Computer verfügt über einen internen Speicher (Arbeits- oder Hauptspeicher). Alle Informationen im Arbeitsspeicher befinden sich im direkten Zugriff des Computers; d.h. er kann die Daten, im vorliegenden Fall eine Tabelle, unmittelbar verarbeiten. Zur Sicherung werden die Daten vom Arbeitsspeicher auf einen externen Speicher übertragen (=Speichern der Datei). Diese Sicherung ist notwendig, weil die Daten im Arbeitsspeicher gelöscht werden, sobald der PC ausgeschaltet wird (Arbeitsspeicher = flüchtiger Speicher).

Personal Computer arbeiten in der Regel mit 2 Arten von externen Speichern:

- mit Disketten, die man in ein Laufwerk einlegen und daraus wieder entfernen kann,

- mit einer im Computer installierten Festplatte, die eine höhere Speicherka-
pazität als die Diskette bereitstellt und einen schnelleren Zugriff auf die
Daten ermöglicht.

Der Vorteil der Festplatte, größere Datenmengen zu speichern, bedingt, daß
eine bestimmte Ordnung festgelegt und eingehalten werden sollte. Ähnlich wie
in einem Aktenschrank zur besseren Übersicht einzelne Fächer eingerichtet
werden, läßt sich die Festplatte durch das Einrichten von Verzeichnissen ein-
teilen. Das gelingt Ihnen mit Hilfe von Befehlen, die Ihnen das Betriebssystem
DOS zur Verfügung stellt. Im folgenden wird skizziert, wie Verzeichnisse erstellt, gewechselt und gelöscht werden können.

Während des Formatierungsprozesses wird bereits das Stamm- oder Hauptverzeichnis eingerichtet. Es sprechen zwei Gründe dafür, über dieses Stammverzeichnis hinaus weitere Unterverzeichnisse anzulegen:

- die Anzahl der zu speichernden Dateien im Hauptverzeichnis ist begrenzt
(Festplatte = 512 Dateien);
- mit Hilfe von Unterverzeichnissen läßt sich die Platte nach inhaltlichen Ge-
sichtspunkten strukturieren.

Wenn Sie dem Hauptverzeichnis neue Unterverzeichnisse hinzufügen, ähnelt
die Dateistruktur einem Baum, von dessen Stamm aus sich die einzelnen Äste
verzweigen. In Analogie zu diesem Bild spricht man von einem "baumstruktu-
rierten Dateisystem" oder einfach von einem "Dateibaum". Welche Unterverzeichnisse angelegt werden, hängt davon ab, wie der Personal Computer genutzt wird und welche Aufgabengebiete damit bearbeitet werden. Gehen wir
davon aus, daß bislang nur das Stammverzeichnis existiert. Die erste Ebene der
Unterverzeichnisse soll den Anwenderprogrammen vorbehalten sein: MP für
die Tabellenkalkulation, CHART für das Grafikprogramm und WORD für das
Textprogramm. Die zweite Ebene der Unterverzeichnisse (SCHULUNG,
BUDGET, PROJEKT) soll die Dateien der Anwender enthalten.

Anlegen der Unterverzeichnisse

Nach Einschalten des Computers zeigt der Prompt *C>* an, daß das Laufwerk C
(die Festplatte) aktiv und das Betriebssystem DOS bereit ist, Befehle entgegen-
zunehmen.

Mit der Eingabe des Befehls *md* (make directory) können neue Unterverzeichnisse (directories) angelegt und entsprechend benannt werden.

Für die Ebene 1 (hier: Anwenderprogramme) geben Sie ein :

```
C>md MP              <Return>
C>md CHART           <Return>
C>md WORD            <Return>
```

Für die Ebene 2 (hier: Dateien zu bestimmten Anwenderprogrammen) können weitere Unterverzeichnisse angelegt werden:

C>md \MP\SCHULUNG	*<Return>*
C>md \MP\BUDGET	*<Return>*
C>md \MP\PROJEKT	*<Return>*

Daraus ergibt sich folgender Dateibaum:

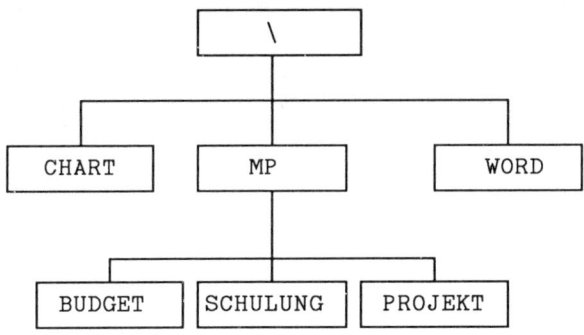

Wechseln von Verzeichnissen

Nach Einschalten des Computers befindet man sich zunächst immer im Haupt- oder Stammverzeichnis. Um in eines der Unterverzeichnisse zu gelangen, ist auf die Eingabeaufforderung C> der Befehl einzugeben: *cd* (=Change Directory)

Um vom Stammverzeichnis in das Unterverzeichnis \MP\SCHULUNG zu kommen, ist demnach wie folgt vorzugehen:

C>cd \MP\SCHULUNG	*<Return>*

oder Schritt für Schritt:

C>cd MP	*<Return>*
C>cd SCHULUNG	*<Return>*

Vom Unterverzeichnis \MP\SCHULUNG zurück ins Stammverzeichnis gelangt man mit der Befehlseingabe:

*C>cd *	*<Return>*

oder Schritt für Schritt:

C>cd ..	*<Return>*
C>cd ..	*<Return>*

Mit *dir* (=directory) könnnen Sie sich den Inhalt von Verzeichnissen anzeigen lassen. Zum Beispiel wird Ihnen mit dem Befehl: *dir C:\MP\SCHULUNG* das Unterverzeichnis mit Ihren Übungsdateien angezeigt. Das Laufwerk C steht für die Festplatte, der "backslash" (\) für das Stammverzeichnis, MP für den Namen des ersten Unterverzeichnisses und SCHULUNG für ein Unterverzeichnis der zweiten Ebene. Zusammengenommen ergibt sich daraus der *"Pfad" des Dateiverzeichnisses.*

Wenn Sie die Unterverzeichnisse wieder löschen wollen, geht das mit dem DOS-Befehl: *rd* (remove directory). Löschen können Sie Unterverzeichnisse immer nur von der nächst höheren Ebene aus und wenn das Unterverzeichnis leer ist. Nehmen wir an, Sie haben Ihre Übungsdateien im Unterverzeichnis \MP\SCHULUNG auf der Festplatte gespeichert. Nachdem Sie gelernt haben, mit MULTIPLAN umzugehen, beabsichtigen Sie Ihre Übungdateien wie auch das Unterverzeichnis zu löschen. Zu diesem Zweck gehen Sie wie folgt vor:

- Verzweigen Sie in das Unterverzeichnis \MP\SCHULUNG mit: *cd \MP\SCHULUNG*

- Löschen Sie alle Dateien mit dem DOS-Befehl: del (delete), indem Sie eingeben: *del *.**. Die Sicherheitsabfrage von DOS, ob Sie auch sicher sind, bestätigen Sie - nach vorheriger Überprüfung - mit "J".

- Wechseln Sie mit: *cd ..* das Verzeichnis um eine Ebene nach oben.

- Löschen Sie das Unterverzeichnis: \MP\SCHULUNG mit dem Befehl: *rd SCHULUNG*

Nach dieser kurzen Einführung oder Wiederholung können Sie nun damit fortfahren, Ihre Tabelle auf ein externes Speichermedium zu übertragen, allgemein formuliert: MULTIPLAN-Dateien zu speichern.

3.1.1 Speichern der Tabelle

Spätestens nachdem Sie Ihre Vereins-Tabelle fertiggestellt haben, ist es an der Zeit, die Daten zu sichern. Um Datenverluste zu vermeiden, sollten Sie auch während der Tabellenbearbeitung zwischenspeichern. Die Betriebssicherheit von Personal Computern hat sich zwar weiter verbessert, doch bleiben Störfälle nicht ausgeschlossen. Im Anschluß an das Speichern der Tabelle werden Sie lernen, wie Dateien z.B. für die weitere Bearbeitung oder Aktualisierung wieder zu laden sind.

Aufgabe: Zur Datensicherung soll die Tabelle vom Arbeitspeicher auf die Diskette im Laufwerk A übertragen und unter dem Namen **VEREIN.TAB** abgelegt werden.

VORGEHEN: Erstmaliges Speichern einer Datei auf Diskette

- Menübefehle *Übertragen Speichern*

  Der voreingestellte Pfad sowie der standardmäßig von MULTI-PLAN vorgeschlagene Dateiname: TEMP (für temporär) erscheint: *A:\TEMP*

- Wenn Sie nun den Dateinamen in: VEREIN (mit der Erweiterung/Extension TAB) ändern, müssen Sie auch den Pfad (A:\) erneut eingeben: *A:\VEREIN.TAB*

  Lösen Sie mit der *<Return>*-Taste den Speichervorgang aus.

Im unteren rechten Teil des Bildschirms trägt MULTIPLAN den vergebenen Dateinamen ein.

Aufgabe: Zur Datensicherung soll die Tabelle vom Arbeitsspeicher auf die Festplatte übertragen werden. Es wird vorausgesetzt, daß ein Unterverzeichnis: *MP* zur Speicherung der Programmdateien von MULTIPLAN und ein weiteres Unterverzeichnis: *SCHULUNG* zur Speicherung Ihrer Übungsdateien eingerichtet worden ist.

HINWEIS:
Für diejenigen, die noch kein eigenes Unterverzeichnis eingerichtet haben, stellt MULTI-PLAN eine DOS-Schnittstelle zur Verfügung, von der aus DOS-Befehle aufgerufen werden können: Pfad Betriebssystem. Mit dem DOS-Befehl command können Sie MULTI-PLAN verlassen und auf der DOS-Ebene arbeiten. Der auf DOS-Ebene eingegebene Befehl: exit führt Sie an die Stelle Ihrer Tabelle zurück, an der Sie MULTIPLAN verlassen haben.

VORGEHEN: Erstmaliges Speichern der Tabelle auf der Festplatte

- Wählen Sie die Menübefehlsfolge *Übertragen Speichern*.
- Geben Sie dann den Namen des Laufwerks (C:), den Pfad (\MP\SCHULUNG) und den Dateinamen mit Erweiterung ein (VEREIN.TAB): *C:\MP\SCHULUNG\VEREIN.TAB*
- und bestätigen mit *<Return>*

Für das nochmalige Speichern derselben Datei -nachdem sie zum Beispiel zur Aktualisierung erneut geladen wurde - merkt MULTIPLAN sich den Pfad. Sie müssen nur noch mit *<Return>* bestätigen und die Sicherheitsabfrage, die ein versehentliches Überschreiben der alten Datei erschweren soll, mit *"J"* beantworten.

```
ÜBERTRAGEN SPEICHERN Dateiname: C:\MP\SCHULUNG\VEREIN.TAB  geschützt: Ja(Nein)

Geben Sie bitte J ein, wenn Sie die Datei überschreiben möchten! █
Z1S1                             ? ! 100% frei  UF              VEREIN.TAB
```

Sollten Sie Ihre Tabelle vor fremdem Zugriff schützen wollen, besteht die
Möglichkeit, ein Passwort zu vergeben. Nach der Befehlsfolge *Übertragen
Speichern geschützt Ja* geben Sie ein Kennwort ein.

```
ÜBERTRAGEN SPEICHERN Dateiname: C:\MP\SCHULUNG\VEREIN.TAB  geschützt:(Ja)Nein

Geben Sie bitte das Passwort ein: .....█
Z1S1                             ? ! 100% frei  UF              VEREIN.TAB
```

Für jeden Buchstaben des Passwortes zeigt MULTIPLAN einen Punkt auf dem
Bildschirm an und läßt sich das Kennwort durch nochmalige Eingabe bestätigen. Beachten Sie bitte dabei, daß in diesem Fall die Groß- und Kleinschreibung von Bedeutung ist.

HINWEIS:
    Ohne Kennwort gelangen Sie nicht mehr an Ihre Datei.

3.1.2 Einlesen einer gespeicherten Tabelle

Nachdem Sie Ihre Tabelle gesichert haben, könnten Sie das Programm verlassen oder den Computer ausschalten. Ihre Daten sind bei Bedarf jederzeit verfügbar und können wieder in den Arbeitsspeicher des Computers geladen werden. Für die praktische Arbeit mit Kalkulationsdateien ist das von großer Bedeutung. Dateien werden häufig zur weiteren Bearbeitung erneut geladen (oder
eingelesen) - sei es zur Aktualisierung, zur Daten-Fortschreibung oder zum
neuerlichen Ausdruck.

Aufgabe: Eine gespeicherte Datei (hier: die Datei VEREIN.TAB) soll von
               einem externen Speicher zur Weiterbearbeitung wieder in den Ar-
               beitsspeicher des Computers übertragen (geladen) werden.

Verlassen Sie zunächst MULTIPLAN mit dem Befehl *Quitt*, oder löschen Sie
die Daten im Arbeitsspeicher einfach mit *Übertragen Bildschirmlöschen Gesamt*.

VORGEHEN: Laden von MULTIPLAN-Dateien

- Falls Sie mit "Quitt" Multiplan verlassen haben, laden Sie das Programm erneut mit: *mp*.
- Die Menübefehle sind *Übertragen Laden*.
- Tragen Sie dann Pfad und Datei ein. Wenn Sie die Datei auf der Festplatte gespeichert haben:

  C:\MP\SCHULUNG\VEREIN.TAB

  und schließen mit *<Return>* ab.
- Haben Sie auf Diskette im Laufwerk A gespeichert, geben Sie ein:

  A:\VEREIN.TAB

- Falls Sie den genauen Namen der zu ladenden Datei vergessen haben sollten, lassen Sie sich alle Dateien des entsprechenden Unterverzeichnisses auf der Festplatte bzw. die Dateien auf der Diskette auflisten mit Übertragen Laden:

  C:\MP\SCHULUNG\

  und der *<Pfeiltaste unten>*.

  Setzen Sie den Zeiger auf den richtigen Dateinamen: *VEREIN.TAB* und durch ein *<Return>* wird eine Kopie der ausgewählten Datei von der Festplatte in den Arbeitsspeicher geladen und erscheint auf dem Bildschirm.

3.1.3 Pfadeinstellungen in MULTIPLAN

Wenn Sie für die Festplatte mit Hilfe von Verzeichnissen eine Ordnung festgelegt haben, werden Sie in der Praxis Ihre Dateien zum überwiegenden Teil in einem bestimmten Verzeichnis speichern (hier: \MP\SCHULUNG). Dieses Verzeichnis können Sie festlegen, so daß der Pfad zum Speichern und später auch zum Laden der Dateien vorab bestimmt (*voreingestellt*) ist.

VORGEHEN: Voreinstellen des Verzeichnisses

- Wählen Sie die Menübefehle *Übertragen Optionen*.
- Setzen Sie mit der *<Tab>-Taste* den Zeiger in das zweite Befehlsfeld *Laufwerk/Inhaltsverzeichnis* und geben das Verzeichnis ein: *C:\MP\SCHULUNG*

```
ÜBERTRAGEN OPTIONEN Format:(Normal)Symbolisch Fremd ASCII
  Laufwerk/Inhaltsverzeichnis: C:\MP\SCHULUNG█   Bereich: Z1:4095
Geben Sie bitte Text ein!
Z1S1                          ?  !  100% frei  UF              VEREIN.TAB
```

Dateien aus anderen Verzeichnissen oder von der Diskette zu laden bzw. dahin zu speichern wird in der Praxis nicht der Regelfall sein, kann aber erforderlich werden. Das voreingestellte Verzeichnis trifft dann nicht mehr zu und Sie müssen den Pfad ändern.

Aufgabe: Sie arbeiten wie gewohnt im Verzeichnis C:\MP\SCHULUNG. Laden Sie nun von der beigefügten Diskette die MULTIPLAN-Datei: UMSATZ.TAB - und zwar ohne diese Datei vorher in das Verzeichnis kopiert zu haben - in den Arbeitsspeicher. Speichern Sie sie im Anschluß auf der Festplatte in dem Unterverzeichnis \MP\BUDGET.

VORGEHEN: Laden und Speichern von Dateien mit unterschiedlichen Pfadeinstellungen.

- Laden Sie die Datei mit der Menübefehlsfolge *Übertragen Laden* und der Eingabe des Laufwerks, des Dateinamens und der Erweiterungen: *A:\UMSATZ.TAB*

- Lassen Sie den Ladevorgang mit *<Return>* ausführen.

- Nachdem Sie die Tabelle bearbeitet haben, soll sie nunmehr auf der Festplatte im Verzeichnis \MP\BUDGET gespeichert werden mit *Übertragen Speichern*

   C:\MP\BUDGET\UMSATZ.TAB

   Bestätigen Sie das Sichern der Datei mit *<Return>*

Sie sehen, Pfadänderungen erfolgen in MULTIPLAN durch einfaches Eingeben des entsprechenden Pfades.

3.2 Ausdruck von Tabellen

Für die Ausgabe von Tabellen auf dem Drucker bietet MULTIPLAN verschiedene Optionen an, deren Kenntnis und Nutzung Voraussetzung für ein optimales Druckergebnis ist. Eine Tabelle kann während ihrer Erstellung - also noch bevor sie gespeichert wurde - gedruckt werden. Sie kann als Ganzes oder in

Teilen zu Papier gebracht und das gewünschte Seiten-Layout kann über MUL-TIPLAN festgelegt werden. Diese und noch andere Möglichkeiten der Anpassung der Druckausgabe an die jeweils gestellten Anforderungen an einen Ausdruck werden Ihnen nachfolgend vorgestellt.

Bevor Sie nun Ihre fertiggestellte und auf einem externen Speichermedium gesicherte Tabelle VEREIN.TAB erstmals ausdrucken, beachten Sie bitte:

- Eine Tabelle kann nur dann auf dem Drucker ausgegeben werden, wenn sie sich im Arbeitsspeicher des Computers befindet, anders formuliert: wenn sie geladen wurde.

- Der Drucker muß angeschlossen, eingeschaltet und seinem Typ entsprechend installiert sein. Beschäftigen Sie sich vorsichtshalber noch einmal eingehend mit Ihrem Druckerhandbuch und installieren Sie - falls noch nicht geschehen - Ihren Drucker gemäß den Anweisungen Ihres Handbuchs (vgl. dazu auch Kap.1.1.2).

- Der Ausdruck wird möglicherweise nicht gleich Ihren Erwartungen entsprechen. Dafür können verschiedene Gründe vorliegen. Die wichtigsten Fehlerquellen und Möglichkeiten, sie zu beseitigen, sind weiter unten aufgelistet. Zudem ist eine optimale Druckausgabe auch eine Sache der Erfahrung. Probieren Sie deshalb den Ausdruck unter Verwendung der unterschiedlichen Druckeinstellungen und prüfen Sie die Papierausrichtung im Drucker in aller Ruhe, bis die Druckausgabe Ihren Wünschen entspricht.

3.2.1 Erster Ausdruck der gesamten Tabelle

Mit der Befehlsfolge *Druck Drucker* weisen Sie MULTIPLAN an, die gesamte im Arbeitsspeicher befindliche Tabelle zu drucken.

Bei erstmaligem Ausdruck werden die MULTIPLAN-Standardeinstellungen für das Seitenlayout aktiviert. Das heißt: Der linke - auf dem Papier freibleibende Rand - umfaßt fünf Zeichen und pro Zeile werden 70 Zeichen gedruckt. Der obere freibleibende Rand umfaßt sechs Zeilen: 54 Zeilen werden pro Seite gedruckt und der Seitenumbruch (Wechsel zu einer neuen Seite) erfolgt nach 66 Zeilen.

Sollten nach den Vorgaben dieser Standard-Einstellung nicht alle Zeilen und Spalten auf einer Druckseite Platz finden, wird der Ausdruck mit einem Seitenvorschub auf der nächsten Seite fortgesetzt. Dann werden zunächst die nicht gedruckten Zeilen nachgeholt und - nach einem weiteren Seitenvorschub - die überzähligen Spalten gedruckt.

In den nächsten Abschnitten werden Sie lernen, wie Sie das Druckergebnis durch Nutzung von Optionen Ihren jeweiligen Anforderungen an einen Ausdruck anpassen können.

Sollten Sie überhaupt keine oder eine gänzlich unbefriedigende Druckausgabe erreicht haben, lesen Sie den folgenden Hinweis:"Probleme beim Ausdruck und deren Beseitigung".

HINWEIS:

Probleme beim Ausdruck und deren Beseitigung

1) Sofort nach Aktivierung des Druckbefehls erscheint das Hauptmenü wieder auf dem Bildschirm und der Druckvorgang wurde nicht ausgelöst:

- In diesem Fall haben Sie entweder den Drucker nicht angeschaltet
- oder die Bezeichnung für den Druckeranschluß wurde falsch eingegeben. Informieren Sie sich in Ihrem Druckerhandbuch, für welche Art der Datenübertragung Ihr Drucker ausgerüstet ist und geben Sie über Druck Optionen im Befehlsfeld Anschluß die richtige Bezeichnung ein: LPT1 oder PRN für eine parallele, COM1 für eine serielle Anschlußart.

2) In der Meldungszeile wird angegeben "Druck-en...", doch der Drucker startet nicht.

- Überprüfen Sie, ob sich Ihr Drucker im Online-Modus befindet;
- prüfen Sie die Anschlüsse des Druckerkabels;
- kontrollieren Sie auch in diesem Fall, ob Sie den Druckeranschluß richtig bestimmt haben (s.o.).

3) Der Drucker startet, druckt jedoch merkwürdige Zeichen aus oder ignoriert Zeichenformatierungen wie Fettdruck, Unterstreichungen usw.

- In diesem Fall haben Sie vielleicht bei der Installation von MULTIPLAN den falschen Druckertreiber ausgewählt oder für den aktuellen Ausdruck den Treiber nicht richtig angegeben. Aktivieren Sie die Befehle: Druck Optionen und prüfen Sie, ob im Befehlsfeld Drucker der Ihrem Drucker entsprechende Druckertreiber eingetragen ist. Falls nicht, lassen Sie sich durch Betätigung einer der Pfeiltasten die Liste der verfügbaren, das heißt: von Ihnen installierten Druckertreiber anzeigen und wählen den richtigen aus.
- Ist der für Ihren Drucker erforderliche Druckertreiber nicht verfügbar, müssen Sie die Installation erneut vornehmen (vgl. Kap. 1.1.2).
- Möglicherweise ist Ihr Drucker nicht in der Lage, bestimmte Formatierungen umzusetzen.

3.2.2   Randeinstellungen vornehmen

Wenn von Zeilen und Spalten die Rede ist, die auf einer Druckseite Platz finden, müssen die unterschiedlichen Papierformate berücksichtigt werden. Für Seiten jeden Papierformats gilt die gleiche Breite von 83 Zeichen oder 21 cm. Die Seitenlänge unterscheidet sich jedoch. Für DIN A4-Format gilt eine Seitenlänge von 70 Zeilen oder 29,7 cm bei einem Drucker der - wie es normalerweise der Fall ist - 10 Zeichen pro Zoll (10 CPI = charakter per inch) druckt. Bei Endlospapier beträgt die Seitenlänge 72 Zeilen.

Diese Standards sollten Sie sofort einstellen, um falsche Seitenumbrüche zu verhindern.

Das Seiten-Layout für den Druck stellen Sie ein über die Befehlsfolge *Druck Randbegrenzung*.

Für den Ausdruck der Vereins-Tabelle wurden die untenstehenden Einstellungen in Zeichen/Zeilen gewählt.

```
DRUCK RÄNDER oben: 2 Ze      unten: 2 Ze      links: 7 Ze     rechts: 6 Ze
Einzug: 4 Ze    Seitenlänge: 70 Ze     Breite: 83 Ze    Einheit: ▨ In Cm
Wählen Sie bitte eine Option oder geben Sie deren Anfangsbuchstaben ein!
Z1S1                               ? ! 100% frei  UF          VEREIN.TAB
```

Im letzten Befehlsfeld des Menüs wurde die Einheit bestimmt, mit der die Randeinstellungen vorgenommen wurden: (Ze) für Zeichen bzw. Zeilen.

oben:	2 Ze	legt den oberen Rand auf 2 Zeilen fest
unten:	2 Ze	legt den unteren Rand auf 2 Zeilen fest
links:	7 Ze	legt den linken Rand auf 7 Zeichen fest
rechts:	6 Ze	legt den rechte Rand auf 6 Zeichen fest
Seitenlänge:	70 Ze	legt die Seitenlänge auf das DIN A4-Format von 70 Zeilen fest
Breite:	83 Ze	legt die Seitenbreite auf den Standard von 83 Zeichen fest

Das Befehlsfeld "*Einzug:*" bezieht sich auf die Menübefehle: *Pfad Ausgabe* und steuert die Einrückung der Ebenen beim Ausdruck von Tabellenreports. Diese Option wird ausführlich im Kapitel 6: "Kontrolle der Tabelle" behandelt.

Die gleichen Einstellungen in Zentimeter (Cm) sehen so aus.

```
DRUCK RÄNDER oben: 0,85 Cm  unten: 0,85 Cm  links: 1,78 Cm  rechts: 1,52 Cm
Einzug: 1,02 Cm  Seitenlänge: 29,63 Cm  Breite: 21,08 Cm  Einheit: Ze In ▨
Wählen Sie bitte eine Option oder geben Sie deren Anfangsbuchstaben ein!
Z1S1                               ? ! 100% frei  UF          VEREIN.TAB
```

Beachten Sie bitte, daß MULTIPLAN die vorgenommenen Randeinstellungen speichert und bei einer erneuten Druckausgabe darauf zurückgreift.

3.2.3 Tabellenbereiche drucken

Nicht immer ist ein Ausdruck der gesamten Tabelle erwünscht. Nehmen wir an, die Vereinstabelle soll ohne die Quartalsangaben ausgedruckt werden.

Mit der Befehlsfolge   *Druck Optionen*
                            Bereich:Z10:Z19S4
                            Druck

wird ausschließlich der definierte Druckbereich ausgegeben.

```
DRUCK OPTIONEN Bereich: ░AUSWAHL░ Drucker: EPLQ        Modell: LQ-850/1050 m
it Multifontmodul Anschluß: PRN Entwurf: Ja(Nein) Formeln: Ja(Nein) Z/S-Numm
ern: Ja(Nein)
Geben Sie bitte die Position eines Felds oder eines Tabellenbereichs ein!
Z1S1                              ? ! 100% frei UF             VEREIN.TAB
```

MULTIPLAN läßt auch die Möglichkeit zu, eine bestimmte Anzahl von Spalten oder Zeilen auszudrucken:

Mit der Befehlsfolge *DRUCK OPTIONEN Bereich: S1* würde zum Beispiel nur die 1 Spalte ausgedruckt. *DRUCK OPTIONEN Bereich: Z10:12* bewirkt, daß die Zeilen 10 bis 12 ausgedruckt werden.

3.2.4 Kopf- und Fußzeilen sowie Seitennummern bestimmen

Längere Tabellen, die über mehrere Seiten ausgedruckt werden, gewinnen an Übersichtlichkeit, wenn sie mit einer Kopf- oder Fußzeile versehen und die Druckseiten fortlaufend numeriert werden.

In der Praxis empfiehlt es sich auch, in der Kopf- oder Fußzeile den Dateinamen der ausgedruckten Tabelle anzugeben. Bei einer späteren Aktualisierung der Tabelle hat man auf diese Weise den Dateinamen gleich präsent.

Aufgabe: Statten Sie Ihre Tabelle VEREIN.TAB mit der Kopfzeile *Vereinstabelle (VEREIN.TAB)* aus und legen Sie in der Fußzeile eine mit der arabischen Zahl 1 beginnende fortlaufende Seitennumerierung fest.

VORGEHEN: Kopf- und Fußzeilen mit fortlaufender Seitennumerierung bestimmen

* Geben Sie im Feld *Z5S9* den Text ein: *Vereinstabelle (VEREIN.TAB)*.

  Für die Erfassung von Kopf- oder Fußzeilen sollte immer ein Bereich ausgesucht werden, der außerhalb der Tabelle liegt und voraussichtlich auch bei Aktualisierungen nicht für Berechnungen oder zur Datenerfassung benutzt werden wird. Aufgrund der geringen Spaltenbreite wird nur ein Teil des eingegebenen Textes angezeigt. Damit die gewünschte Kopfzeile vollständig ausgedruckt wird, muß entweder die Spalte verbreitert (Format Breite_der_Spalten) oder mit @[Zusammen] formatiert werden (*Format Felder Formatcode @[Zusammen]*).

- Um zu erreichen, daß MULTIPLAN die Druckseiten Ihrer Tabelle in einer Kopf- oder Fußzeile fortlaufend numeriert, müssen Sie sich eines Steuerzeichens bedienen. Geben Sie im Feld
  Z7S9 im Textmodus ein: *&S*.

- Rufen Sie dann die Menübefehle *Druck Kopf-/Fußzeile* auf und

- geben im Befehlsfeld *Kopfzeile* den Bereich ein, in dem der
  Kopfzeilentext erfaßt wurde. Im Interesse einer übersichtlichen
  Druckausgabe, in der die Kopfzeile deutlich von der übrigen
  Tabelle abgehoben wird, sollte eine weitere, leere Zeile als
  Kopfzeilenbereich definiert werden: *Z5:6S9:11*

- Definieren Sie als Fußzeilenbereich das Feld *Z7S9*.

- Im Befehlsfeld *Start Numerierung* ist standardmäßig bereits die
  Ziffer 1 als erste Seitenzahl vorgesehen. Durch Eingabe einer
  anderen, beliebigen Ziffer könnten Sie diese Einstellung verändern.

- Das Befehlsfeld *Numerierungsformat* gibt standardmäßig arabi-
  sche Ziffern vor. Auch hier könnten wieder Änderungen vorgenommen werden: Numerierung durch groß- oder kleingeschrie-
  bene römische Ziffern oder Groß- bzw. Kleinbuchstaben.

HINWEISE:

a) Wenn Kopf- bzw. Fußzeilen verwendet werden, muß mit Druck Optionen der auszu-
   druckende Bereich so definiert werden, daß diejenigen Felder, in denen der Kopf- oder
   Fußzeilentext eingetragen wurde, ausgespart bleiben. Ein Ausdruck der gesamten Datei
   (Druck Drucker) hätte zur Folge, daß die entsprechenden Texte nicht nur im Kopf- bzw.
   Fußzeilenbereich, sondern zudem noch an der Stelle ihrer Eingabe erschienen.

b) Durch die Eingabe von Drucksteuerzeichen kann die Ausrichtung des Textes in der Kopf-
   bzw. Fußzeile bestimmt werden. Dabei steht &L für linksbündig, &R für rechtsbündig
   und &M für zentriert. Die Steuerzeichen sind unmittelbar vor dem Text einzugeben, z.B.:
   &LVereinstabelle (VEREIN.TAB).

c) Die mit Hilfe des Steuerzeichens &S vorgenommene Seitennumerierung kann durch Text
   ergänzt werden. Die Eingabe SEITE &S in einem als Kopf-/Fußzeile definierten Feldbereich bewirkt zum Beispiel den Ausdruck: SEITE 1.

3.2.5 Weitere Druckoptionen

Im Menü *Druck Optionen* kann nicht nur ein bestimmter Tabellenbereich zum
Ausdruck spezifiziert werden. Darüberhinaus werden hier weitere wichtige
Einstellungen vorgenommen.

Die Befehlsfelder "*Drucker*" und "*Anschluß*" haben Sie schon im Zusammenhang mit möglichen Druckproblemen kennengelernt.

Die übrigen in diesem Menü angebotenen Optionen haben folgende Funktionen:

Befehlsfeld "*Modell*"   Wenn Sie den richtigen Treibersatz ausgewählt
                                haben, bestimmen Sie in diesem Feld den von

	Ihnen speziell verwendeten Druckertyp. Drücken Sie eine Pfeiltaste und wählen aus der angezeigten Liste mit Hilfe des Zeigers den Typ aus.
Befehlsfeld *"Z/S-Nummern:"*	Die Option (Ja) bewirkt, daß die Tabelle mit den entsprechenden Zeilen- und Spaltennummern ausgedruckt wird.
Befehlsfeld *"Formeln:"*	In der ausgedruckten Tabelle erscheinen die in den Feldern eingegebenen Formeln, eine Möglichkeit die Tabellenübersicht zu erhöhen. Die Spaltenbreite wird automatisch verdoppelt. Näheres zur Kontrolle der Tabelle und Formelüberprüfung werden Sie im Kapitel 6 dieses Buches erfahren.
Befehlsfeld *"Entwurf"*	Die Einstellung (Ja) bewirkt, daß ein schneller Probeausdruck erfolgt. Alle Zeichenformate bleiben zugunsten der Schnelligkeit unberücksichtigt.

Damit sind wir beim nächsten Abschnitt: der Wahl von Zeichenformaten, Schriftarten und -größen.

3.2.6 Zeichenformate, Schriftarten und -größen auswählen

Mit der Befehlsfolge: *Format Zeichenformat* legen Sie für ein bestimmtes Feld oder einen Bereich fest, daß der Inhalt fett, unterstrichen, durchgestrichen, kursiv oder mit einer Kombination dieser Formate ausgedruckt wird. Es hängt von Ihrem Drucker und dem gewählten Druckertreiber (*Druck Optionen Drucker*) ab, ob diese Möglichkeiten genutzt werden können.

HINWEIS:
    Die Zeichenformate erscheinen nicht auf dem Bildschirm, sondern werden nur ausgedruckt.

Hier ein Beispiel für Fettdruck, ohne die anderen Formate zu beeinflussen.

```
FORMAT ZEICHENFORMAT Felder: Z8S1:Z10S6                    Fett: Ja Nein -
Unterstrichen: Ja Nein(-)  Durchgestrichen: Ja Nein(-)   Kursiv: Ja Nein(-)
Wählen Sie bitte eine Option oder geben Sie deren Anfangsbuchstaben ein!
Z1S1                          ? ! 100% frei  UF              VEREIN.TAB
```

Wenn Sie das Zeichenformat für Felder oder Feldbereiche bestimmt haben, können Sie darüberhinaus angeben, in welcher Schriftart und Schriftgröße die Tabelle ausgedruckt werden soll. Sie teilen MULTIPLAN das über die Befehle *Format Druckerschriftarten* mit.

Vor der Ausführung dieses Befehls muß unbedingt unter Verwendung der Befehlsfolge *Druck Optionen* der Druckertreiber festgelegt werden, denn es hängt wiederum vom ingesetzten Drucker ab, welche Wahlmöglichkeiten in bezug auf Schiftarten und -größen zur Verfügung stehen.

```
FORMAT DRUCKERSCHRIFTARTEN Schriftart: System█
                          Schriftgröße: 12
Geben Sie bitte eine Schriftart ein oder wählen Sie von der Liste!
Z1S1                           ? ! 100% frei    Multiplan:    VEREIN.TAB
```

Um eine bestimmte Schriftart oder Schriftgröße festzulegen, drücken Sie eine *<Pfeiltaste>* und wählen aus der angezeigten Liste die gewünschten Einstellungen aus. Leider unterstützt MULTIPLAN keine Proportionalschriftarten.

Für Tabellen ist die sogenannte Schmalschrift wesentlich, die Sie durch eine Einstellung der Schriftgröße auf 8 erreichen können. Diese komprimierte Schriftform ermöglicht den übersichtlichen Ausdruck auch umfangreicherer Tabellen, deren Spalten ansonsten nicht nebeneinander auf einer DIN-A-4-Seite Platz fänden. Zudem eignet sich der Einsatz der Schmalschrift in Verbindung mit einer High Speed Schriftart auch für Probedrucke - Sie sparen Zeit und Papier. Soll in Schmalschrift gedruckt werden, empfiehlt es sich, zunächst mit der Befehlsfolge *Druck Randbegrenzung* die Festlegungen für die Seitenbreite zu ändern (*Breite: 132 Zeichen*). Anschließend aktivieren Sie die Befehle *Format Druckerschriften* und wählen als Schriftart High Speed und als Schriftgröße 8.

Drucken Sie nun zum Abschluß Ihrer Druckübungen mit der Befehlsfolge *Druck Drucker* die Tabelle VEREIN.TAB in Schmalschrift aus.

3.3 Befehls- und Funktionsübersicht

Del	(delete) ist ein DOS-Befehl mit dem Dateien gelöscht werden können.
Dir	(directory) ist ein DOS-Befehl mit dem der Inhalt eines Verzeichnisses angezeigt werden kann.
Druck	enthält Befehle, die den Ausdruck von Tabellen steuern.
Druck Drucker	startet die Druckerausgabe der Tabelle
Druck Platte/Diskette	startet den Druck der Tabelle in eine Druckdatei.

Druck Kopf-/Fußzeile   ermöglicht, die Tabelle mit Kopf- und/oder Fußzeilen zu versehen. Eine Seitennummerierung mit der Auswahl des Nummerierungsformats kann ebenfalls festgelegt werden.

Druck Randbegrenzung   bestimmt das Seiten-Layout des Ausdrucks

Druck Optionen   enthält Befehle zur Kontrolle von Druckformat und Druckersteuerung, sowie die Einstellung des Drucks von Tabellenbereichen.

Druck Optionen Bereich gibt die Möglichkeit den angegebenen Tabellenbereich auszudrucken.

Druck Optionen Drucker stellt Treibersatz für Drucker zur Auswahl. Mit einer Pfeiltaste kann die Liste der Druckertreiber aufgerufen und der richtige ausgewählt werden.

Druck Optionen Modell spezifiziert den Druckertyp. Über die Pfeiltaste wird die Liste der möglichen Typen angeboten.

Druck Optionen Anschluß legt bei Verwendung mehrerer Drucker den jeweiligen Anschluß fest.

Druck Optionen Formeln gibt die Möglichkeit die Formeln der Tabelle auszudrucken.

Druck Optionen Z/S-Nummern stellt zur Wahl, ob die Tabelle mit oder ohne Zeilen- und Spaltennummerierung ausgedruckt wird.

Format Druckerschriftarten definiert Schriftart und Schriftgröße. Vorher sollte über Druck Optionen der Druckertreiber und Druckertyp festgelegt werden. Über eine der Pfeiltasten werden Auswahllisten angezeigt.

Format Zeichenformat   gibt die Möglichkeit, Feldinhalte fett, unterstrichen, durchgestrichen, kursiv oder mit einer kombinierten Auswahl auszudrucken. Die Zeichenformate erscheinen nicht auf dem Bildschirm.

Md   (make directory) ist ein DOS-Befehl zum Einrichten von Verzeichnissen.

Pfad Betriebsystem   bezeichnet die DOS-Schnittstelle. DOS-Befehle können eingegeben und ausgeführt werden, ohne MULTIPLAN zu verlassen.

Rd   (remove directory) ist ein DOS-Befehl zum Löschen von Verzeichnissen

Übertragen   umfasst Befehle, die sich auf die Dateiverwaltung beziehen.

Übertragen Bildschirmlöschen löscht im Arbeitsspeicher die aktive Datei bzw. mehrere Dateien auf dem Bidlschirm

Übertragen Bildschirmlöschen Gesamt löscht den gesamten Bildschirminhalt und kommt einem Neustart von MULTIPLAN gleich.

Übertragen Dateilöschen löscht eine Datei von der Diskette/Festplatte.

Übertragen Laden	kopiert eine Datei von der Diskett/Festplatte in den Arbeitsspeicher.
Übertragen Optionen	legt den Pfad, das Dateiformat und den zu speichernden Bereich fest.
Übertragen Speichern	kopiert die aktive Datei vom Arbeitsspeicher auf die Diskette/Festplatte.

Übertragen Speichern geschützt gibt die Möglichkeit, die Datei mit einem Passwort zu schützen.

4 WAS-WÄRE-WENN-ANALYSEN

Dieses Kapitel

- *enthält Empfehlungen über den variablen und übersichtlichen Aufbau von Was-Wäre-Wenn-Tabellen;*
- *zeigt, wie der Einsatz von Feldnamen die Selbstdokumentation von Formeln erhöht;*
- *erklärt die Abfrage von Feldern mit Hilfe von logischen Bedingungen und der WENN-Funktion;*
- *führt ein Näherungsverfahren für rechnerisch nicht eindeutig zu ermittelnde Lösungen vor.*

Fallbeispiel: Break-Even-Analyse

Im Rahmen einer Break-Even-Analyse soll ermittelt werden, wie hoch die hergestellte und abgesetzte Menge eines Produkts mindestens sein muß, damit der Betrieb einen Gewinn erwirtschaftet.

Der Break-Even-Punkt ist dann erreicht, wenn Kosten und Erlöse gleich sind und der Gewinn = 0 ist.

Es gelten folgende Beziehungen:

Umsatzerlöse	=Preis*Menge
Gesamtkosten	=Fixkosten+Var.Stückkosten*Menge
Gewinn	=Umsatzerlöse-Gesamtkosten

Gegeben sind die Daten für Preis, fixe und variable Kosten:

Preis	=	40,00 DM
Fixkosten	=	34000,00 DM
Var.Stückkosten	=	26,40 DM

```
⊒|     1         2            3            4           5
  22 BREAK-EVEN-TABELLE
  23 ...............................
  24
  25
  26 Menge     Umsatzerlöse   Gesamtkosten    Gewinn
  27 .........................................
  28       500        20000         47200      -27200
  29      1000        40000         60400      -20400
  30      1500        60000         73600      -13600
  31      2000        80000         86800       -6800
  32      2500       100000        100000          0
  33      3000       120000        113200       6800
  34      3500       140000        126400      13600
  35      4000       160000        139600      20400
  36      4500       180000        152800      27200
  37      5000       200000        166000      34000
  38      5500       220000        179200      40800
  39      6000       240000        192400      47600
  40      6500       260000        205600      54400
  41      7000       280000        218800      61200
BEFEHL: Text Ausschnitt Bewegen Druck Einfügen Format Gehezu Hilfe Kopie Löschen
  Name Ordnen Pfad Quitt Radieren Schutz übertragen Verändern Wert Xtern Zusätze
Eingabe von Text in die Tabelle!
Z32S1     Z(-1)S+500          ?  !  100% frei    Multiplan:    BREAK1.TAB
```

Abb. 4-1: Break-Even-Tabelle

4.1 Praxisnahe Organisation von Tabellen

Aufgabe: Einrichten der Tabelle

a) Es soll eine übersichtlich strukturierte Tabelle eingerichtet werden, die auf der Grundlage konstanter Berechnungsmuster arbeitet. Eine Änderung der Daten (Preis, variable und fixe Kosten) soll automatisch eine Aktualisierung der Break-Even-Analyse bewirken.

b) Für bestimmte Feldadressen, die für die aktuellen wie für die späteren Neuberechnungen immer wieder von Bedeutung sind, sollen als Orientierungshilfe sinnstiftende Feldnamen vergeben werden.

HINWEIS
Eine Musterlösung finden Sie in der Datei BREAK1.TAB auf der beigefügten Übungsdiskette.

4.1.1 Datenerfassung und Tabellenberechnungen in unterschiedlichen Arbeitsblattbereichen vornehmen.

Unser Fallbeispiel einer Break-Even-Analyse weist auf ein Charakteristikum vieler kalkulatorischer Berechnungen hin. Das Ziel der Berechnungen - in diesem Falle: wie hoch muß die produzierte und abgesetzte Menge sein, damit ein Gewinn erwirtschaftet werden kann - wird mit *festen* Berechnungsformeln, aber unter Verwendung *variabler* Daten ermittelt. Der Gewinn in unserem Beispiel wird sich immer aus der Formel "Umsatzerlöse minus Gesamtkosten" ergeben. Variabel müssen hingegen die Daten sein, die der Gewinnberechnung zugrunde liegen, wie Preise, Kosten, Menge.

Auf dieser Basis lassen sich praxisrelevante Fragestellungen beantworten wie:

• Wo liegt der Break-Even-Point, wenn die Stückkosten um 2,- DM auf 28,40 DM steigen ?

• Wie hoch muß der Preis angesetzt werden, um bei angenommener Nachfrage und feststehenden Produktionskosten in die Gewinnzone zu kommen ?

Eine Tabelle, die solche Was-Wäre-Wenn-Analysen ermöglichen soll, muß sinnvollerweise in zwei Bereiche unterteilt werden:

• in einen Bereich, der der Datenerfassung vorbehalten bleibt und in dem Aktualisierungen vorgenommen werden können;

• in einen zweiten Bereich, in dem die gewünschten Berechnungen unter Bezugnahme auf die im ersten Teil eingegebenen Daten stattfinden.

Während im Datenbereich Werte eingegeben und verändert werden können, arbeitet der Berechnungsbereich mit festzulegenden *Feldbezügen*. In anderen Worten: die Formeln berechnen jede Veränderung der aktuellen Daten neu, ohne selbst verändert zu werden.

Richten Sie nun, entsprechend den nachfolgenden Abbildungen, die zur Umsetzung des Fallbeispiels einer Break-Even-Analyse erforderliche Tabelle ein. Oder:

Laden Sie die Datei: BREAK.TAB von der beigefügten Übungsdiskette in den Arbeitsspeicher.

Auf dem Bildschirm erscheint der erste Teil der neuen Tabelle - der Dateneingabebereich.

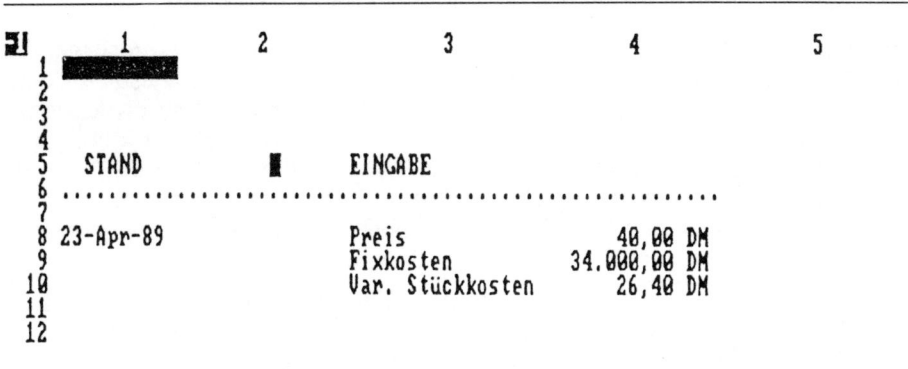

```
▌▌         1          2          3          4          5
 1 ▐███████████▌
 2
 3
 4
 5    STAND       █     EINGABE
 6 ...........................................................
 7
 8 23-Apr-89          Preis              40,00 DM
 9                    Fixkosten      34.000,00 DM
10                    Var. Stückkosten   26,40 DM
11
12
```

Abb. 4-2: Tabellenbereich der Datenerfassung

Wenn Sie nun mit der Taste *<Bild unten>* den Bildschirm um eine Seite nach unten rollen, sehen Sie mit den Spaltenüberschriften den zweiten Teil der Tabelle, der für die Berechnungen vorgesehen ist.

```
▌▌      1          2          3          4          5
22 BREAK-EVEN-TABELLE     ▐████████████▌
23 ..............................
24
25
26    Menge    Umsatzerlöse   Gesamtkosten    Gewinn    Break-Even-Point
27 ----------------------------------------------------------------------
28      500
29     1000
30     1500
31     2000
32     2500
33     3000
34     3500
35     4000
36     4500
37     5000
38     5500
39     6000
40     6500
41     7000
BEFEHL: [Text] Ausschnitt Bewegen Druck Einfügen Format Gehezu Hilfe Kopie Löschen
Name Ordnen Pfad Quitt Radieren Schutz Übertragen Verändern Wert Xtern Zusätze
Eingabe von Text in die Tabelle!
Z22S3                        ? !  100% frei    Multiplan:    BREAK.TAB
```

Abb. 4-3: Tabellenbereich der Berechnungen

4.1.2   Feldnamen als Orientierungshilfe im Arbeitsblatt

Solange sich der Datenumfang der Tabellen noch im Rahmen der vorliegenden
Übungsbeispiele bewegt, bereitet eine Orientierung im Arbeitsblatt keine
Schwierigkeiten. Allerdings ist kaum anzunehmen, daß sich Ihre professionel-
len Anwendungen mit MULTIPLAN auf die Verarbeitung derart kleiner Datenmengen beschränken werden. Von daher soll an dieser Stelle die Verwendung des Befehls "*Name*" erläutert werden, dessen Funktion unter anderem
darin besteht, Daten und Tabellenbereiche ohne großen Aufwand wiederzufin-
den.

"Namen" sind nichts anderes als aussagekräftige Bezeichnungen für Feldadressen. Statt unser Gedächtnis damit zu belasten, sich anonyme Feldadressen zu
merken, vergeben wir einfach diesen Feldern Namen. Namen, die für uns
einen fachlichen Sinn beinhalten und deshalb leichter zu erinnern sind. Durch
das Speichern der vergebenen Namen leistet MULTIPLAN Hilfestellung.

Im folgenden wird als Orientierungshilfe im Arbeitsblatt für: das Datum (Feld
Z8S1), die Dateneingabe (Feldbereich *Z5S3:Z10S4*) und den Berechnungsteil
(Feld *Z22S1*) jeweils ein Name vergeben. In welchem Bereich des Arbeitsblat-
tes sich der Feldzeiger auch befindet, mit Hilfe des Gehezu-Befehls und unter
Eingabe des Namens springt der Feldzeiger sofort zur entsprechenden
Feldadresse.

Um die Namen einzurichten, benötigt MULTIPLAN als Angaben den Namen
selbst und den Bereich (Feldadressen), für den dieser Name gelten soll.

Aufgabe: Für das Feld *Z8S1*, in dem das aktuelle Datum steht, soll der
Name: Datum vergeben werden.

VORGEHEN: Vergabe eines Feldnamens

- Aktivieren Sie das Feld (*Z8S1*) für das der Name vergeben werden soll

- und wählen Sie den Menübefehl *Name*.

  Tragen Sie den entsprechenden Namen (hier: *Datum*) ein und
  gehen mit der *<Tab>*-Taste über zum Befehlsfeld für die Bereichsangabe.

- Wenn Sie - wie in diesem Fall - den Cursor gleich auf das Feld
  gesetzt haben, für das der Name vergeben werden soll, schlägt
  MULTIPLAN die richtige Feldadresse vor, die Sie mit
  <Return> übernehmen können.

Abkürzen läßt sich das Verfahren der Namensvergabe dadurch, daß bereits im
Arbeitsblatt eingegebene Texte als Namen verwendet werden. Zum Beispiel
kann der vorhandene Text: EINGABE als Name für den Feldbereich

Z5S3:Z10S4 verwenden werden. Setzen sie den Cursor auf das Feld *Z5S3* und rufen den Befehl *Name* auf. MULTIPLAN zeigt Ihnen den Text als Vorschlag für den Namen und Sie müssen nur noch den entsprechenden Bereich bestimmen, für den dieser Name gelten soll.

```
NAME: Namen eingeben: EINGABE          Bereich: Z5:10S3:4
                    Makro: Ja(Nein)   Tastenschlüssel:
Bitte einen Namen eingeben!
Z22S3                                  ?  !  100% frei  UF          BREAK.TAB
```

Bei der Vergabe von Namen sind einige Regeln zu beachten:

- Ein Name darf maximal 31 Zeichen lang sein und muß mit einem Buchstaben beginnen;

- Leerstellen in Namen werden zwar von MULTIPLAN automatisch durch Unterstriche überbrückt (z.B. D A T U M = = = > D_A_T_U_M), sollten dennoch vermieden werden;

- Bindestriche in einem Namen werden von MULTIPLAN ausgelassen (z.B. BREAK-EVEN = = = > BREAKEVEN).

- Groß- und Kleinschreibung spielt bei der Vergabe von Namen keine Rolle;

Falls Sie einen *Namen* falsch eingetragen haben und ihn wieder *löschen* wollen, reicht es, die Bereichsangabe für den entsprechenden Namen zu löschen.

Üben Sie die Vergabe von Namen, indem Sie für den Feldbereich Z22S1:Z47S4 den Namen: *Raster* vergeben.

    Name: Raster   *Bereich:* Z2221:Z47S4

Nachdem die Namen vergeben sind, werden Sie mit dem *Gehezu*-Befehl als Orientierungshilfe im Arbeitsblatt eingesetzt.

Gehezu Makro bezieht sich auf eine Programmiermöglichkeit mit MULTIPLAN, die als Ausblick im letzten Kapitel skizziert wird. *Gehezu Ausschnitt* wird im nächsten Kapitel im Rahmen der Fenstertechnik erklärt.

Gehezu Zeile_Spalte muß gewählt werden, wenn kein Bereichsname vergeben ist.

Üben Sie den Sprungbefehl, indem Sie den Feldzeiger von seiner aktuellen Position in einem Zug zum Feld Z8S1 bewegen.

Sie haben zwei Möglichkeiten:

a)   Wählen Sie die Befehlsfolge: *Gehezu Zeile_Spalte*

    GEHEZU Zeile:8   *Spalte:1*

b)   Wählen Sie die Befehlsfolge: *Gehezu Name*, denn für das Feld Z8S1 wurde bereits der Name: Datum vergeben.

    GEHEZU Name:Datum

Der Vorteil, mit Namen zu arbeiten, liegt darin, daß die Feldadressen nicht mehr exakt erinnert werden müssen. Sollten Sie einen Namen vergessen haben, hilft eine einfache Technik. Wählen Sie die Befehle: *Gehezu Name* und benutzen dann eine der Pfeiltasten, um die *Liste der vergebenen Namen* abzurufen. Indem Sie den gewünschten Namen markieren und mit *<Return>* bestätigen, springt der Feldzeiger zur entsprechenden Feldadresse.

Die gezeigte Vergabe von Bereichsnamen empfiehlt sich nicht nur als Orientierungshilfe zum Wiederauffinden von Feldadressen. Auch Formeln werden durch die Verwendung von "sprechenden" Namen verständlicher. Dies wird im folgenden Abschnitt deutlich werden, in dem es darum geht, den zweiten Teil der Tabelle mit Formeln zur Berechnung der Umsatzerlöse, der Gesamtkosten und des Gewinns auszustatten.

4.2 Aufbau eines flexiblen Tabellenrasters

Aufgabe: Zur Ermittlung der Umsatzerlöse, der Gesamtkosten und des Gewinns sollen Formeln entwickelt werden, die die notwendigen Berechnungen durchführen und darüberhinaus die neuen Ergebnisse anzeigen, wenn sich Preis oder/und fixe Kosten oder/und variable Kosten ändern. Die Mengenangaben sind vorgegeben.

4.2.1 Anpassungfähige Formeln mit Feldnamen erstellen

Nach dem eben gelernten Muster vergeben Sie zunächst für die Werte von Preis (Z8S4), Fixkosten (Z9S4) und Var. Stückkosten (Z10S4) Namen. Die Texte: Preis und Fixkosten können Sie sofort als Namen übernehmen. Bei den variablen Kosten vergeben Sie besser einen neuen kürzeren Namen ohne Leerstelle, z.B. Varkosten.

*Name:*Preis   *Bereich:*Z8S4
*Name:*Fixkosten   *Bereich:*Z9S4
*Name:*Varkosten   *Bereich:*Z10S4

Nachdem die Vorbereitungen getroffen sind, kann mit den eigentlichen Berechnungen im Tabellenraster begonnen werden.

Berechnung der Umsatzerlöse

Die Umsatzerlöse berechnen sich aus der Multiplikation von Menge*Preis. Die im Feld Z28S2 einzutragende Formel würde unter Verwendung von Feldadressen wie folgt lauten: *ZS(-1)*Z8S4*

Mit der relativen Feldadresse *ZS(-1)* nimmt die Formel Bezug auf die Menge. Übernommen wird der Wert, der in der gleichen Zeile um eine Spalte nach links versetzt steht ($=500$). Multipliziert wird diese Zahl mit dem Wert, der im Feld *Z8S4* als Preis eingegeben wurde.

Die vorgenommene Feldadressierung ergibt sich aus dem Ziel, die Formel für alle Mengen nach unten zu kopieren: *Kopie Nach_unten: 19.* Bei der Berechnung der Umsatzerlöse aus unterschiedlichen Mengen (relative Feldadressierung) bleibt die Bezugnahme auf den Stückpreis unverändert (absolute Feldadressierung).

Durch die Vergabe des Namens: Preis für das Feld Z8S4 kann die Formel modifiziert werden:

*ZS(-1)*Preis*

Die Aussagefähigkeit der Formel erhöht sich und der Benutzer muß sich nicht mehr an die Feldadresse erinnern.

BEACHTEN SIE BITTE:
Namen adressiert MULTIPLAN absolut.

Für die Kopierfähigkeit von Formeln bedeutet die absolute Adressierung der Namen eine Einschränkung. Wenn Sie mit Namen arbeiten, was durchaus sinnvoll ist, denken Sie an diesen Zusammenhang.

Um die Formel zur Berechnung der Umsatzerlöse kopierfähig zu halten und dennoch für die Mengen einen Namen einzusetzen, wird ein Gruppen- oder Bereichsname für alle Mengenangaben vergeben.

VORGEHEN: Vergabe eines Bereichsnamens

- Das Feld *Z26S1*, in dem der Text: Menge steht, wird aktiviert
- und der Menübefehl *Name* gewählt.

  Der vorgeschlagene Name: Menge wird übernommen und mit der *<Tab>*-Taste zum Befehlsfeld Bereich: gesprungen.

- Als Bereich werden alle Felder angegeben, die Mengenangaben beinhalten: *Z28S1:Z47S1*
- Mit *<Return>* wird die Namensvergabe abgeschlossen.

Aufgrund dieser Namensvergabe, kann die Formel ein weiteres Mal im Hinblick auf höhere Verständlichkeit modifiziert werden und bleibt gleichzeitig kopierfähig:

Menge*Preis

Kopieren Sie diese Formel nach unten.

Berechnung der Gesamtkosten

Für die Berechnung der Gesamtkosten findet das gleiche Verfahren Anwendung:

Aktivieren Sie als Erstes das Feld *Z28S3*, in dem das Ergebnis erscheinen soll.

Tragen Sie entweder die Formel mit Feldadressen ein:

ZS(-2)*Z10S4+Z9S4

oder die Formel mit den vergebenen Namen:

Menge*Varkosten+Fixkosten

Beide Formeln können für alle Mengenangaben nach unten kopiert werden.

Berechnung des Gewinns

Im Feld *Z28S4* soll angezeigt werden, ob die jeweiligen Erlöse unter Berücksichtigung der Kosten einen Gewinn oder Verlust erbracht haben.

Die Formel mit Feldadressen lautet:

ZS(-2)-ZS(-1)

Mit dem relativen Feldbezug *ZS(-2)* werden die Umsatzerlöse übernommen, mit dem Bezug *ZS(-1)* die Gesamtkosten. Die relative Feldadressierung macht die Formel für die gesamte Gewinnspalte kopierfähig.

Wollen Sie die Formel unter Verwendung von Namen einsetzen und kopieren, muß zunächst für den Bereich *Z28S2:Z47S2* der Name: UMSATZERLÖSE und für den Bereich: *Z28S3:Z47S3* der Name: GESAMTKOSTEN vergeben werden. Nach der Vergabe des ersten Namens merkt sich MULTIPLAN die Feldadressen und schlägt diese angepasst für den zweiten Namen vor.

*Name:*Umsatzerlöse   *Bereich:*Z28S2:Z47S2
*Name:*Gesamtkosten   *Bereich:*Z28S3:Z47S3

Die gewinnermittelnde Formel mit Namen lautet dann:

Umsatzerlöse-Gesamtkosten

HINWEIS:
Um Schreibfehler bei der Namenseingabe zu vermeiden, können Sie MULTIPLAN an-
weisen, die Feldnamen in die Formel einzutragen. Nach Eingabe des Befehls: Wert kann
mit der Funktionstaste <F3> und einer <Pfeiltaste> die Liste der Namen abgerufen
werden. Markieren Sie den gewünschten Namen und mit <Return> oder einem Operator
wird der Name eingetragen.

4.2.2 Mit Zahlenreihen und Feldbezügen arbeiten

Die Mengenangaben im Bereich *Z28S1:Z47S1* waren bislang vorgegeben. Das
Tabellenraster wird im folgenden weiter flexibilisiert, indem

a)   eine Formel für das Erstellen einer Zahlenreihe (500 bis 10000) mit fe-
      sten Schrittwerten (500) aufgestellt wird und

b)   die konstante Untergrenze (=500) und der konstante Schrittwert (=500)
      der Menge zugunsten von variablen Feldbezügen aufgehoben werden.

Zahlenreihen mit Hilfe von Formeln erstellen

Anstatt wie bisher die einzelnen Mengenwerte nacheinander einzugeben, soll
eine kopierfähige Formel entwickelt werden, bei der die Produktionsmenge -
beginnend bei einer Untergrenze von 500 Stück - mit einem Schrittwert von
500 bis zur Obergrenze von 10.000 Stück ansteigt.

VORGEHEN: Eingeben einer Reihenformel

   • Geben Sie im Feld *Z28S1* die Untergrenze 500 ein.

   • Bewegen Sie den Feldzeiger um ein Feld nach unten auf die
     Adresse *Z29S1*. Dort tragen Sie die Formel *Z(-1)S+500* ein.

     Diese Formel bedeutet: von der aktuellen Position des Feld-
     zeigers ausgehend (*Z29S1*), wird der Wert des Feldes in der
     gleichen Spalte um eine Zeile nach oben versetzt übernommen
     (*Z28S1*) und ein konstanter Wert von 500 addiert.

   • Die Formel kann nun kopiert werden bis der Endwert von
     10000 erreicht wird: *Kopie Nach_unten*.

   • Schließen Sie den Kopiervorgang mit *<Return>* ab.

Konstante Werte durch variable Feldbezüge ersetzen

Um die Möglichkeiten von MULTIPLAN in bezug auf eine flexible Tabellengestaltung zu verdeutlichen, sollen nun die konstanten Werte für die Unter-

grenze der Menge (=500) und den Schrittwert (=500) als Variable in die
Formel aufgenommen werden.

```
⊒|      1          2          3          4          5
1  ▓▓▓▓▓▓▓▓▓
2  ▓▓▓▓▓▓▓▓▓
3
4
5   STAND              EINGABE
6  ..................................................
7
8  23-Apr-89           Preis              40,00 DM
9                      Fixkosten      34.000,00 DM
10                     Var. Stückkosten    26,40 DM
11                 ..................................
12
13                     Menge/Untergrenze   500 Stück
14                     Menge/Schrittwert   500 Stück
15                 ..................................
16
```

Abb. 4-4: Variable Untergrenze und Schrittgröße

Wie in der Abb. gezeigt, werden die Werte für Untergrenze und Schrittwert
der Mengen im Eingabebereich ergänzt. Es werden Namen für die folgenden
Felder vergeben:

    *Name:*Untergrenze   *Bereich:*Z13S4
    *Name:*Schritt   *Bereich:*Z14S4

Aufgabe: Die Mengen/Untergrenze soll automatisch in das Feld *Z28S1* über-
             nommen werden.

Im Feld *Z28S1* soll ein Bezug sicherstellen, daß die jeweilige Untergrenze der
Menge übernommen wird. Rufen Sie den Befehl *Wert* auf, geben den Namen:
Untergrenze ein und schließen mit *<Return>* ab.

Damit haben Sie den Wert des Feldes *Z13S4*, dem Sie den Namen Untergrenze
vergeben hatten, in das Feld *Z28S1* übernommen. Wann immer Sie nun im Dateneingabebereich den Wert für die Mengen-Untergrenze modifizieren, wird er
- automatisch und entsprechend verändert - auch im Feld *Z28S1* erscheinen.

Aufgabe: Der Schrittwert soll automatisch übernommen werden. Im Feld *Z29S1* soll eine kopierfähige Formel entwickelt werden.

Die bisher angewandte Formel: Z(-1)S+500, in der der Schrittwert noch konstant 500 war, wird ersetzt durch:

Z(-1)S + Schritt

Die relative Adressierung Z(-1)S übernimmt für das aktuelle Feld den Wert des um eine Zeile nach oben versetzten Feldes derselben Spalte. Hinzuaddiert wird der Wert des Feldes *Z14S4*, dem Sie den Namen Schritt gegeben haben. Auch hier gilt wieder: wenn Sie den Schrittwert im Dateneingabefeld verändern, wird er - entsprechend angepasst - im Berechnungsteil der Tabelle übernommen. Diese Formel kann nun bis zur vorgesehenen Tabellengrenze nach unten kopiert werden.

Mit der erfolgten weiteren Flexibilisierung der Tabelle erweitern sich deutlich ihre Einsatzmöglichkeiten für die betriebswirtschaftliche Praxis ebenso wie für differenzierte Berechnungen:

a) Bei gleichbleibenden Berechnungsformeln kann jetzt schnell und effizient auf Veränderungen des Marktes reagiert werden und zum Beispiel bei deutlich gesunkener Nachfrage die Mengenuntergrenze neu bestimmt werden.

b) Die Daten für Mengenuntergrenze und Schrittwert - sinnvoll angewandt - differieren notwendigerweise bei gewinnermittelnden Analysen für unterschiedliche Produkte eines Unternehmens. In ihrer jetzigen Form kann die Tabelle dennoch kopiert und ohne jede Formeländerung zur Analyse des Break-Even-Points bei verschiedenen Produkten eingesetzt werden.

c) Durch die Möglichkeit, den Schrittwert suksessive zu verkleinern, ohne die Berechnungsformeln ändern zu müssen, kann der Break-Even-Point "eingekreist" werden, wenn ein eindeutiges rechnerisches Ergebnis nicht möglich ist. Dies Art der Näherung an die Break-Even-Menge wird uns im folgenden Abschnitt weiter beschäftigen.

4.3 Logische Bedingungen und die WENN-Funktion

Aufgabe: In der Spalte 5 des Tabellenrasters soll überprüft werden, ob die Bedingung für das Erreichen einer Break-Even-Menge erfüllt ist oder nicht.

HINWEIS:
Eine Musterlösung finden Sie in der Datei: BREAK2.TAB der beigefügten Diskette gespeichert.

Für unser Fallbeispiel soll als nächstes die für Prognosen, Markteinschätzungen usw. praxisrelevante Frage beantwortet werden: Ab welcher Produktmenge wird bei festgesetztem Preis und feststehenden Gesamtkosten ein Gewinn erzielt?

Zu den wesentlichen Vorzügen eines Tabellenkalkulationsprogramms gehört es, daß Fragestellungen wie die obige durch Setzen von Bedingungen für bestimmte Felder leicht beantwortet werden können. Die Einhaltung dieser Bedingungen in Bezugnahme zu anderen Feldern wird überprüft und im Ergebnis durch die Anzeige eines logischen Wahrheitswertes entweder bestätigt (WAHR) oder nicht (FALSCH). In unserem Beispiel soll MULTIPLAN die Beziehungen zwischen Mengen, Umsatzerlösen und Kosten untersuchen und anzeigen, ab welchem Punkt Gewinn erzielt wird.

4.3.1 Abfragen des Break-Even-Points mit Hilfe einer logischen Bedingung

Die zu formulierende Bedingung prüft, ab welchem Punkt "Schwarze Zahlen" geschrieben werden können (Gewinnschwelle). Ist die Bedingung erfüllt, gibt MULTIPLAN die Meldung: *WAHR* aus, ist sie nicht erfüllt, lautet die Meldung: *FALSCH*.

	1	2	3	4	5
22	BREAK-EVEN-TABELLE				
23	....				
24					
25					
26	Menge	Umsatzerlöse	Gesamtkosten	Gewinn	Break-Even-Point
27	....				
28	500	20000	47200	-27200	FALSCH
29	1000	40000	60400	-20400	FALSCH
30	1500	60000	73600	-13600	FALSCH
31	2000	80000	86800	-6800	FALSCH
32	2500	100000	100000	0	WAHR
33	3000	120000	113200	6800	FALSCH
34	3500	140000	126400	13600	FALSCH
35	4000	160000	139600	20400	FALSCH
36	4500	180000	152800	27200	FALSCH
37	5000	200000	166000	34000	FALSCH
38	5500	220000	179200	40800	FALSCH
39	6000	240000	192400	47600	FALSCH
40	6500	260000	205600	54400	FALSCH
41	7000	280000	218800	61200	FALSCH

Abb. 4-5: Abfrage des Break-Even-Points

Im vorliegenden Beispiel gibt es verschiedene Möglichkeiten, die Bedingung zu formulieren. Im folgenden wird der Maßstab angelegt, ob der Gewinn=0 ist. Geltung hätte ebenso die Bedingung: Umsatzerlöse=Gesamtkosten.

Vergeben Sie im ersten Schritt für den Bereich *Z28S4:Z47S4* den Namen *Gewinn*.

*Name:*Gewinn   *Bereich:*Z28S4:Z47S4

Setzen Sie dann den Feldzeiger auf das Feld: *Z28S5*, wählen den Befehl: *Wert* und geben die Bedingung ein:

Gewinn=0

Nachdem Sie die Formel mit *<Return>* bestätigt und nach unten kopiert haben, überprüft die Bedingung in jeder Zeile, ob der Break-Even-Punkt erreicht worden ist oder nicht. Als Ergebnis erhalten Sie die Meldung: WAHR bei einer in Spalte 1 ablesbaren Menge von 2500.

Die formulierte Bedingung trifft nur zu, wenn der Break-Even-Point exakt zu ermitteln ist. Sobald sich Preis oder Kosten so ändern, daß der Punkt in einem Zwischenraum liegt (z.B. zwischen einer Menge von 2000 und 2500) ergibt die Bedingung ausschließlich das Ergebnis: FALSCH. Um zumindest den Übergang festzustellen, kann die logische Abfrage mit Hilfe des Operatoren > = (größer gleich) modifiziert werden in:

Gewinn>=0

Um dem Break-Even-Punkt in einem solchen Falle näher zu kommen, könnten Sie nun den Schrittwert soweit verkleinern (Eingabefeld *Z14S4*), daß die Break-Even-Menge mit ökonomisch tolierierbarer Abweichung ermittelt werden kann. (Diese Art der Näherung kann jedoch sehr aufwendig sein. Eine bessere Lösung des Problems lernen Sie im Abschnitt 4.4 kennen).

Logische Operatoren

=	gleich
<	kleiner
< =	kleiner gleich
>	größer
> =	größer gleich
< >	ungleich

4.3.2   Die WENN-Funktion als Gestaltungsmittel

Es gibt Möglichkeiten, die Meldungen WAHR/FALSCH durch eigene Anzeigen zu ersetzen. Mit Hilfe der logischen *WENN-Funktion* können Sie eine Abfrage mit eigenen Meldungen aufbauen.

Die Bedingung: Gewinn=0 stellt die inhaltliche Frage, inwieweit die Break-Even-Menge erreicht worden ist oder nicht. Diese Bedingung wird nun eingebunden in eine WENN-Funktion, die es erlaubt, die MULTIPLAN-Meldungen WAHR/FALSCH in benutzerdefinierte abzuändern. Im vorliegenden Beispiel wird die logische WENN-Funktion ausschließlich im Sinne der Tabellengestaltung eingesetzt. Daß mit dieser Funktion auch inhaltliche Abfragen zu stellen sind, lernen Sie im nächsten Kapitel.

Aufgabe: Falls die Break-Even-Menge erreicht wird, soll die gefundene Menge in der Spalte 5 nochmals gesondert ausgewiesen werden. In den überprüften Zeilen, in denen die Bedingung nicht zutrifft, soll keine Anzeige erfolgen.

Die allgemeine Syntax der WENN-Funktion lautet:

WENN (Bedingung;Dann-Teil;Sonst-Teil)

Das heißt: Wenn die Bedingung wahr ist, dann wird das Argument der Funktion im Dann-Teil ausgeführt. Wenn die Bedingung nicht wahr ist, tritt das Argument im Sonst-Teil in Kraft.

Bezogen auf die vorliegende Aufgabenstellung:

Bedingung: Gewinn=0

Die Bedingung überprüft, ob die Break-Even-Menge exakt erreicht wird.

Dann-Teil: Menge

Wenn die Bedingung wahr ist, wird aus der Spalte 1 des Rasters der entsprechende Wert der Menge angezeigt.

Sonst-Teil: " "

Wenn die Bedingung nicht wahr ist, erfolgt in den Feldern keine Anzeige. Keine Anzeige wird praktisch erzeugt durch Leerzeichen mit Hilfe der *<Leertaste>*. Jeder Text als Meldung - und ein Leerzeichen ist ein Text - muß in Anführungsstriche gesetzt werden!

Die Funktion, die im Feld Z28S5 einzutragen ist lautet demzufolge

- mit Feldadressen:

  WENN(ZS(-1)=0;ZS(-4);" ")

- mit Feldnamen:

  WENN (Gewinn = 0;Menge; " ")

Wenn Sie die Funktion nach unten kopieren, gibt Ihnen MULTIPLAN im Feld *Z29S5*, für das die Bedingung Gewinn=0 zutrifft, den entsprechenden Wert aus der Mengenspalte (2500) aus. In den übrigen Feldern der Spalte 5 erfolgt keine Anzeige. Natürlich können Sie die Meldung jederzeit modifizieren. Jeder Text, der in Anführungsstrichen steht, wird angezeigt. Zum Beispiel:

  WENN (Gewinn = 0;Menge; "nicht zutreffend")

Wenn Ihnen der folgende Abschnitt noch zu kompliziert erscheint oder nicht in Ihr fachliches Anwendungsgebiet fällt, können Sie an dieser Stelle weitergehen zum Kapitel 5, in dem die inhaltliche Seite der WENN-Funktion ausführlich behandelt wird.

4.4 Näherungsverfahren als Lösungsmethode

Aufgabe: Für den Fall, daß die Tabelle aufgrund bestimmter Daten keine Break-Even-Menge ergibt, soll als Berechnungsgrundlage eine Näherungslösung; entwickelt werden.

HINWEIS:
    Die Musterlösung für ein iteratives Verfahren mit MULTIPLAN finden Sie in der Datei:
    BREAK3.TAB der beigefügten Diskette gespeichert.

Eine Tabelle zur Ermittlung der Break-Even-Menge liefert Informationen über die Entwicklung der Umsatzerlöse, der Gesamtkosten, sowie des Gewinnes bzw. Verlustes. Soll jedoch ausschließlich eine schnelle und exakte Antwort auf die Frage nach der Gewinnschwelle gegeben werden, dann haben die bisherigen Berechnungen leicht erkennbare Nachteile. Entweder die Tabelle zeigt die Break-Even-Menge nur bei einer exakten Übereinstimmung an (z.B. bei genau 2500 Stück, wenn:Gewinn=0) oder es wird ein Übergang zwischen Verlust- und Gewinnzone ermittelt (z.B.zwischen 3000 und 3500 Stück, wenn:Gewinn >=0). Eine Näherung an den Break-Even-Point würde so jedoch nur über eine ständige Annäherung der Untergrenze bei gleichzeitiger Verkleinerung des Schrittwertes möglich sein. Ein solches Herangehen ist in den meisten Fällen dem Problem unangemessen und zu aufwendig. Für eine schrittweise Näherung an ein nicht exakt zu ermittelndes Ergebnis stellt Multiplan daher ein anderes, effektiveres Verfahren zur Verfügung: die *Iteration*.

Das im folgenden beschriebene Verfahren ist iterativ:

1) • die Menge beginnt bei 0;

    • die Umsatzerlöse werden für diese Menge berechnet;
      die Gesamtkosten werden für diese Menge berechnet;
      der Gewinn wird für diese Menge berechnet;

    • die Bedingung: Gewinn> =0 wird überprüft;

    • wenn die Bedingung zutrifft (=WAHR), wird die Menge angezeigt
      und das Verfahren bricht ab;

    • wenn die Bedingung nicht zutrifft (=FALSCH), wird die Menge um 1
      auf den *Wert 1* erhöht und das Verfahren wiederholt;

2) • die Umsatzerlöse werden für diese Menge berechnet;
      die Gesamtkosten werden für diese Menge berechnet;
      der Gewinn wird für diese Menge berechnet;

    • die Bedingung: Gewinn> =0 wird überprüft;

    • wenn die Bedingung zutrifft (=WAHR), wird die Menge angezeigt
      und das Verfahren bricht ab;

    • wenn die Bedingung nicht zutrifft (=FALSCH), wird die Menge um 1
      auf den *Wert 2* erhöht und das Verfahren wiederholt;

3) • die Umsatzerlöse werden für diese Menge berechnet;
      die Gesamtkosten werden für diese Menge berechnet;
      der Gewinn wird für diese Menge berechnet;

    • die Bedingung: Gewinn> =0 wird überprüft;

    • wenn die Bedingung zutrifft (=WAHR), wird die Menge angezeigt
      und das Verfahren bricht ab;

    • wenn die Bedingung nicht zutrifft (=FALSCH), wird die Menge um 1
      auf den *Wert 3* erhöht und das Verfahren wiederholt; etc.

Die Menge wird mithin solange um 1 erhöht bis der Break-Even-Point bzw.
die kleinste Menge (=Näherung) erreicht ist, die der Bedingung: Gewinn> =0
genügt.

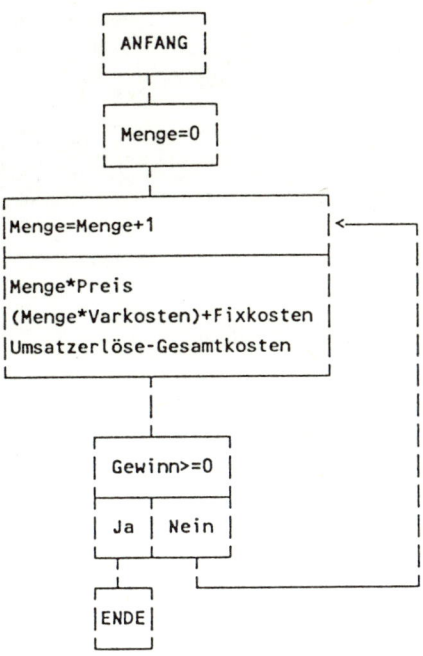

Abb. 4-6: Flußdiagramm einer Iteration

Aus der Darstellung ergibt sich, daß ein iteratives Verfahren oder anders formuliert: eine Schleife, folgende Informationen benötigt:

- es muß angegeben werden, *was* (welche Routine) wiederholt werden soll. Hier handelt es sich um die Berechnungen der Umsatzerlöse, der Gesamtkosten und des Gewinns, die für den jeweiligen Wert der Menge neu berechnet werden;

- einen *Zähler*, der angibt, wie oft sich das Verfahren wiederholt und die Menge immer um 1 erhöht;

- ein *Abbruchkriterium*, das angibt, wann die Schleife beendet werden soll. In diesem Fall werden die Berechnungen abgebrochen, wenn die Bedingung: Gewinn > =0 erfüllt ist.

Entsprechend der für das Verfahren notwendigen Informationen, unterscheidet sich der Tabellenaufbau von der bisherigen Form. (Für die Daten wurde ein anderer Wert eingesetzt, um die Rechenzeit für das Iterationsverfahren zu verkürzen).

Tabellenaufbau

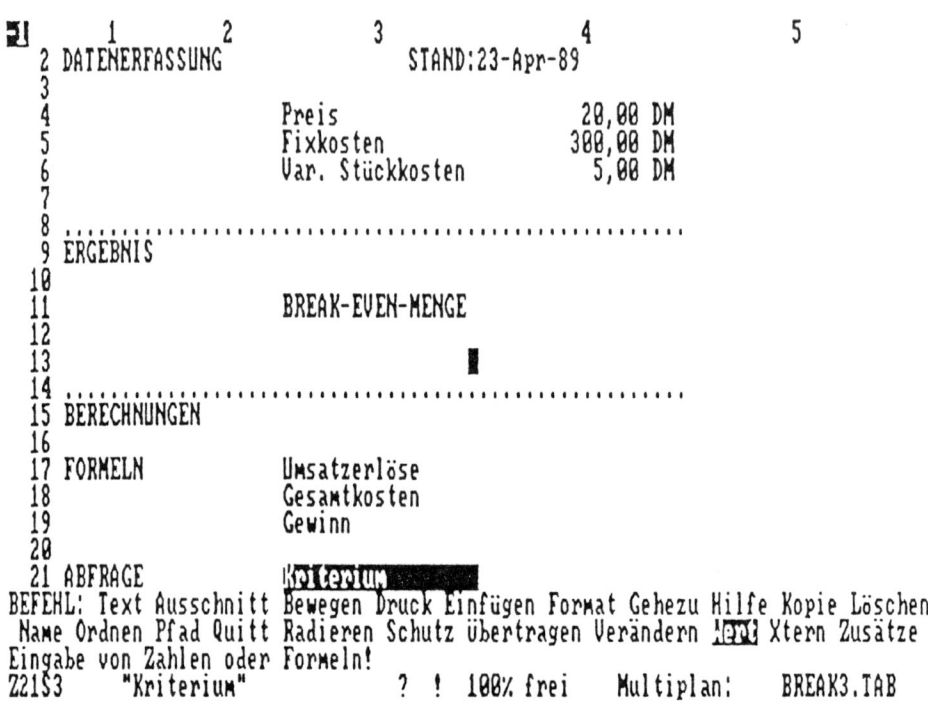

Abb. 4-7: Neuer Aufbau der Break-Even-Analyse

Datenerfassung:	Im Erfassungsteil der Tabelle werden nach wie vor die Daten für Preis, fixe Kosten und variable Kosten eingegeben. Für die bereits vergebenen Namen wurden aus Übungszwecken andere Bereiche gewählt. Bestimmen Sie mit dem Befehl: *Name* die Bereiche neu.

*Name:*Preis   *Bereich:*Z4S4
*Name:*Fixkosten   *Bereich:*Z5S4
*Name:*Varkosten   *Bereich:*Z6S4

Ergebnis:	Im Feld *Z11S4* soll als Ergebnis des Iterationsverfahrens die Break-Even-Menge angezeigt werden. Das Feld bleibt zunächst leer. Wir kommen darauf zurück, wenn die notwendigen Formeln zur Berechnung eingegeben worden sind.

Berechnungen: Statt eines Tabellenrasters, in dem die Berechnungen vorgenommen werden, reicht es für ein Iterationsverfahren aus, die Formeln und die logische Abfrage einmal einzugeben.

Formeln: Für Berechnung der Umsatzerlöse, der Gesamtkosten und des Gewinns werden Formeln einmal eingeben. Statt - wie bislang - einen Bezug für die jeweilige Menge herzustellen, reicht der Bezug auf das leere Ergebnisfeld der Break-Even-Menge (*Z11S4*).

Formeln mit Feldadressen:

Umsatzerlöse in Z17S4:	Z11S4*Z4S4
Gesamtkosten in Z18S4:	(Z11S4*Z6S4)+Z5S4
Gewinn in Z19S10:	Z17S4-Z18S4

Formeln mit Feldnamen:

Sollen die Formeln durch Verwendung von Feldnamen aussagekräftiger werden, müssen vorab mit dem Menübefehl *Name* entsprechende Namen vergeben werden.

Name: Menge	*Bereich:* Z11S4
Name: Umsatzerlöse	*Bereich:* Z17S4
Name: Gesamtkosten	*Bereich:* Z18S4
Name: Gewinn	*Bereich:* Z19S4

```
              3                    4
14  "...............................
15
16
17  "Umsatzerlöse"         Menge*Preis
18  "Gesamtkosten"         (Menge*Varkosten)+Fixkosten
19  "Gewinn"               Umsatzerlöse-Gesamtkosten
20
```

Aufgrund des leeren Feldes für die Menge ergeben sich die Ergebnisse:

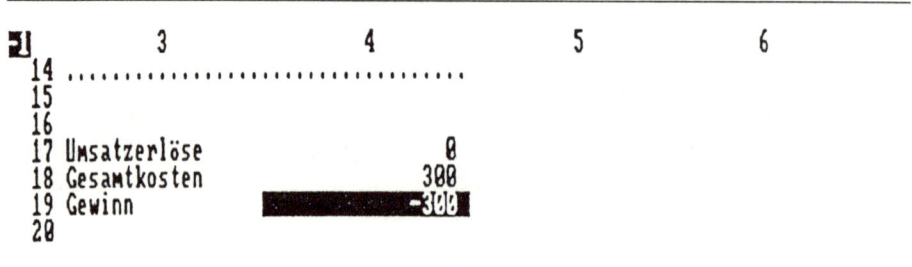

Abfrage: Das Feld *Z21S4* enthält die bekannte logische Abfrage
                    mit der Bedingung: *Gewinn > = 0*. Da momentan der
                    Gewinn nicht größer als 0 ist, erscheint die Meldung:
                    FALSCH. Im Iterationsverfahren wird diese Bedingung
                    als Kriterium dafür sorgen, daß die Wiederholungen
                    abgebrochen werden, sobald die Bedingung = WAHR ist,
                    d.h. die Break-Even-Menge erreicht ist.

Mit den Formeln wurde bestimmt, WAS wiederholt werden soll (eben die Berechnungen). Mit der logischen Abfrage wurde die Bedingung für den Abbruch
der Wiederholungen formuliert. Bleibt offen, das Ergebnisfeld für die Break-
Even-Menge und den Zähler der Wiederholungen zu definieren. Beide Aufgaben können gleichzeitig im Feld *Z11S4* ausgeführt und gelöst werden. Den
doppelten Zweck erfüllt die Funktion: *ZÄHLER()*. Einerseits dient sie dazu, die
Menge jeweils um 1 zu erhöhen und die Anzahl der Wiederholungen zu zählen.
Andererseits gibt sie als Ergebnis, wenn die Wiederholungen gemäß Erfüllung
des Kriteriums abgebochen werden, die gesuchte Break-Even-Menge aus.

Wenn Sie die Funktion *Zähler()* im Feld *Z11S4* eingeben, erscheint zunächst
die Meldung: NV!. Die Fehlermeldung *NV!* für "nicht verfügbar" wird zur Bezeichnung von Werten eingesetzt, die noch nicht eingegeben wurden. Mit dem
ersten Wert, der durch das Verfahren der Iteration erzeugt wird, verschwindet
diese Meldung.

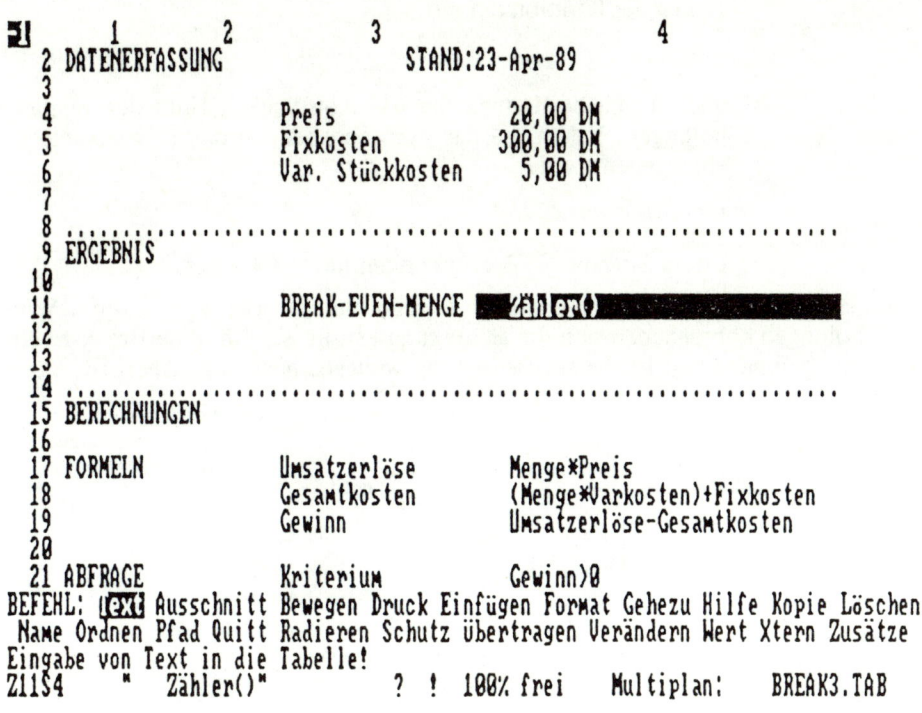

```
╗│    1        2          3              4
2 DATENERFASSUNG              STAND:23-Apr-89
3
4                    Preis              20,00 DM
5                    Fixkosten         300,00 DM
6                    Var. Stückkosten    5,00 DM
7
8 ·····································································
9 ERGEBNIS
10
11                   BREAK-EVEN-MENGE ▐ Zähler() ▌
12
13
14 ·····································································
15 BERECHNUNGEN
16
17 FORMELN           Umsatzerlöse       Menge*Preis
18                   Gesamtkosten       (Menge*Varkosten)+Fixkosten
19                   Gewinn             Umsatzerlöse-Gesamtkosten
20
21 ABFRAGE           Kriterium          Gewinn)0
BEFEHL: ▐Text▌ Ausschnitt Bewegen Druck Einfügen Format Gehezu Hilfe Kopie Löschen
 Name Ordnen Pfad Quitt Radieren Schutz übertragen Verändern Wert Xtern Zusätze
Eingabe von Text in die Tabelle!
Z11S4      "  Zähler()"          ?  !  100% frei    Multiplan:   BREAK3.TAB
```

Abb. 4-8: Formelübersicht

Jetzt sind alle notwendigen Vorbereitungen getroffen, um das Verfahren in Gang zu setzten. MULTIPLAN führt über die folgenden Menüanweisungen die Iteration durch.

VORGEHEN: Iteratives Verfahren

- Menübefehl Zusätze
- Es verlangsamt unnötig das Verfahren, wenn MULTIPLAN für jede Mengenangabe die Formeln neu berechnet. Mit dem Befehl:

  Sofort rechnen: nein

  können Sie später die Neuberechnung manuell mit der Funktionstaste <F4> auslösen.

- Mit der *<Tab>*-Taste gehen Sie in das nächste Befehlsfeld und stellen die Iteration ein mit

Iteration: Ja

- und danach bestimmen Sie das Abbruchkriterium der Wiederholungen, indem Sie das Feld angeben, in dem die Bedingung eingegeben wurde:

Endkriterium: Z21S4

- Lösen Sie nun die Berechnungen mit *<F4>* aus.

Sie können verfolgen, wie die Menge jeweils um 1 erhöht wird und die Wiederholungen abbrechen, wenn die Bedingung erfüllt ist, d.h. eine Break-Even-Menge gefunden wurde, die der Bedingung weitestgehend angenähert ist.

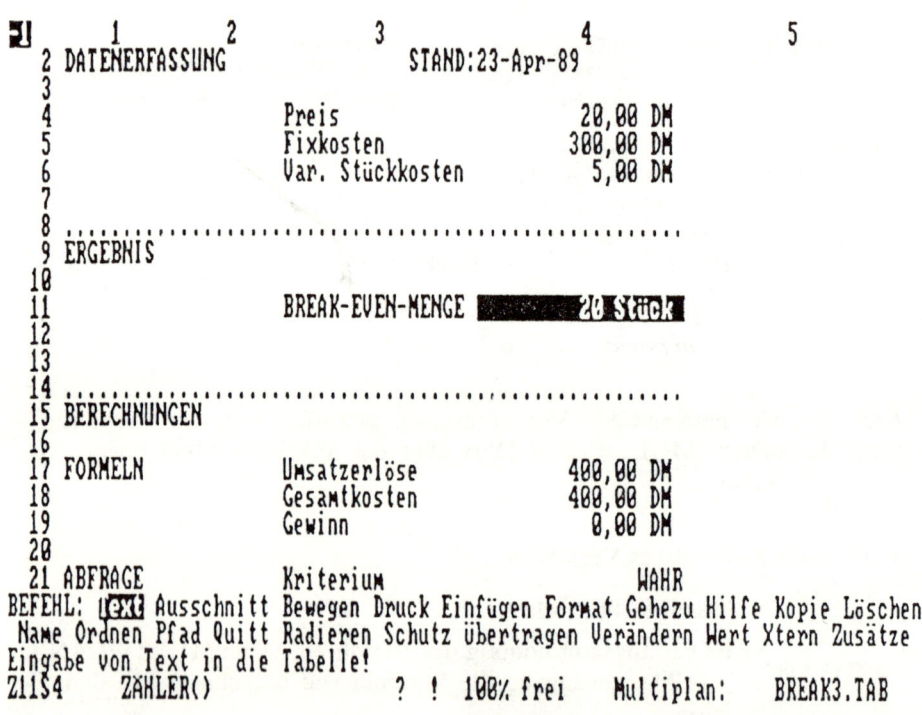

Abb. 4-9: Ergebnis der Iteration

Das iterative Verfahren gilt für alle möglichen Varianten innerhalb des Beispiels. Die Daten für Preis und Kosten können geändert werden.

Soll die Menge ermittelt werden, die einen Gewinn von über 500,-DM er-
bringt, muß nur das Kriterium verändert werden in

Gewinn > 500

Soll die Break-Even-Menge für die Anfangswerte des Beispiels berechnet werden - was eine erhebliche Rechenzeit erfordern würde - kann der Zähler mit einem Faktor beschleunigt werden:

Zähler()*500

Falls Sie aus Versehen mit Werten testen, die zu lange Berechnungszeiten ver-
ursachen oder eine Endlosschleife produziert haben, gelingt Ihnen der Abbruch
der Iteration mit Hilfe der *<Esc>*-Taste.

4.5 Befehls- und Funktionsübersicht

Funktionstaste <F4>	bewirkt die Neuberechnung der Tabelle, nachdem unter Zusätze die automatische Neuberechnung ausgeschaltet wurde.
Gehezu Name	bewirkt, daß der Feldzeiger zum ersten Feld des benannten Bereichs bewegt wird.
Name	benennt ein Feld oder einen Feldbereich. Der Name kann in Formeln und als Sprungadresse verwendet werden.
WENN (Bedingung;Dann-Teil;Sonst-Teil)	gehört zu den logischen Funktionen von MULTIPLAN. Wenn die Bedingung wahr ist, folgt der Dann-Teil. Ist die Bedingung falsch, folgt der Sonst-Teil. Dann- und Sonst-Teil können Zahlen, Texte oder logische Werte sein.
ZÄHLER()	gehört zu den Funktionen für besondere Zwecke von MULTIPLAN und liefert die Anzahl der Iterationsdurchgänge. Die Funktion Delta() liefert die größte Änderung eines Wertes, der während eines Iterationsdurchgangs erreicht wurde.
Zusätze	enthält Befehlsfelder zur Einstellung der manuellen Neuberechnung und zu iterativen Verfahren.
Zusätze sofort rechnen: Nein	schaltet die automatische Neuberechnung von Formeln aus. Mit der *Funktionstaste <F4>* kann die Neuberechnung manuell ausgelöst werden.
Zusätze Iteration: Ja	berechnet Werte von Formeln in einer Endlosschleife.
Zusätze Endekriterium in:	enthält das Feld, in dem das Abbruchkriterium für die Berechnung in einer Schleife eingegeben wurde.

5 FORTGESCHRITTENE TECHNIKEN DER TABELLENKALKULATION

Dieses Kapitel

- *wiederholt das Formatieren von Zahlen und das Arbeiten mit Feldnamen in Formeln;*
- *gibt einen Überblick über: Datumseingabe, -funktionen, -formatierung und -arithmetik;*
- *zeigt Möglichkeiten, wie mit Hilfe von Bildschirm-Ausschnitten und Feldbezügen die Übersichtlichkeit von Tabellen erhöht werden kann;*
- *vertieft die Kenntnisse in bezug auf die inhaltliche Anwendung von logischen Funktionen;*
- *zeigt, wie mit Hilfe der Funktion: VERWEIS Daten aus anderen Tabellenbereichen der Datei gesucht und weiterverarbeitet werden können;*
- *ergänzt das Anwendungsspektrum der Was-Wäre-Wenn-Analyse am Beispiel von Planungstabellen.*

Fallbeispiel: Bezugskalkulation

Ein Großhandelsunternehmen erhält von seinem Lieferanten eine Rechnung über 5 PC-Festplatten zu einem Stückpreis von 1200,- DM. Die Lieferung erfolgt ab Werk. Es wird ein Mengenrabatt von 4 % und 2 % Skonto bei Zahlung innerhalb von 14 Tagen eingeräumt. Der Großhändler berücksichtigt Bezugskosten in Höhe von 50,- DM.

```
 3|  1       2       3       4       5       6
 3                      BEZUGSKALKULATION
 4                      ................................
 5                      Abnahme                       5
 6                      Stückpreis                 1200
 7                      Rechnungseingang
 8                      Zahlungsausgang
 9                      ................................
10                      Rabattsatz                 0,04
11                      Skontosatz                 0,02
12                      Bezugskosten                 50
13                      ................................
14

 3|  1       2       3       4       5       6
26          BEZUGSPREISKALKULATION
27
28
29          Fakturierung...................
30          - Rabatt......................
31          ------------------------------------------
32          Zieleinkaufspreis.............
33          - Skonto......................
34          ------------------------------------------
35          Bareinkaufspreis..............
36          + Bezugskosten................
37          ------------------------------------------
38          Bezugspreis...................
39          ==========================================
40
```

Abb. 5-1: Bezugskalkulation - Tabellenraster

5.1 Zahlenformate, Arbeiten mit Datumseingaben und Erstellen von Formeln mit Feldnamen

Aufgabe: Zu berechnen ist der Bezugspreis (netto) der Ware unter Berücksichtigung von Rabatt, Skonto und Bezugskosten. Übernehmen Sie die in Abb.5-1 vorgegebenen Tabellenausschnitte in Ihr Arbeitsblatt oder laden Sie die Datei: *BEZUG.TAB* von der beigefügten Übungsdiskette.

HINWEIS:
    Eine Musterlösung für diese Aufgabe finden Sie in der Datei: BEZUG1.TAB auf der bei-
    gefügten Übungsdiskette.

Wie Sie der Abbildung entnehmen können, erfolgt der Aufbau der Bezugskalkulation nach dem gleichen Prinzip wie die Break-Even-Analyse: Datenerfassung (*Z3S3:Z12S5*) und Berechnungsraster (*Z26S2:Z39S5*) befinden sich in
unterschiedlichen Bereichen, um die Flexibiliät der Tabelle zu gewährleisten.

Bevor Sie damit beginnen, die Formeln für das Raster aufzustellen, haben Sie
im folgenden die Möglichkeit, das Formatieren von Zahlen zu wiederholen,
sowie die Datumsarithmetik von MULTIPLAN kennenzulernen.

5.1.1 Zahlenformate bestimmen und Datumsfunktionen einsetzten

Zahlenformate werden - wie bekannt - über die Befehlsfolge *Format Felder
Formatcode* bestimmt. Für die Bezugskalkulation werden zunächst 3 Zahlenformate benötigt: Prozent-, Währungs- und Stückanzeigen.

* *Prozentformat*

    Soll der eingegebene Prozentwert zusammen mit einem Prozentzeichen er-
    scheinen, muß entweder der Faktor eingegeben werden: 0,04 oder: 4%.
    MULTIPLAN zeigt in beiden Fällen den Faktor: 0,04 an mit dem gerechnet
    wird. Der *Formatcode 0,0%* bedeutet, daß der eingegebene Wert mit 100
    multipliziert und das Prozentzeichen hinter dem Wert mit angezeigt wird.

```
FORMAT Felder: Z10S5:Z11S5      Ausrichtung:(Stnd)Mitte Norm Links Rechts -
         Formatcode: 0,0%█
Geben Sie bitte das Format ein oder wählen Sie von der Liste!
Z10S5    4%                     ? ! 100% frei  UF            BEZUG.TAB
```

---

* *Währungsformat*

    Die Werte für: Stückpreis im Feld *Z6S5*, Bezugskosten im Feld *Z12S5* so-
    wie die im nächsten Schritt zu berechnenden Felder der Kalkulation im Be-
    reich *Z29S5:Z38S5* können in einem Zug mit dem Formatcode #.##0,00
    DM (#.##0,00 DM) als Währungsangaben definiert werden. Die Klammern
    bedeuten, daß negative Werte in Klammern angezeigt werden. Die ver-
    schiedenen zu formatierenden Felder/Bereiche werden durch ein Semikolon
    getrennt eingegeben. Für Anwender mit Farbmonitor lassen sich auch far-
    bige Zahlenformate definieren (z.B. [rot] #.##0,00 DM).

```
FORMAT Felder: Z6S5;Z12S5;Z29S5:Z38S5    Ausrichtung:(Stnd)Mitte Norm Links Rech
ts -            Formatcode: #.##0.00 DM;(#.##0,00 DM)
Geben Sie bitte das Format ein oder wählen Sie von der Liste!
Z6S5      1200                 ? ! 100% frei  UF            BEZUG.TAB
```

• *Anwenderformat: Stück*

   Die Mengenangabe im Feld Z5S5 soll mit dem Zusatz "Stück" angezeigt
   werden. Dieses Format ist in der Standardliste nicht vorhanden, muß deshalb von Ihnen selbst definiert werden. Formatcode: ##0 "Stück".

```
FORMAT Felder: Z5S5        Ausrichtung:(Stnd)Mitte Norm Links Rechts -
   Formatcode: ##0 "Stück"
Geben Sie bitte das Format ein oder wählen Sie von der Liste!
Z5S5      5                    ? ! 100% frei  UF            BEZUG.TAB
```

Datumseingabe, -funktionen, -formatierung und -arithmetik

Das Datum für den Rechnungseingang in Feld *Z7S5* und das Datum für den
Zahlungsausgang im Feld *Z8S5* dienen dazu, die Berechtigung eines Skonto-
abzuges zu überprüfen. Das bedeutet, daß mit den Datumsangaben Berechnungen durchgeführt werden sollen, diese also von MULTIPLAN als Werte erkannt werden müssen. Um das zu erreichen, muß man sich bei der Datumseingabe an bestimmte - unten näher erläuterte - Regeln halten. Die Basis der Datumsarithmetik ist, daß MULTIPLAN das Datum in eine serielle Zahl umwan-
delt. Dabei wird dem Datum 1.1.1900 die Zahl 1 zugeordnet, fortlaufend werden dann die Tage hochgezählt. Die höhste serielle Zahl ist 65380, gleichbe-
deutend mit dem Datum: 31.12.2078.

Datumseingaben mit denen gerechnet werden soll, können Sie auf zweierlei
Weise vornehmen.

a)   *Datumseingabe als Text:* Die Eingabe von Datum und Uhrzeit erfolgt im
     Text-Modus, muß sich aber, damit Berechnungen vorgenommen werden
     können, an die vorgegebenen Datums-Standardformate; halten.

Standardformate	Beispiel
t.m.jj	15.4.89
t.m	15.4
t-mmm.jj	15-Apr-89
t-mmm	15-Apr
mmm-jj	Apr-89

Geben Sie nun im Feld *Z7S5* das Datum: 15.4.89 als *Text* ein. MULTIPLAN wandelt das Datum in die serielle Zahl 32613 um, die Sie in der Statuszeile ablesen können.

HINWEIS:
- Alle Datumseingaben, die keinem Standard-Datumsformat entsprechen, werden als einfacher Text gespeichert.
- Wenn das Jahr nicht mit angegeben wird, bezieht MULTIPLAN das aktuelle Jahr ein. Zeiten können Sie in der Form: 8.45 am, 8:45 oder 8:45:00 eingeben.

b)   *Datumseingabe mit Funktionen:* Über die Datumsfunktion *DATUM(Jahr; Monat;Tag)* kann das Datum auch direkt im Wertmodus erfasst werden. Dabei müssen Jahr, Monat und Tag in dieser Reihenfolge durch ein Semikolon getrennt eingegeben werden. MULTIPLAN gibt bei dieser Art der Erfassung die entsprechende serielle Zahl im Arbeitsblatt aus. Zum Beispiel ergibt die konkrete Datumsfunktion: DATUM(89;4;15) die serielle Zahl 32613. Soll als Rechnungseingang das jeweils aktuelle Datum angezeigt werden, steht Ihnen die Datumsfunktion *JETZT()* zur Verfügung. Datum und Zeit übernimmt MULTIPLAN aus dem Betriebssystem. (Achten Sie darauf, daß Datum und Zeit im DOS/OS2 richtig eingestellt sind!). Die Funktion JETZT() ergibt als Resultat die serielle Zahl für das heutige Datum.

Geben Sie nun in Feld *Z8S5* das Datum des Zahlungsausgangs: 23. April 1989 mit Hilfe der Datumsfunktion ein, indem Sie den Befehl: *Wert* aufrufen und die Funktion *DATUM(89;4;23)* eingeben. Die serielle Zahl formatieren Sie mit dem unten beschriebenen Verfahren der Feldformatierung.

Datums- und Zeitfunktionen

FUNKTION	ERGEBNIS	FORMATIERT
JETZT()	die serielle Zahl des aktuellen Datums/der aktuellen Zeit	
DATUM(Jahr;Monat;Tag)	die serielle Zahl des eingegebenen Datums	
DATUM(89;4;15)	32613	15-Apr-89
JAHR(N) JAHR(32613)	1989	
MONAT(N) MONAT(32613)	4	
TAG(N) TAG(32613)	15	
WOCHENTAG(N) WOCHENTAG(32613)	7 (=Samstag)	
ZEIT(Stunde;Minute;Sekunde)		die serielle Zahl der angegebenen Zeit
ZEIT(10;44;7)	0,4473032	10:44:07
STUNDE(N) STUNDE(0,4473032)	10	
MINUTE(N) MINUTE(0,4473032)	44	
SEKUNDE(N) SEKUNDE(0,4473032)	7	

Datums-Formate: Bei der Datumseingabe im Textmodus wird von vorn-
herein ein bestimmtes Standardformat gewählt, wel-
ches dann im Feld angezeigt wird. Wird das Datum
mit Hilfe einer der Datumsfunktionen erfaßt und als
serielle Zahl im Feld angezeigt, kann diese mit der
Befehlsfolge *Format Felder Formatcode* formatiert
werden. Wählen Sie dazu eines der Standard-Datums-
formate: *t.m.jj; t.m; t-mmm-jj; t-mmm; mmm-jj* oder
definieren Sie Ihr eigenes Format.

Wie bei anderen Zahlenformaten auch, können Sie eigene Datumsformate definieren, indem Sie folgende Symbole einsetzen:

Symbole für Datumsformate

t	Der Tag wird als Zahl ohne vorangestellte Nullen angezeigt.
tt	Der Tag wird als Zahl mit vorangestellten Nullen angezeigt.
ttt	Der Tag wird als Abkürzung angezeigt.
tttt	Der Tag wird ausgeschrieben.
m	Der Monat wird als Zahl ohne vorangestellte Nullen angezeigt.
mm	Der Monat wird als Zahl mit vorangestellten Nullen angezeigt.
mmm	Der Monat wird als Abkürzung angezeigt.
mmmm	Der Monat wird ausgeschrieben.
jj	Das Jahr wird als zweistellige Zahl angezeigt.
jjjj	Das Jahr wird als vierstellige Zahl angezeigt.

Beispiele:

Format:	"Stichtag: " tt/m/jj
Anzeige:	Stichtag: 19/4/89
Format:	tttt ", den " tt.mmm.jjjj
Anzeige:	Mittwoch, den 19.Apr.1989

Datumsarithmetik: Der Vorteil eines in eine serielle Zahl umgewandelten
Datums liegt in der Möglichkeit, Berechnungen
durchzuführen. Mit Hilfe der Datumsarithmetik lassen sich zum Beispiel Terminüberwachungen vornehmen. Die Technik ist einfach. Aktivieren Sie das Feld
Z8S5, wählen den Menübefehl: *Wert* und schreiben

die Formel: $Z(-1)S+8$. Angezeigt wird das Datum des Rechnungseinganges um 11 Tage erhöht. Später wird diese Option dazu genutzt, die Berechtigung des Skontoabzugs abzufragen.

```
█1        1        2        3        4        5        6
  1
  2
  3              BEZUGSKALKULATION
  4              ..................................
  5              Abnahme                    5 Stück
  6              Stückpreis              1.200,00 DM
  7              Rechnungseingang         15-Apr-89
  8              Zahlungsausgang          23-Apr-89
  9              ..................................
 10              Rabattsatz                    4,0%
 11              Skontosatz                    2,0%
 12              Bezugskosten              50,00 DM
 13              ..................................
 14
```

Abb. 5-2: Formatierte Ausgabe der Daten

5.1.2 Eingabe der Formeln im Tabellenraster

Formeleingabe ohne Feldnamen:

Fakturierung	(Z29S5)	: Z5S5*Z6S5
Rabatt (DM)	(Z30S5)	: Z(-1)S*Z10S5
Zieleinkaufspreis	(Z32S5)	: Z(-3)S-Z(-2)S
Skonto (DM)	(Z33S5)	: Z(-1)S*Z11S5
Bareinkaufspreis	(Z35S5)	: Z(-3)S-Z(-2)S
Bezugskosten	(Z36S5)	: Z12S5
Bezugspreis	(Z38S5)	: Z(-3)S-Z(-2)S

```
◄◄   1      2        3        4        5        6
  26     BEZUGSPREISKALKULATION
  27
  28
  29     Fakturierung....................   6.000,00 DM
  30     - Rabatt........................     240,00 DM
  31     -----------------------------------------------------
  32     Zieleinkaufspreis...............  5.760,00 DM
  33     - Skonto........................     115,20 DM
  34     -----------------------------------------------------
  35     Bareinkaufspreis................  5.644,80 DM
  36     + Bezugskosten..................      50,00 DM
  37     -----------------------------------------------------
  38     Bezugspreis.....................  5.694,80 DM
  39     =====================================================
  40
```

Abb. 5-3: Ergebnis der Kalkulation

Wenn Sie statt der Feldadressen mit Feldnamen arbeiten, werden Ihre Formeln verständlicher. Vergeben Sie Namen für die Felder der Dateneingabe mit dem Befehl: *Name.*

Vergabe von Namen:

*Name:*Abnahme	*Bereich:* Z5S5
*Name:*Stückpreis	*Bereich:* Z6S5
*Name:*Rechnung	*Bereich:* Z7S5
*Name:*Zahlung	*Bereich:* Z8S5
*Name:*Rabattsatz	*Bereich:* Z10S5
*Name:*Skontosatz	*Bereich:* Z11S5
*Name:*Bezugskosten	*Bereich:* Z12S5

In Abb. 5-4 sind die Formeln unter Verwendung der Namen dokumentiert.

```
 1                    2                          5
26  "BEZUGSPREISKALKULATION"

27
28
29  "Fakturierung...................."           Abnahme*Stückpreis
30  "- Rabatt........................."          Z(-1)S*Rabattsatz
31  "-----------------------------------
32  "Zieleinkaufspreis................."         Z(-3)S-Z(-2)S
33  "- Skonto........................."          Z(-1)S*Skontosatz
34  "-----------------------------------
35  "Bareinkaufspreis................,"          Z(-3)S-Z(-2)S
36  "+ Bezugskosten..................."          Bezugskosten
37  "-----------------------------------
38  "Bezugspreis......................"          Z(-3)S+Z(-2)S
39  "----------------------------------- ██████████████
40
```

Abb. 5-4: Formeln der Bezugspreiskalkulation

5.2   Die Bildschirmübersicht der Tabelle erhöhen

5.2.1   Arbeiten mit Ausschnitten - Fenstertechnik

Nachdem Sie die Formeln eingegeben haben, können Sie das Resultat überprüfen, indem Sie einen neuen Wert für die Abnahme oder den Stückpreis eintragen. Rollen Sie den Bildschirm mit der Taste <*BILD unten*> um eine Seite
nach unten (bzw. klicken Sie mit der rechten Maustaste auf Zeile 20) und kontrollieren Sie den neuberechneten Bezugspreis.

Anstatt den Bildschirm jedesmal zu rollen, um eine Veränderung mitzuvollzie-
hen, besteht die Möglichkeit, den Bildschirm in Ausschnitte zu unterteilen. Mit
Hilfe der Fenstertechnik können relevante Teile der Tabelle, auch wenn sie
weit auseinanderliegen, gleichzeitig auf dem Bildschirm angezeigt und bearbeitet werden. Mit dieser Technik erhöhen Sie insbesondere die Übersichtlichkeit der Tabellen mit umfangreichen Datenbeständen.

Den Bildschirm in Ausschnitte teilen

In Hinblick auf die Bezugskalkulation soll der Bildschirm in zwei Ausschnitte
geteilt werden, wobei im ersten die Dateneingabe angezeigt wird und im zweiten die Kalkulation.

VORGEHEN: Bildschirm in Ausschnitte teilen

- Rollen Sie den Bildschirm so weit nach oben, daß die Zeile 5, in der die Abnahme steht, zur ersten Zeile des Bildschirms wird.

- Positionieren Sie den Feldzeiger unterhalb der Dateneingabe in die Zeile 8 und wählen Sie die Befehle

  Ausschnitt Teilen Waagerecht

  Aufgrund der Position des Feldzeigers schlägt Ihnen MULTIPLAN vor, den Bildschirm bei der Zeile 8 waagerecht zu teilen. Das können Sie in diesem Fall übernehmen. Ansonsten geben Sie hier die Zeilennummer der Bildschirmteilung ein.

  Die Ausschnitte sollen nicht miteinander verbunden sein, damit sie unabhängig voneinander gerollt werden können.

Wechseln von Ausschnitten

Um das Ergebnis der Kalkulation zu überprüfen, wechseln Sie den Ausschnitt. Dafür stehen mehrere Möglichkeiten zur Verfügung:

- Mit der Befehlsfolge: *Gehezu Ausschnitt* kann der Feldzeiger über die Angabe der Zeilen- und Spaltennummer auf ein bestimmtes Feld des Ausschnittes bewegt werden.

- Mit der *Funktionstaste <F1>* wechseln Sie in den nächsten Ausschnitt, mit *<Umschalt> + <F1>* in den vorhergehenden.

- Mit der *Maus* können Sie durch *Klicken* mit einer der beiden Tasten den gewünschten Ausschnitt aktivieren.

Nachdem Sie den Ausschnitt: -2 aktiviert haben, können Sie das Fenster so rollen, daß die Kalkulation auf dem Bildschirm sichtbar wird. Neuberechnungen aufgrund von anderen Werten für Abnahme oder Stückpreis können Sie unmittelbar auf dem Bildschirm beobachten und ablesen.

Ausschnitte verbinden

Im vorliegenden Fall ist es im Hinblick auf eine erhöhte Übersicht sinnvoll, wenn beide Ausschnitte unabhängig voneinander gerollt werden können. Wenn die Aufgabenstellung hingegen eine synchrone Einstellung der Ausschnitte nahelegt, können die Inhalte der Spalten und Zeilen in beiden Fenstern gleichzeitig verschoben werden mit den Befehlen *Ausschnitt Verbinden*.

```
AUSSCHNITT VERBINDEN Ausschnitt Nummer: 1
              mit Ausschnitt Nummer: 2        verbunden: JA Nein
Wählen Sie bitte eine Option oder geben Sie deren Anfangsbuchstaben ein!
Z8S1                          ? ! 100% frei  UF              BEZUG1.TAB
```

Ausschnitte umrahmen

Es besteht die Möglichkeit, bestimmte Ausschnitte hervorzuheben, indem das
entsprechende Fenster mit einem Rahmen ausgestattet wird. Mit den Menübefehlen *Ausschnitt Umrahmen* können Sie bestimmen, welcher Ausschnitt
umrahmt werden soll. In unserem Fall wurde die Dateneingabe, d.h. die
Auschnitt_Nummer: 1 gewählt.

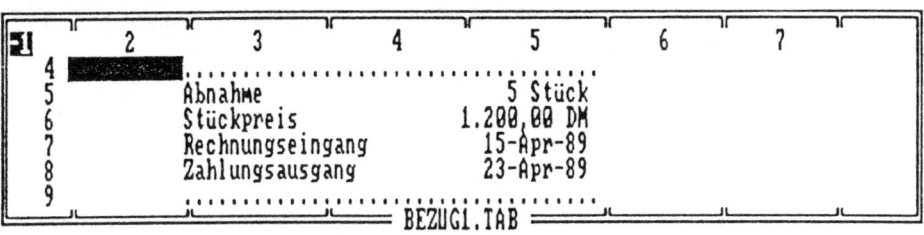

Die Umrahmung ist mit der gleichen Befehlsfolge wieder aufzuheben.

Die Farbe für Ausschnittrahmen festlegen

Nicht nur für den Ausschnittrahmen, sondern auch für Text, Hintergrund und
Menü können Sie mit Befehlsfolge *Ausschnitt Farbe* verschiedene Farben einsetzen - vorausgesetzt natürlich, daß zu Ihrer Geräteausstattung ein Farbbild-
schirm zählt. Die festgelegten Farben werden in der Datei MP.INI gespeichert
und mit dem nächsten Aufruf von MULTIPLAN aktiviert.

```
AUSSCHNITT FARBE Text: 0    Hintergrund: 7    Ausschnittrahmen: 0
              Menü: 2
Geben Sie bitte eine Farbkennziffer ein oder wählen Sie eine von der Liste!
Z4S2                          ? ! 100% frei  UF              BEZUG1.TAB
```

Die Farben werden über Kennziffern bestimmt:

0	=	Schwarz
1	=	Blau
2	=	Grün
3	=	Zyanblau
4	=	Rot
5	=	Magentarot
6	=	Gelb
7	=	Weiß

Die oben gezeigte Einstellung würde Text und Ausschnittrahmen in Schwarz anzeigen, den gesamten Hintergrund des Ausschnitts in weiß und das MULTI-PLAN-Menü in grün.

Auch für Anwender mit *Monochrom-Bildschirm* sind die Kennziffern nicht ohne Bedeutung. Zum Beispiel die Kombination: *Text: 0   Hintergrund: 7* erzeugt einen hellen Hintergrund und dunkle Zeichen. Die Kennziffer: *Text: 1* erzeugt Trennungstriche zwischen den Tabellenzeilen.

Am besten Sie stellen sich mit Hilfe der *Pfeiltasten* die für Sie angenehmste Kombination ein (*<Pfeiltaste rechts>* = = = > nächsthöhere Farbziffer; *<Pfeiltaste links>* = = = > nächstniedrigere Farbziffer).

Auf diese Technik, mit Ausschnitten die Tabellen übersichtlich zu gestalten, können wir zurückgreifen, wenn es darum geht, Dateneingabe, Kalkulation und Planungstabelle gleichzeitig auf dem Bildschirm anzeigen zu lassen (vgl. Kap. 5.5.2) sowie im Kapitel 8, in dem der Datenaustausch zwischen mehreren MULTIPLAN-Dateien behandelt wird. Vorab lernen Sie, wie der Bezugspreis als Ergebnis der Kalkulation durch einen einfachen Feldbezug in einem einzigen Ausschnitt präsentiert werden kann. Heben Sie zu diesem Zweck den zweiten Ausschnitt auf mit: *Ausschnitt Löschen.*

5.2.2　Feldbezüge als Organisationshilfe für die Tabelle

Mit der Fenstertechnik haben Sie die Möglichkeit kennengelernt, den Bildschirm in einzelne Ausschnitte zu teilen und wesentliche Tabellenbereiche gleichzeitig zu verfolgen. Eine andere Art und Weise, den Bezugspreis sofort abzulesen, besteht darin, durch einen einfachen Feldbezug das Ergebnis unmittelbar unterhalb der Datenerfassung anzeigen zu lassen.

Aufgabe:　Lassen Sie sich den Bezugspreis unterhalb der Datenerfassung (z.B. im Feld *Z15S5*) anzeigen, indem Sie einen Bezug zu dem Feld herstellen, in dem der Bezugspreis berechnet wird (*Z38S5*).

VORGEHEN: einen Feldbezug herstellen

- Bewegen Sie den Feldzeiger auf das Feld *Z15S5*. In diesem Feld soll der jeweilige Bezugspreis angezeigt werden.

- Stellen Sie den Bezug zum Feld *Z38S5* (=kalkulierter Bezugspreis) her mit dem Menübefehl *Wert* und der Eingabe der Feldadresse *Z38S5*.

  Es erscheint der aktuelle Wert des Be-zugspreises, der sich mit Eingabe der unterschiedlichen Abnahmemengen ent-sprechend verändert.

- Modifizieren Sie das Verfahren, indem Sie für das Feld *Z38S5* den Namen: *Bezugspreis* vergeben. Als Inhalt des Feldes Z15S5 vermerkt MULTIPLAN in der Statuszeile: *Bezugspreis*

```
╔═╗ ┌┐ ┌┐ ┌┐        ┌─┐        ┌┐ ┌┐ ┌┐
║═╣    1    2        3         5      6      7
╚═╝ 3              BEZUGSKALKULATION
    4              ..........................
    5              Abnahme              5 Stück
    6              Stückpreis       1.200,00 DM
    7              Rechnungseingang    15-Apr-89
    8              Zahlungsausgang     23-Apr-89
    9              ..........................
    10             Rabattsatz            4,0%
    11             Skontosatz            2,0%
    12             Bezugskosten       50,00 DM
    13             ..........................
    14
    15             ▐Bezugspreis▌     5.694,80 DM
    16             ..........................
                   ════ BEZUG2.TAB ════
```

Abb. 5-5: Datenerfassung und Ergebnisanzeige

Ob Sie die Fenstertechnik einsetzen oder über einen Feldbezug das Ergebnis anzeigen lassen, hängt von der inhaltlichen und gestalterischen Aufgabenstellung ab. Im Fallbeispiel wird ohne Feldbezug fortgefahren.

5.3 Arbeiten mit logischen Wenn-Dann-Abfragen

Bislang zog eine Veränderung der Abnahmemenge keine Anpassung des Rabattsatzes und der Bezugskosten nach sich. Diese unrealistische Voraussetzung wird aufgehoben. Rabatte werden in Abhängigkeit von der Höhe der Abnahmemenge gewährt.

Aufgabe: Entwickeln Sie eine Abfrage, die folgende Bedingung berücksichtigt:

- bei einer Abnahme von weniger als 5 Festplatten wird kein Rabatt gewährt,

- ab 5 Festplatten wird ein Rabattsatz von 4 % eingeräumt.

Die oben angeführte Bedingung kann mit Hilfe einer Wenn-Dann-Abfrage eingelöst werden. MULTIPLAN stellt für diesen Zweck die Ihnen bereits bekannte logische WENN-Funktion bereit.

Die allgemeine Schreibweise der Funktion: WENN(Bedingung;Dann-Teil;Sonst-Teil) kann wie folgt konkretisiert werden. Die Höhe der Abnahmemenge ist die Bedingung, von deren Erfüllung bzw. Nicht-Erfüllung es abhängt, ob kein Rabatt oder 4 % berechnet werden. Wird die Bedingung eingehalten (=WAHR), wird der Dann-Teil ausgeführt, d.h. es wird kein Rabatt gewährt. Wird die Bedingung nicht eingehalten (=FALSCH), wird der Sonst-Teil ausgeführt, d.h. es werden 4 % Rabatt abgezogen.

Positionieren Sie den Feldzeiger auf das Feld *Z10S5* (= Rabattsatz) und geben Sie die Abfrage ein.

Ohne Feldnamen würde die Abfrage lauten:

WENN(Z5S5 < 5;0%;4%)

Mit Felnamen:

WENN(Abnahme < 5;0%;4%)

Für die Berechnung der Bezugskosten kann eine ähnliche Abfrage formuliert werden. Geben Sie im Feld Z12S5 folgende Abfrage ein:

WENN(Z5S5 < 10;50;75)

oder bei erfolgter Namensvergabe:

WENN(Abnahme < 10;50;75)

Mit der WENN-Funktion können Sie ebenfalls überprüfen, inwieweit ein Skontoabzug berechtigt ist oder nicht. Die Datumsarithmetik von MULTIPLAN kommt Ihnen hier zugute. Als Bedingung für den Abzug von Skonto gilt, daß zwischen Rechnungseingang und Zahlungsausgang weniger als 14 Tage liegen.

Geben Sie im Feld *Z11S5* folgende Abfrage ein.

Ohne Namen:

WENN(Z7S5-Z8S5 < 14;2%;0%)

Mit Namen:

WENN(Rechnung-Zahlung<14;2%;0%)

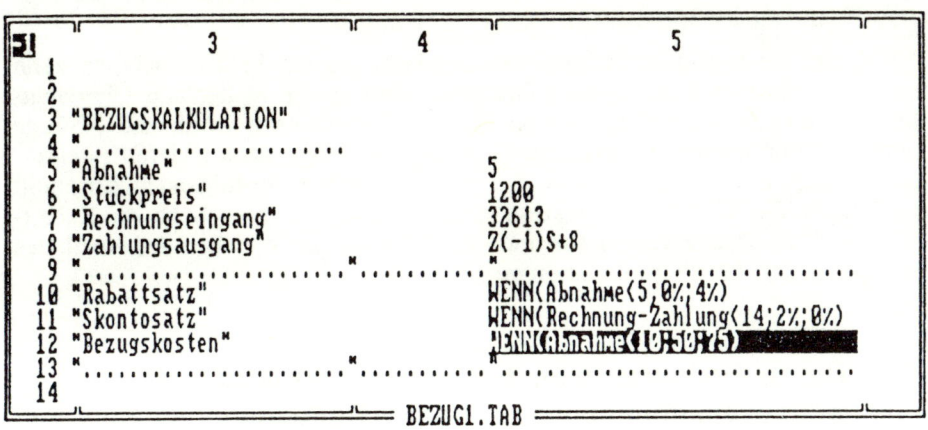

Abb. 5-6: Wenn-Dann-Abfragen

Im nächsten Schritt kann eine weitere Abfrage eingebaut werden. Anders formuliert: Funktionen können geschachtelt werden.

Aufgabe: Entwickeln Sie eine Abfrage, die folgende Bedingungen berücksichtigt:

- bei einer Abnahme von weniger als 5 Festplatten wird kein Rabatt gewährt,
- bei einer Abnahme ab 5 Festplatten aber weniger als 10 ein Rabattsatz von 4%,
- bei einer Abnahme ab 10 Festplatten und mehr ein Rabatt von 5% eingeräumt.

Die notwendige Ergänzung der Formel in Z10S5 er-reichen Sie über ein Schachteln der Funktionen.

Ohne Namen:

WENN(Z5S5<5;0%;Wenn(Z5S5<10;4%;5%))

Mit Namen:

WENN(Abnahme<5;0%;Wenn(Abnahme<10;4%;5%))

Um die neue Bedingung zu erfüllen, wurde im Sonst-Teil der ersten Abfrage eine zweite Wenn-Funktion eingebaut. Den beiden Funktionen wird durch die doppelte Klammer am Ende der Formel Rechnung getragen. Es wäre durchaus möglich, weitere Funktionen zu schachteln. Die Bezugskosten könnten z.B. weiter gestaffelt werden: *WENN(Abnahme<10;50;WENN(Abnahme<20;75; WENN(Abnahme<30;90;100)))*

Nicht nur die begrenzte Anzahl von Zeichen, die ein Feld aufnehmen kann setzt der weiteren Schachtelung Grenzen, sondern die mangelnde Übersichtlichkeit. Die Berücksichtigung von über 10 Rabattsätzen würde die Abfrage unnötig komplizieren. Sinnvoll ist es in sochen Fällen, nach anderen Funktionen zu suchen, die dem Problem eher gerecht werden. Im folgenden Abschnitt wird Ihnen die VERWEIS-Funktion vorgestellt, die es ermöglicht, die Rabattsätze und die Bezugskosten aus anderen Tabellen des gleichen Arbeitsblattes einzulesen und für die Kalkulation einzusetzen.

5.4 Daten aus andereren Tabellen finden und weiterverarbeiten - die Verweisfunktion

Aufgabe: Als Kalkulationsgrundlage versendet der Lieferant vorab eine Rabattstaffel. Entwickeln Sie eine Formel, die für die jeweilige Abnahmemenge den entsprechenden Rabattsatz der Staffel entnimmt und für weitere Berechnungen einsetzt.

HINWEIS:
Eine Musterlösung für diese Aufgabe finden Sie in der Datei: BEZUG2.TAB auf der beigefügten Übungsdiskette.

```
         9          10
 3   █RABATTSTAFFEL
 4   Abnahme    Rabatt
 5   ...................
 6    0 Stück    0,0%
 7    5 Stück    4,0%
 8   10 Stück    4,5%
 9   15 Stück    5,0%
10   20 Stück    5,5%
11   25 Stück    6,0%
12   30 Stück    6,5%
13   35 Stück    7,0%
14   40 Stück    7,5%
15   45 Stück    8,0%
16   50 Stück    8,5%
        BEZUG2.TAB
```

Abb. 5-7: Vertikale Verweis-Tabelle

Für das Auffinden von Daten in einer vorgefertigten Tabelle steht die Sonderfunktion VERWEIS zur Verfügung.

Die allgemeine Syntax der Verweis-Funktion lautet: *VERWEIS (N;Bereich)*

Die Rabattstaffel - wie sie in Abb. 5-7 gezeigt wird - ist ein einfaches Bespiel für eine vertikal angelegte Verweis-Tabelle.

N   ist der Wert oder Schlüssel, den die Funktion im Suchbereich sucht. Im vorliegenden Beispiel ist die Abnahme (*Z5S5*) der Schlüssel, nach dem gesucht wird.

Bereich ist der Bereich, in dem die Funktion nach N sucht. Der Suchbereich umfaßt im Falle der Rabattstaffel die verschiedenen Abnahmemengen in der ersten Spalte, sowie die Liste der Rabattsätze in der zweiten Spalte (*Z6S9:Z16S10*).

Die konkrete Funktion, die im Feld Z10S5 einzutragen ist, lautet:

     VERWEIS (Z5S5;Z6S9:Z16S10)

bzw. wenn Sie für Z5S5 den bereits vergebenen Feldnamen: Abnahme einsetzen und für die Rabattstaffel eine neuen Namen vergeben:

    Name: Rabattstaffel   *Bereich:* Z6S9:Z16S10
        Verweis (Abnahme;Rabattstaffel)

Als Ergebnis gibt die Funktion bei einer Abnahme von 5 Stück den Rabattsatz von 4 % aus.

Ablauf der Funktion:

Aufgrund der vertikalen Form der Rabattstaffel (Anzahl der Zeilen > Anzahl der Spalten) durchsucht die Funktion die Felder der ersten Bereichsspalte nach dem Schlüssel N und stoppt, wenn der Wert exakt getroffen wird. Wenn der gesuchte Wert nicht genau in der Spalte enthalten ist, geht die Funktion solange um ein Feld nach unten, bis ein Wert in der Spalte gefunden wird, der größer als der Schlüssel N ist. Danach setzt die Funktion um eine Zeile zurück und erreicht so den Wert, der kleiner als der Schlüsselwert ist. Als Resultat gibt die Funktion den Wert des letzten Feldes dieser Zeile aus.

BEISPIEL:

a)   Angenommen: Abnahme = 5
      Die VERWEIS-Funktion sucht in der ersten Spalte der Rabattstaffel nach dem Wert 5. Sie trifft ihn exakt und gibt als Ergebnis den Wert des letzten Feldes der Zeile aus, nämlich den Rabattsatz von 4 %

b)   Angenommen: Abnahme=24.
       Die Funktion untersucht die erste Spalte der Rabattstaffel, findet aber
       keinen genau übereinstimmenden Wert. Solange der überprüfte Wert in
       der Spalte kleiner ist als der Schlüssel N, also kleiner als 24, geht die
       Funktion um eine Zeile nach unten. Trifft Sie auf einen Wert, der größer
       ist als 24, hier:25, setzt sie um eine Zeile zurück auf den Wert 20 und
       gibt als Ergebnis den Rabattsatz von 5,5% aus.

(Die VERWEIS-Funktion entspricht der SUCHEN-Funktion in MULTIPLAN
3.0). Die Richtung der Suche nach dem Schlüssel N wird von der Form der
Tabelle bestimmt. Verfügt die Tabelle über genausoviele oder mehr Zeilen als
Spalten (vertikale Form der Tabelle), sucht MULTIPLAN in der ersten Spalte
nach N bis das letzte Feld gefunden ist, dessen Wert gleich oder kleiner ist als
N. Ausgegeben wird der Wert des letzten Feldes dieser Zeile. Verfügt die Ta-
belle über mehr Spalten als Zeilen (= horizontale Form der Tabelle), sucht
MULTIPLAN den Schlüssel N in der ersten Zeile des Bereichs und gibt als
Ergebnis den Wert des letzten Feldes dieser Spalte aus.

Üben Sie die VERWEIS-Funktion anhand der abbgebildeten Staffel der Bezugskosten.

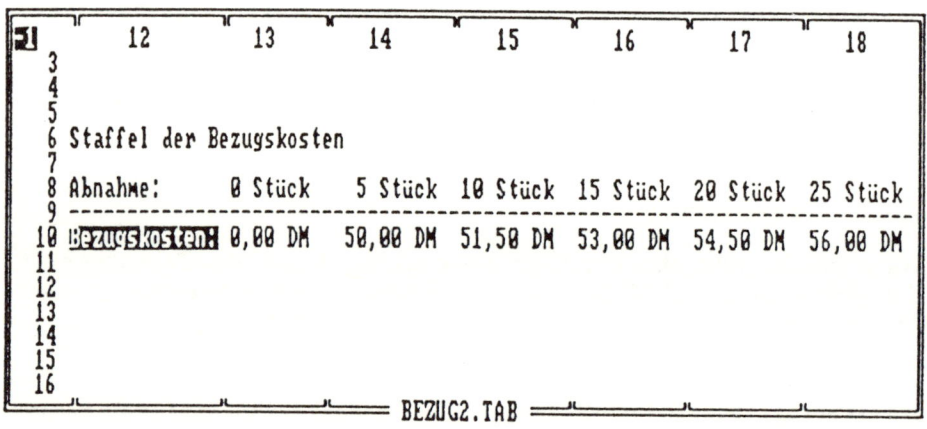

Abb. 5-8: Horizontale Verweis-Tabelle

Die Tabelle besteht aus einer größeren Anzahl an Spalten als an Zeilen, d.h. es
handelt sich um eine horizontale Form der Tabelle. Die im Feld Z12S5 ein-
zugebende Funktion für die Bezugkosten lautet:

VERWEIS(Abnahme;Z8S13:Z10S18)

bzw. wenn für den Bereich: Z8S13:Z10S18 der Name: Transport vergeben wurde:

VERWEIS (Abnahme; Transport)

5.5 Planungsmethoden - Iteration (Teil II)

Aufgabe: Zur Planung seiner Bestellungen beabsichtigt der Großhändler, eine Liste aller Bezugspreise unter Berücksichtigung verschiedener Abnahmemengen zusammen zu stellen. Als Entscheidungshilfe wünscht er eine Planungstabelle, in der automatisch alle Bezugspreise für alle Abnahmemengen von 1 Stück bis einschließlich 15 Stück ausgewiesen werden.

HINWEIS:
>Eine Musterlösung für diese Aufgabe finden Sie in der Datei: BEZUG3.TAB auf der beigefügten Übungsdiskette.

Die sicherlich einfachste Methode zur Lösung dieser Aufgabe bestände darin, im Feld *Z5S4* für die Abnahme eine Menge von 1 einzutragen und im Feld *Z38S5*, in dem der Bezugspreis *kalkuliert wird, das Ergebnis abzulesen und aufzuschreiben.* Danach würde eine Abnahmemenge von 2, 3, 4 .. .. 15 eingegeben und der entsprechende Bezugspreis jeweils vermerkt. Ein einfaches, aber sehr zeitaufwendiges und zudem wenig elegantes Vorgehen.

Suchen wir stattdessen nach einer angemessenen Strategie, das Problem anzugehen. Wie so oft, wenn es darum geht, das "Werkzeug" MULTIPLAN effektiv zu nutzen, liegt die Schwierigkeit weniger in unbekannten Funktionen oder Menübefehlen des Programms, als vielmehr in der richtigen Herangehensweise an das Problem. Die im folgenden vorgestellte Musterlösung basiert auf dem bislang vermittelten Kenntnisstand. Daß es weitere Möglichkeiten gibt, die gestellte Aufgabe zu lösen, versteht sich von selbst.

Das Herangehen an komplexe Probleme erleichtert man sich, indem man als Erstes die Aufgabe in einzelne Schritte unterteilt. Nehmen wir uns deshalb die manuelle Methode vor und sehen, was es an ihr zu verbessern gilt.

1)   Den Wert für die Abnahme jedesmal neu in das Feld Z5S4 einzugeben und darüber die Neuberechnung des Bezugspreises auszulösen, verlangt nach Übernahme der Routine durch das Programm. Durch die Bearbeitung der Break-Even-Analyse haben Sie bereits die anzuwendende iterative Methode kennengelernt. Dies wird der erste Schritt sein.

2)   Nach diesen Vorarbeiten bleibt zu klären, wie eine Auflistung der Bezugspreise je Abnahmeeinheit erreicht wird. Erstellt wird eine neue Tabelle, in der automatisch berechnet und eingetragen wird, wie hoch der

Bezugspreis bei einer Abnahme von 1, 2, 3 .. .. 15 Stück wäre. Es handelt sich um die typische Was-Wäre-Wenn-Analyse - mit dem Unterschied, daß die Ergebnisse in Form einer Liste festgehalten werden sollen. Dies wird der zweite Schritt sein.

5.5.1 Neuberechnung der Bezugspreise mit Hilfe der Iteration;

Um Prozeduren wie die Neuberechnung des Bezugspreises bei stetiger Erhöhung der Abnahme zu automatisieren, können wir auf das iterative Verfahren von MULTIPLAN zurückgreifen.

Ein Iterationsverfahren basiert auf:

- Anweisungen/Berechnungen, die wiederholt werden sollen. Im vorliegenden Fallbeispiel wird der Bezugspreis für die jeweilige Menge neu kalkuliert;

- einem *Zähler*, der anzeigt, wie oft die Schleife durchlaufen wird und sich schrittweise um 1 erhöht. Das Feld für den Wert der Abnahme: Z5S5 fungiert hier als *Zähler*, in dem nacheinander die Zahlen von 1 bis 15 automatisch eingegeben werden;

- einer *Abbruchbedingung der Schleife*, die das Kriterium für das Ende der Wiederholungen angibt. In bezug auf das vorliegende Beispiel wird die Schleife abgebrochen, wenn die Menge 15 Stück erreicht hat (Abnahme = 15). Das Feld für die Abbruchbedingung muß noch eingerichtet werden.

```
▪]  ▛       3            4            5
 3  "BEZUGSKALKULATION"
 4  "
 5  "Abnahme"              ZÄHLER()
 6  "Stückpreis"           1200
 7  "Rechnungseingang"     32613
 8  "Zahlungsausgang"      Z(-1)S+8
 9  "..................................."       "
10  "Rabattsatz"           VERWEIS(Abnahme;Rabattstaffe
11  "Skontosatz"           WENN(Rechnung-Zahlung(14;2%;
12  "Bezugskosten"         VERWEIS(Abnahme;Transport)
13  "
14
15  "Kriterium"            Abnahme=15
16  "..................................."
                  BEZUG3.TAB
```

Abb. 5-9: Iteration

VORGEHEN: Iteration

- Geben Sie im Feld *Z5S5* die Funktion *.ZÄHLER()* ein. MULTI-PLAN zeigt mit der Meldung *NV!* an, daß noch kein Wert vorliegt.

  Mit Beginn der Iteration wird diese Meldung durch Werte ersetzt. Die Funktion beginnt mit dem Wert 1 und erhöht mit jedem Durchlauf um einen Schrittwert von 1.

- Tragen Sie im Feld *Z15S5* die Abbruchbedingung ein: *Abnahme = 15*. Es erscheint die Meldung: *FALSCH*.

  Wenn die Bedingung wahr wird (Meldung: WAHR), d.h. die Abnahme gleich 15 Stück ist, wird die Schleife abgebrochen.

- Leiten Sie das Iterationsverfahren ein mit der Befehlsfolge *Zusätze Iteration (Ja)*

  Um lange Rechenzeiten zu vermeiden, empfiehlt sich, die Neuberechnung auf manuell einzustellen und später mit *der* Funktionstaste *<F4>* auszulösen; d.h. *Zusätze sofort rechnen (Nein)*.

```
ZUSÄTZE sofort rechnen: Ja(Nein)      Warnton aus: Ja(Nein) Iteration:(Ja)Nein
Endekriterium in: Z15S5  T/W-Modus: Ja(Nein) Merke:(Ja)Nein   Menü_3.0: Ja(Nein)
Geben Sie bitte die Position eines Felds oder eines Tabellenbereichs ein!
Z15S5    Abnahme=15          ? ! 100% frei   Multiplan:    BEZUG3.TAB
```

Lösen Sie die Iteration mit der Funktionstaste *<F4>* (=Neuberechnung) aus und verfolgen Sie auf dem Bildschirm mit Hilfe der Fenstertechnik, wie:

- die Abnahme im Feld *Z5S5* auf einen Wert von 1 gesetzt und der im Kalkulationsschema neu berechnete Bezugspreis im Feld *Z38S5* angezeigt wird;

- die Abnahme im Feld *Z5S5* auf einen Wert von 2 erhöht und der im Kalkulationsschema neu berechnete Bezugspreis im Feld *Z38S5* angezeigt wird;

- die Abnahme im Feld *Z5S5* auf 3 erhöht .... solange, bis die Abnahme 15 Stück erreicht hat und der neu berechnete Bezugspreis im Feld *Z38S5* für 15 Stück angezeigt wird.

```
█▌     2     ▐    3    ▐▐    4    ▐    5      ▐    6    ▐    7    ▐    8    ▐
  3              BEZUGSKALKULATION
  4
  5              Abnahme              15 Stück
  6              Stückpreis        1.200,00 DM
  7              Rechnungseingang    15-Apr-89
  8              Zahlungsausgang     23-Apr-89
  9              ........................
 10              Rabattsatz            5,0%
 11              Skontosatz            2,0%
 12              Bezugskosten        53,00 DM
 13              ........................
 14
 15     ████████Kriterium           WAHR
 16              ........................
                        ══ BEZUG3.TAB ══
```

Abb. 5-10: Ergebnis des iterativen Vefahrens

Der erste Schritt, die Neuberechnung des Bezugspreises je Abnahmeeinheit zu
automatisieren, ist damit getan.

5.5.2   Erstellen einer Liste der Bezugspreise

Aus Gründen der Übersicht werden die einzelnen Abnahmemengen in eine
Spalte eingetragen. In der Spalte rechts daneben sollen später die jeweiligen
Bezugspreise ausgewiesen werden.

```
█▌     8     ▐    9    ▐    10    ▐    11       ▐    12    ▐    13    ▐
 27     ████████        Menge      Bezugpreis
 28              ........................
 29                         1      1.176,00 DM
 30                         2      2.352,00 DM
 31                         3      3.528,00 DM
 32                         4      4.704,00 DM
 33                         5      5.694,80 DM
 34                         6      6.823,76 DM
 35                         7      7.952,72 DM
 36                         8      9.081,68 DM
 37                         9     10.210,64 DM
 38                        10     11.282,30 DM
 39                        11     12.405,38 DM
 40                        12     13.528,46 DM
                        ══ BEZUG3.TAB ══
```

Abb. 5-11: Liste der Bezugspreise

Die Eintragungen der Abnahmemengen 1, 2, 3 .. .. 15 bilden eine arithmetische Reihe. Geben Sie als Anfangswert die Zahl 1 in *Z29S10* ein und schreiben in das darunterliegende Feld *Z30S10* die Formel: Z(-1)S + 1. 13mal nach unten kopiert, wird automatisch die gewünschte Reihe generiert.

HINWEIS:
a) Nicht nur arithmetische Reihen können so erstellt werden, sondern auch Zeitreihen. Zum Beispiel Anfangswert = JETZT(), Formel:Z(-1)S + 1). oder für eine geometrische Reihe: Anfangswert:2, Formel:2*Z(-1)S.

b) Eine mögliche Alternative zum Erstellen von Zahlenreihen besteht in der Verwendung der Sonderfunktion ZEILE(). Als Ergebnis liefert die Funktion die Nummer der Zeile, in der die Formel mit dieser Funktion steht. Geben Sie zum Beispiel die Funktion im Feld Z29S10 ein. Als Ergebnis wird der Wert 29 angezeigt. Subtrahiert man den Wert 28, so ergibt sich der Anfangswert der Reihe. 14mal nach unten kopiert, resultiert daraus die gleiche Zahlenreihe wie im oben beschriebenen Verfahren.

Bleibt nach wie vor die Frage offen: Wie ist es möglich, den jeweils neuberechneten Bezugspreis in der Liste anzeigen zu lassen ?

Vergegenwärtigen wir uns den derzeitigen Stand der Bearbeitung. Im Bereich der Datenerfassung haben wir mit Hilfe des iterativen Verfahrens sichergestellt, daß die Abnahme im Feld *Z5S5* mit einem Wert von 1 beginnend, automatisch um 1 Stück erhöht wird, solange bis die Abbruchbedingung im Feld *Z18S5* erfüllt ist. Im Berechnungteil der Tabelle, der Kalkualtion, wird der Bezugspreis für jede Abnahme neu berechnet und im Feld *Z38S5* ausgewiesen.

Nähern wir uns der Lösung, indem wir zunächst dafür sorgen, daß der Bezugspreis auch in der Bezugspreis-Liste angezeigt wird. Anders formuliert: Wenn die Abnahme übereinstimmt mit dem in der Liste eingetragenen Wert der Menge (Listenmenge), dann soll der Bezugspreis nicht ausschließlich im Feld *Z38S5*, sondern darüberhinaus im entsprechenden Feld der Liste ausgewiesen werden.

Diese Zielvorstellung ist nichts anderes als eine Abfrage, die in MULTIPLAN mit Hilfe der WENN-Funktion gestellt werden kann. Analog zum Vorgehen bei der Break-Even-Analyse (vgl. Kapitel 4.3.2) wird die Abfrage zuerst für das Feld *Z29S11* eingegeben und dann 14mal für die restlichen Felder nach unten kopiert.

WENN (Bedingung;Dann-Teil;Sonst-Teil)

Bedingung:	Wenn der Wert der Abnahme im Feld Z5S5 gleich ist dem Wert der Listenmenge im Feld Z29S10;
Dann-Teil:	dann soll der neu berechnete Bezugspreis des Feldes Z38S5 zudem im Feld Z29S11 eingetragen werden;
Sonst-Teil:	sonst soll keine Anzeige erfolgen.

Formulieren wir die Argumente der WENN-Funktion so, daß MULTIPLAN sie versteht:

Bedingung: *Z5S5 = Z29S10*

oder unter Verwendung von Feldnamen:

*Name:*Abnahme   *Bereich:*Z5S5
*Name:*Listenmenge   *Bereich:*Z29S10:Z43S10

Abnahme = Listenmenge

Die Möglichkeit auf bestimmte Feldinhalte in anderen Tabellenbereiche Bezug zu nehmen, haben Sie bereits im Abschnitt 5.2.2 kennengelernt. Dort wurde der Bezugspreis als Alternative zum Ausschnitt mit Hilfe eines Feldbezuges direkt unterhalb der Datenerfasssung nochmals angezeigt. Diese Technik findet auch hier in bezug auf den Dann-Teil Anwendung.

Dann-Teil: *Z38S5*

oder unter Verwendung des Feldnamens:

*Name:*Bezugspreis   *Bereich:*Z38S5

Bezugspreis

Funktion:

WENN (Abnahme = Listenmenge; Bezugspreis; " ")

Kopieren Sie die Formel 14mal nach unten und lösen dann die Berechnung mit *<F4>* aus.

Der erzielte Erfolg bleibt unvollständig. Erreicht ist zwar, daß der jeweilige Bezugspreis in der Liste angezeigt wird, aber mit jeder Wiederholung der Neuberechnung verschwindet der vorher berechnete Wert. Durchaus logisch, wenn wir den Vorgang näher betrachten.

1)   Die Funktion ZÄHLER() im Feld Abnahme (*Z5S5*) setzt den Wert des Feldes auf 1;

      die Werte für Rabattsatz, Skontosatz und Bezugkosten werden für die Abnahme von 1 Stück eingesetzt.

      Unter Einbeziehung dieser Werte findet die Kalkulation statt, an deren Ende die Anzeige des Bezugspreises im Feld *Z38S5* steht.

      Die Abfrage im Feld *Z29S11* überprüft, ob die Bedingung: Abnahme = Listenmenge zutrifft;

      die Bedingung trifft zu, denn Abnahme = 1 und Listenmenge = 1, weshalb der Bezugspreis angezeigt wird (= Dann-Teil).

      Die Abfrage im Feld *Z30S11* überprüft, ob die Bedingung: Abnahme = Listenmenge zutrifft;

die Bedingung trifft nicht zu, denn Abnahme=1 und Listenmenge=2, weshalb keine Anzeige erfolgt (=Sonst-Teil).

Die Abfrage im Feld *Z31S11* überprüft, ob die Bedingung: Abnahme= Listenmenge zutrifft;

die Bedingung trifft nicht zu, denn Abnahme=1 und Listenmenge=3, weshalb keine Anzeige erfolgt (=Sonst-Teil).

Die Bedingung wird überprüft bis zum Feld *Z43S11*. Als Listenergebnis wird im Feld *Z29S11* der Bezugspreis angezeigt. In den übrigen Feldern erfolgt keine Anzeige.

Nachdem die Abfrage für alle Felder stattgefungen hat, erhöht sich der Zähler um 1.

2)   Die Funktion: ZÄHLER() im Feld Abnahme (*Z5S5*) erhöht den Wert des Feldes auf 2;

die Werte für Rabattsatz, Skontosatz und Bezugkosten werden für die Abnahme von 2 Stück eingesetzt.

Unter Einbeziehung dieser Werte findet die Kalkulation statt, an deren Ende die Anzeige des Bezugspreises im Feld *Z38S5* steht.

Die Abfrage im Feld *Z29S11* überprüft, ob die Bedingung: Abnahme= Listenmenge zutrifft;

die Bedingung trifft nicht zu, denn Abnahme=2 und Listenmenge=1, weshalb keine erfolgt (=Sonst-Teil).

Die Abfrage im Feld *Z30S11* überprüft, ob die Bedingung: Abnahme= Listenmenge zutrifft;

die Bedingung trifft zu, denn Abnahme=2 und Listenmenge=2, weshalb der Bezugspreis angezeigt wird (=Dann-Teil).

Die Abfrage im Feld *Z31S11* überprüft, ob die Bedingung: Abnahme= Listenmenge zutrifft;

die Bedingung trifft nicht zu, denn Abnahme=2 und Listenmenge=3, weshalb keine Anzeige erfolgt (=Sonst-Teil).

Die Bedingung wird überprüft bis zum Feld *Z43S11*. Als Listenergebnis wird im Feld *Z30S11* der Bezugspreis angezeigt. In den übrigen Feldern erfolgt keine Anzeige.

Nachdem die Abfrage für alle Felder stattgefungen hat, erhöht sich der Zähler wieder um 1. Auf diese Weise geht das Verfahren so lange weiter, bis das Abbruchkriterium (Abnahme=15) erfüllt ist. Am Ende bleibt in der Bezugspreis-Liste lediglich der Bezugspreis bei einer Abnahmemenge von 15 Stück ausgewiesen.

Die vorangestellte Beschreibung des Ablaufs hat nicht nur Aufschluß über die zugrunde liegende Logik erbracht, wie Iteration und kopierte Abfrage zusammen einen Verlauf bestimmen. Darüberhinaus besteht nun Klarheit über das

Defizit der Abfrage, deren Sonst-Teil nicht so formuliert wurde, daß die einzelnen Bezugspreise auch "festgehalten" wurden.

Heben wir dieses Defizit auf, indem wir den Sonst-Teil der Funktion so neu definieren, daß einmal angezeigte Bezugspreise nicht mehr durch die nächste Neuberechnung gelöscht werden. Um genau dieses Überschreiben zu verhindern, kann im Sonst-Teil ein Bezug auf die Feldadresse eingesetzt werden, in der die WENN-Funktion steht.

Veränderter Sonst-Teil: *ZS*

oder mit Feldnamen:

> *Name:*Ergebnis   *Bereich:*Z29S11:Z43S11

Veränderte Funktion:

> *WENN(Abnahme=Listenmenge;Bezugspreis;Ergebnis)*

Diese Funktion 14mal nach unten kopiert und danach mit *<F4>* die Neuberechnung ausgelöst, ergibt die gewünschte Liste der Bezugspreise.

Gehen wir zum besseren Verständnis nochmal den Ablauf der Berechnungen durch.

1)   Der Funktion: ZÄHLER() im Feld Abnahme (*Z5S5*) setzt den Wert des Feldes auf 1;

      die Werte für Rabattsatz, Skontosatz und Bezugkosten werden für die Abnahme von 1 Stück eingesetzt.

      Unter Einbeziehung dieser Werte findet die Kalkulation statt, an deren Ende die Anzeige des Bezugspreises im Feld *Z38S5* steht.

      Die Abfrage im Feld *Z29S11* überprüft, ob die Bedingung: Abnahme= Listenmenge zutrifft;

      die Bedingung trifft zu, denn Abnahme=1 und Listenmenge=1, weshalb der Bezugspreis angezeigt wird (=Dann-Teil).

      Die Abfrage im Feld *Z30S11* überprüft, ob die Bedingung: Abnahme= Listenmenge zutrifft;

      die Bedingung trifft nicht zu, denn Abnahme=1 und Listenmenge=2, weshalb die Anzeige dessen erfolgt, was bislang Inhalt des Feldes war, d.h. im ersten Durchgang keine Anzeige (=Sonst-Teil);

      Die Abfrage im Feld *Z31S11* überprüft, ob die Bedingung: Abnahme= Listenmenge zutrifft;

      die Bedingung trifft nicht zu, denn Abnahme=1 und Listenmenge=3, weshalb die Anzeige dessen erfolgt, was bislang Inhalt des Feldes war, d.h. im ersten Durchgang keine Anzeige (=Sonst-Teil);

Die Bedingung wird überprüft bis zum Feld *Z43S11*.Als Listenergebnis wird im Feld *Z29S11* der Bezugspreis angezeigt. In den übrigen Feldern erfolgt keine Anzeige.

Nachdem die Abfrage für alle Felder stattgefungen hat, erhöht sich der Zähler um 1.

2) Die Funktion: *ZÄHLER()* im Feld Abnahme (*Z5S5*) erhöht den Wert des Feldes auf 2;

die Werte für Rabattsatz, Skontosatz und Bezugkosten werden für die Abnahme von 2 Stück eingesetzt.

Unter Einbeziehung dieser Werte findet die Kalkulation statt, an deren Ende die Anzeige des Bezugspreises im Feld *Z38S5* steht.

Die Abfrage im Feld *Z29S11* überprüft, ob die Bedingung: Abnahme = Listenmenge zutrifft;

die Bedingung trifft nicht zu, denn Abnahme = 2 und Listenmenge = 1, weshalb die Anzeige dessen erfolgt, was bislang Inhalt des Feldes war, d.h. der im ersten Durchgang errechnete Bezugspreis für 1 Stück (Sonst-Teil).

Die Abfrage im Feld *Z30S11* überprüft, ob die Bedingung: Abnahme = Listenmenge zutrifft;

die Bedingung trifft zu, denn Abnahme = 2 und Listenmenge = 2, weshalb der Bezugspreis angezeigt wird (= Dann-Teil).

Die Abfrage im Feld *Z31S11* überprüft, ob die Bedingung: Abnahme = Listenmenge zutrifft;

die Bedingung trifft nicht zu, denn Abnahme = 2 und Listenmenge = 3, weshalb die Anzeige dessen erfolgt, was bislang Inhalt des Feldes war, d.h. im zweiten Durchgang keine Anzeige (= Sonst-Teil).

Die Bedingung wird überprüft bis zum Feld Z43S11 mit dem Listenergebnis, daß im Feld *Z29S11* und im Feld *Z30S11* der jeweilige Bezugspreis angezeigt wird und in den übrigen Feldern keine Anzeige erfolgt ist.

Nachdem die Abfrage für alle Felder stattgefungen hat, erhöht sich der Zähler um 1.

Die Iteration geht solange weiter bis das Abbruchkriterium (Abnahme = 15) erfüllt ist und die gesamte Liste mit den Bezugspreisen erstellt worden ist.

```
 ▣       1       2        3      4      5           6       7
   5                   Abnahme           15 Stück
   6                   Stückpreis      1.200,00 DM
   7                   Rechnungseingang  15-Apr-89
   8                   Zahlungsausgang   23-Apr-89

  -2      2        3      4      5      -3     10            11
  26  BEZUGSPREISKALKULATION                 31      3     3.528,00 DM
  27                                         32      4     4.704,00 DM
  28                                         33      5     5.694,80 DM
  29  Fakturierung.............. 18.000,00 DM 34     6     6.823,76 DM
  30  - Rabatt..................    900,00 DM 35     7     7.952,72 DM
  31  ------------------------------------    36     8     9.081,68 DM
  32  Zieleinkaufspreis......... 17.100,00 DM 37     9    10.210,64 DM
  33  - Skonto..................    342,00 DM 38     10   11.282,30 DM
  34  ------------------------------------    39     11   12.405,38 DM
  35  Bareinkaufspreis.......... 16.758,00 DM 40     12   13.528,46 DM
  36  + Bezugskosten............     53,00 DM 41     13   14.651,54 DM
  37  ------------------------------------    42     14   15.774,62 DM
  38  Bezugspreis............... 16.811,00 DM 43     15   16.811,00 DM
BEFEHL: Text Ausschnitt Bewegen Druck Einfügen Format Gehezu Hilfe Kopie Löschen
Name Ordnen Pfad Quitt Radieren Schutz Übertragen Verändern Wert Xtern Zusätze
Eingabe von Text in die Tabelle!
Z5S3        "Abnahme"              ?  !  100% frei    Multiplan:   BEZUG3.TAB
```

Abb. 5-12: Was-Wäre-Wenn-Tabelle

Die drei in Abb. 5-12 gezeigten Tabellenbereiche wurden mit Hilfe der Fenstertechnik auf dem Bildschirm sichtbar gemacht. Es wurde zuerst der senkrechte Ausschnitt erstellt mit: *Ausschnitt Teilen Senkrecht* und zwar auf der Höhe der Spalte 6. Mit der Funktionstaste *<F1>* bzw. mit einer der Maustasten wurde der Ausschnitt Nummer -1 aktiviert und mit der Befehlsfolge: *Ausschnitt Teilen Waagerecht* auf Höhe der Zeile 10 horizontal geteilt.

5.6 Befehls- und Funktionsübersicht

Ausschnitt beinhaltet Optionen zum Teilen, Umrahmen, Verbinden und Löschen von Bildschirmausschnitten, sowie die Farbgestaltung. Die Funktionstaste *<F1>* wechselt zum nächsten Ausschnitt, die Kombination *<Umschalt> + <F1>* wechselt zum vorhergehenden

	Ausschnitt. Der Bildschirm kann maximal in 8 Ausschnitte geteilt werden.
Ausschnitt Farbe	komponiert die Farbeinstellungen des Ausschnitts. 7 Farben stehen zur Auswahl für die Gestaltung von Text, Hintergrund, Ausschnittrahmen und Menü.
Ausschnitt Löschen	entfernt den bestimmten Ausschnitt vom Bildschirm. Mit der Maus wird der Ausschnitt durch das Klicken auf die Umrahmung gelöscht.
Ausschnitt Teilen	eröffnet ein neues waagerechtes oder senkrechtes Fenster

Ausschnitt Teilen Bezeichnung teilt den Ausschnitt waagerecht und senkrecht.

Ausschnitt Teilen Senkrecht teilt den Ausschnitt vertikal.

Ausschnitt Teilen Waagerecht teilt den Ausschnitt horizontal.

Ausschnitt Umrahmen	umrahmt den bestimmten Ausschnitt bzw. entfernt die vorhandene Umrahmung. Seitenwechsel können im Rahmen angezeigt werden.
Ausschnitt Verbinden	verbindet zwei Ausschnitte, so daß die Inhalte synchron gerollt werden.
DATUM(Jahr;Monat;Tag)	gehört zu den Datumsfunktionen von MULTIPLAN und liefert als Ergebnis die serielle Zahl der eingegebenen Datumsargumente.
JETZT()	gehört zu den Datumsfunktionen von MULTIPLAN und liefert bei jeder Neuberechnung das aktuelle Datum und die aktuelle Zeit als serielle Zahl.
VERWEIS(N;Bereich)	gehört zu den Funktionen für besondere Zwecke von MULTIPLAN und sucht den Schlüsselwert N im angegebenen Bereich. In vertikalen Tabellen wird N in der ersten Spalte gesucht, in horizontalen Tabellen in der ersten Zeile.
ZEILE()	gehört zu den Funktionen für besondere Zwecke von MULTIPLAN und liefert als Ergebnis die Nummer der Zeile, in der die Formel mit dieser Funktion steht.

6 KONTROLLE UND SCHUTZ DER TABELLE

Dieses Kapitel

* *zeigt die Möglichkeiten, die MULTIPLAN zur Verfügung stellt, um den Überblick zu wahren über die in einer Tabelle verwendeten Formeln, Feldbezüge und Namen;*
* *macht mit Techniken bekannt, die die Kontrolle der Tabelle und das Auffinden möglicher Fehler erlauben;*
* *weist auf Wege hin, die überprüfte und fehlerfreie Tabelle von versehentlichen Änderungen und unerlaubten Zugriffen zu schützen.*

Wir bleiben bei dem im vorherigen Kapitel bearbeiteten Beispiel einer Bezugskalkulation. Darin sind zahlreiche Formeln, Feldbezüge und Bereichsnamen verwendet worden. Dieses Beispiel gibt einen Eindruck von der möglichen Komplexität in umfangreichen Tabellen der Praxis. Anhand der Bezugskalkulation wird im folgenden exemplarisch gezeigt werden, welche Optionen MULTIPLAN bereitstellt, Formel- und Fehlerübersichten zu erstellen. Der nächste Abschnitt behandelt die Ausgabe der vergebenen Feldnamen, die Bildschirm- und Druckausgabe der eingegebenen Formeln, sowie die Druckausgabe einer Fehlerübersicht (5.6.1). Mit welchen Hilfsmitteln die Fehlersuche erleichtert wird, zeigt der darauf folgende Abschnitt (5.6.2). Wie die Ergebnisse Ihrer Arbeit geschützt werden können, erfahren Sie zum Schluß des Kapitels (5.6.3).

6.1 Den Überblick über eingegebene Formeln, vergebene Namen und mögliche Fehlerquellen erhöhen

Sie wissen bereits, daß in der Statuszeile der Inhalt des aktiven Feldes angezeigt wird. Diese Möglichkeit, sich der eingegebenen Formeln und Namen zu vergewissern, ist jedoch dadurch begrenzt, daß die Statuszeile längere Eingaben nicht mehr vollständig anzeigt. Für Korrekturen und die Überprüfung einzelner Felder hilft der Menübefehl *Verändern* weiter. Für Bildschirm- bzw. Druckausgaben von Formelübersichten und Zusammenhängen von Feldbezügen sollten andere Techniken eingesetzt werden.

Bildschirmausgabe von Formeln

```
┌─┬──────────────────────────────────────────────────────────────────┐
│5│         2                              5                          │
│ │25                                                                  │
│ │26  "BEZUGSPREISKALKULATION"                                        │
│ │27                                                                  │
│ │28                                                                  │
│ │29  "Fakturierung....................."   Abnahme*Stückpreis        │
│ │30  "- Rabatt.........................    Z(-1)S*Rabattsatz         │
│ │31  "-----------------------------------                            │
│ │32  "Zieleinkaufspreis................    Z(-3)S-Z(-2)S             │
│ │33  "- Skonto.........................    Z(-1)S*Skontosatz         │
│ │34  "-----------------------------------                            │
│ │35  "Bareinkaufspreis.................    Z(-3)S-Z(-2)S             │
│ │36  "+ Bezugskosten...................    Bezugskosten              │
│ │37  "-----------------------------------                            │
│ │38  "Bezugspreis......................    Z(-3)S+Z(-2)S             │
│ │39  "----------------------------------- ██████████████████████     │
│ │40                                                                  │
│ │41                                                                  │
│ │42                                                                  │
└─┴──────────────────────────────────────────────────────────────────┘
FORMAT OPTIONEN Fehlermeldungen:(Ja)Nein    Formeln: Ja Nein
                Dezimalzeichen: .(,)
Wählen Sie bitte eine Option oder geben Sie deren Anfangsbuchstaben ein!
Z39S5                          ? ! 100% frei   Multiplan: BEZUG3.TAB
```

Abb. 6-1: Bildschirmausgabe von Formeln

Lassen Sie sich die eingegebenen Formeln auf dem Bildschirm darstellen mit

   Format Optionen Formeln (Ja)

Druckausgabe von Formeln

Oftmals erleichtert es die Überprüfung von Formeln, wenn die Kontrolle nicht am Bildschirm stattfindet, sondern auf dem Papier. Sie haben mit MULTI-PLAN die Möglichkeit, Formeln der gesamten Tabelle, aber auch eines bestimmten Bereiches auszudrucken. Drucken Sie als Beispiel die Formeln des Kalkulationsschemas aus mit

   Druck Optionen Bereich:Z29S5:Z38S5 Formeln:(Ja)

```
DRUCK OPTIONEN Bereich: Z26S2:Z38S5  Drucker: EPLQ              Modell: LQ-850
/1050                        Anschluß: PRN  Entwurf: Ja(Nein)  Formeln:(Ja)Nein : 2
/S-Nummern:(Ja)Nein
Geben Sie bitte Text ein!
Z39S5                                  ?  !  100% frei  UF            BEZUG3.TAB
```

Mit *Format Optionen Formeln (Ja)* können Sie durch die Anzeige der Formeln
auf dem Bildschirm, mit *Druck Optionen Formeln (Ja)* durch einen Ausdruck
der Formeln einen ersten Überblick über Bezüge und Formelgeflecht gewinnen. Darüberhinaus stellt MULTIPLAN Befehle bereit, die eine Auflistung der
vergebenen Bereichsnamen sowie der Erstellung von Fehlerreports und Querverweisen über Feldbezüge ermöglichen. Mit der Befehlsfolge *Pfad Ausgabe*
können diese Reports wahlweise über den Drucker (*Drucker*) oder als Datei
(*Platte/Diskette*) ausgegeben werden. Im zweiten Fall erhält die Datei die Erweiterung *NAM*.

Druckausgabe von Namen

Ein Teil der Formeln arbeitet mit Feldnamen statt mit normalen Feldadressen.
Oft ist es hilfreich die vergebenen Namen mit den entsprechenden Feldbe-
reichen in Form einer Liste ausgedruckt vorliegen zu haben. Lassen Sie sich
alle Namen, die Sie für bestimmte Felder oder Feldbereiche vergeben haben,
auf dem Drucker ausgeben mit

Pfad Ausgabe Drucker Namen Nicht_Makros

```
Abnahme:          Makro - Nein    Befehlscode -  kein
    Z5S5

Bezugspreis:      Makro - Nein    Befehlscode -  kein
    Z38S5

Bezugskosten:     Makro - Nein    Befehlscode -  kein
    Z12S5

Ergebnis:         Makro - Nein    Befehlscode -  kein
    Z29:43S11
```

Abb. 6-2: Ausriß einer Namensliste

Zum Begriff *Makro* sei an dieser Stelle nur vermerkt, daß es sich dabei um Programme handelt, die über die Standardanwendung von MULTIPLAN hinaus vom Anwender selbst entwickelt werden können und wie jedes Programm mit Namen aufgerufen werden. Mit der Option: *Nicht_Makros* grenzen Sie die gewünschte Namensliste auf Bereichsnamen ein.

Die Ausgabe von Namen, wie auch von Querverweisen und Fehlerübersichten kann auch in eine besondere Datei erfolgen.

```
PFAD AUSGABE PLATTE/DISKETTE NAMEN Datei: C:\MP\SCHULUNG\BEZUG3.NAM
                Ausgabe: Alle NICHT_MAKROS Makros
Wählen Sie bitte eine Option oder geben Sie deren Anfangsbuchstaben ein!
Z39S5                           ? ! 100% frei  UF             BEZUG3.TAB
```

Druckerausgabe einer Fehlerübersicht

Aus den bisherigen Übungsbeispielen des Buches haben Sie bereits erfahren, daß sich die Schwierigkeiten der Tabellenkalkulation in den meisten Fällen bei deren Planung und Aufbau ergeben. Einmal das Tabellengerüst mit den entsprechenden Formeln aufgestellt, verringern sich die möglichen Fehlerquellen erheblich. Bevor Sie die Tabelle abspeichern, sollten Sie sich durch eine Übersicht möglicher Fehler vergewissern, ob die Tabelle wirklich einwandfrei arbeitet.

Mit den Menübefehlen *Pfad Ausgabe Drucker Überblick Aufzählen* können Sie sich einen Bericht über mögliche Fehlerursachen ausdrucken lassen.

```
 0 Felder haben einen Wert von NULL!.
 0 Felder haben einen Wert von DIV/0!.
 0 Felder haben einen Wert von WERT!.
 0 Felder haben einen Wert von POS!.
 0 Felder haben einen Wert von NAME?.
 0 Felder haben einen Wert von NUM!.
 0 Felder haben einen Wert von NV!.
 0 Formeln beziehen sich auf leere Felder!
 9 Formatierte Felder ohne Inhalt!
 0 Bereichsnamen überschneiden sich!
 0 Namen mit redundanten Positionsangaben!
 0 Teilweise geschützte Namensbereiche!
15 Felder enthalten eine Endlosschleife.
```

Abb. 6-3: Fehlerbericht

Mit der Option *Gesamt* werden zur Fehlerquelle zugehörigen Felder mit ausgedruckt.

Zum Beispiel werden für die Meldung: *15 Felder enthalten eine Endlosschleife* die einzelnen Felder: Z29S11;Z30S11;Z31S11;Z32S11;Z33S11;Z34S11;Z35 S11;Z36S11;Z37S11;Z38S11;Z39S11;Z40S11;Z41S11;Z42S11;Z43S11   mit ausgedruckt, weil sie in der WENN-Abfrage den Bezug auf sich selbst (=Ergebnis) beinhalten.

Fehlermeldungen:

DIV/0	Division durch 0
NV!	Wert ist nicht verfügbar
NAME?	Name wurde nicht vergeben
NUM!	Zahl ist zu groß oder klein oder eine arithmetische Funktion wird nicht richtig verwendet.
POS!	Feldbezug außerhalb der Tabelle oder in einem gelöschten Bereich.
WERT!	Verwendung von Text anstelle einer Zahl und umgekehrt oder Verwendung eine Feldbezuges anstelle eines Werts.

Ausgedruckte Liste der Feldbezüge

Mit den Menübefehlen *Pfad Ausgabe Drucker Querverweis* gibt MULTIPLAN Ihnen einen Report über alle Felder, die auf ein anderes verweisen (Querverweise). Dieser Bericht kann die *gesamte Tabelle* umfassen und bezieht sich ausschließlich auf Felder, die Formeln enthalten.

Aus Platzgründen wird hier nicht die gesamte Tabelle untersucht, sondern zur Veranschaulichung nur der Feldbereich *Z11S5* (Skontosatz).

```
PFAD AUSGABE DRUCKER QUERVERWEIS Feld: Z11S5
Beziehungen:(Ja)Nein    Wert:(Ja)Nein      Format:(Ja)Nein     Ebenen: 3
Bitte eine Zahl eingeben!
Z21S5                         ? !  100% frei  UF              BEZUG3.TAB
```

Die Option *Beziehungen* liefert Ihnen eine Liste derjenigen Felder, die in den Formeln der untersuchten Felder verwendet wurden. Zum Beispiel enthält das Feld *Z11S5* eine Abfrage, in der die Felder *Rechnung* und *Zahlung* vorkommen.

```
Z11S5:
Format:   Stnd.  0,0%
Wert:             2,0%
Rechnung
      Z7S5
Zahlung
   Z8S5
       Z7S5
```

Abb. 6-4: Bezüge des Feldes Z11S5

Enthalten diese Felder wiederum Formeln - hier zum Beispiel enthält das Feld *Z8S5* eine Formel mit Bezug auf das Feld *Z7S5* - so werden diese Bezüge eingerückt dargestellt. Bis zu 3 Ebenen (*Ebenen:3*) können eingerückt werden. Wieviele Zeichen jede Einrückung ausmachen stellen Sie mit *Druck Randbegrenzung Einzug* (vgl. Kapitel 3) ein.

HINWEIS:
   Eine zu geringe Druckbreite für die Ausgabe meldet MULTIPLAN mit: "keine gültige Druckbreite".

6.2 Effektive Suche nach Fehlern

MULTIPLAN stellt Ihnen über die Befehle *Pfad Kontrolle* eine hervorragende Technik zur Verfügung, mit der Sie die eingegebenen Formeln auf deren Richtigkeit überprüfen können.

Nachprüfen von Formeln

Nehmen wir einmal an, es sollte aufgrund einer Fehlermeldung die Formel im Feld *Z29S11* überprüft werden.

Wählen Sie die Menübefehle *Pfad Kontrolle Formeln*, bestimmen Sie danach das Feld (keinen Feldbereich), das Sie überprüfen wollen:*Z29S11* und lösen den Kontrollvorgang mit *<Return>* aus.

```
┌─────────────────────────────────────────────────────────────────┐
│Formel/Wert in Z29S11:                                           │
│WENN('Abnahme'-Listenmenge;Bezugspreis;Ergebnis)                 │
│                                                                  │
│                                                                  │
│                                                                  │
│Wert: 1176                          Angezeigter Wert: 1.176,00 DM│
│Format: Stnd. #.##0,00 DM;(#.##0,00 DM)                          │
│Felder mit dem Namen Abnahme: Z5S5                               │
└─────────────────────────────────────────────────────────────────┘

┌─────────────────────────────────────────────────────────────────┐
│Formel/Wert in Z5S5:                                             │
│ZÄHLER()                                                          │
│                                                                  │
│                                                                  │
│                                                                  │
│Wert: 15                            Angezeigter Wert: 15 Stück   │
│Format: Stnd. ##0 "Stück"                                        │
└─────────────────────────────────────────────────────────────────┘
PFAD KONTROLLE FORMELN Feld: Z29S11

Drücken Sie eine Richtungstaste oder UNTERBRECHEN!
Z29S11    WENN(Abnahme=listenmeng ?  !  100% frei    Multiplan:    BEZUG3.TAB
```

Abb. 6-5: Kontroll-Fenster

Das Kontroll-Fenster von MULTIPLAN besteht aus zwei Ausschnitten.

Im oberen Fenster werden angezeigt:

- die Adresse des zu kontrollierenden Feldes Z29S11;
- der Inhalt des Feldes: WENN-Abfrage;
- der Wert des Feldes:1176;
- der formatiert Wert, der auf dem Bildschirm erscheint: 1.176,00 DM;
- das gewählte Format: Stnd. #.##0,00 DM;(#.##0,00 DM);
- entsprechend der Position des Feldzeigers auf "Abnahme" zeigt MULTI-PLAN die Feldadresse an zu der über den Namen ein Bezug hergestellt ist: Z5S5. Die relativen Feldbezüge der Zeile 2 werden in absolute Feldbezüge umgesetzt und im unteren Fenster genauer untersucht.

Im unteren Fenster werden die in der Formel verwendeten Feldbezüge bzw. Feldnamen kontrolliert. Der Feldzeiger steht in der zweiten Zeile des oberen Ausschnitts auf dem Namen: Abnahme. Dementsprechend zeigt MULTIPLAN im unteren Ausschnitt Informationen über dieses Feld an. Inhalt, Wert, angezeigter Wert und Format des Feldes können überprüft werden.

Bewegen Sie den Feldzeiger mit der *<Pfeiltaste rechts>* auf den Namen: *Listenmenge*. Das untere Fenster gibt sofort Auskunft über dieses Feld. Auf diese Weise - mit Hilfe der *rechten und linken Pfeiltaste* - gelingt es, jeden abhängigen Feldbezug/Namen der Formel nachzuvollziehen. Falls Sie mit der Maus arbeiten, reicht es aus, das zu untersuchende Feld anzuklicken.

Darüberhinaus besteht die Möglichkeit ein abhängiges Feld weiter zu untersuchen, wenn es als *Inhalt eine Formel* enthält. Setzen Sie den Feldzeiger im oberen Fenster auf den Namen: *Bezugspreis*. Im unteren Fenster erscheint als Information des Feldes die Formel *Z(-3)S+Z(-2)S*. Wenn Sie nun die *<Pfeiltaste unten>* betätigen, wird dieses Feld weiter untersucht.

```
Formel/Wert in Z38S5:
Z(-3)S+Z(-2)S



Wert:  16811                    Angezeigter Wert: 16.811,00 DM
Format:  Stnd. #.##0,00 DM;(#.##0,00 DM)
Felder mit dem Namen Z(-3)S: Z35S5
```

```
Formel/Wert in Z35S5:
Z(-3)S-Z(-2)S



Wert:  16758                    Angezeigter Wert: 16.758,00 DM
Format:  Stnd. #.##0,00 DM;(#.##0,00 DM)
```

PFAD KONTROLLE FORMELN Feld: Z29S11-Z38S5

Drücken Sie eine Richtungstaste oder UNTERBRECHEN!
Z29S11   WENN(Abnahme=Listenmeng ? ! 100% frei   Multiplan: BEZUG3.TAB

Abb. 6-6: Abhängiges Feld mit Formel

In der untersten Zeile des oberen Fensters wird als "*Felder mit Namen*" die absolute Feldadresse *Z35S5* (statt der in Zeile 2 relativen Feldadresse: Z(-3)S) angezeigt. Angaben über dieses Feld erscheinen nun im unteren Fenster. In der

Kommentarzeile unter dem Fenster wird der Untersuchungs-Pfad angegeben, den Sie bislang verfolgt haben.

PFAD KONTROLLE FORMELN Feld:Z29S11-Z38S5

Mit der *<Pfeiltaste unten>* können Sie die Formelkette bis zum Schluß verfolgen; konkret: so lange bis im unteren Fenster Informationen über das Feld *Z5S5* angezeigt werden. Mit der *<Pfeiltaste oben>* können Sie den Weg zurückgehen.

Wenn Sie den Feldzeiger im oberen Fenster auf den Namen: *Ergebnis* bewegen, lernen Sie eine weitere Hilfe von MULTIPLAN kennen. Da es sich sich um die bekannte WENN-Abfrage handelt, die einen Bezug auf die eigene Feldadresse enthält, vermerkt MULTIPLAN am unteren Bildschirmrand: *Endlosschleife, Anfang der Formelkette erreicht.*

Nachprüfen von Feldbezügen

Wenn Sie beabsichtigen, Felder zu bewegen oder zu löschen, ist es von großem Nutzen, wenn man weiß welche möglichen Auswirkungen auf andere Felder zu erwarten sind. Die Kontrolle von Feldbezügen erleichtert Ihnen MULTIPLAN über die Befehle

Pfad Kontrolle Bezüge.

Überprüfen Sie zur Übung das Feld *Z30S10* und ermitteln Sie die abhängigen Felder.

Auf dem Bildschirm erscheint wieder ein geteiltes Kontroll-Fenster.

Im oberen Ausschnitt macht MULTIPLAN Sie darauf aufmerksam, daß in den angegebenen Feldadressen *Z30S11* und *Z31S10* Formeln existieren, die sich auf das Feld *Z30S10* beziehen. Im Feld *Z30S11* wird mit dem Namen: *Listenmenge* Bezug genommen auf das Feld *Z30S10* und im Feld *Z31S10* durch den relativen Bezug: Z(-1)S.

Bewegen Sie den Feldzeiger im oberen Fenster auf das Feld *Z31S10*. Mit der *<Pfeiltaste oben>* können Sie die Kette der Bezüge weiterhin verfolgen. Im unteren Fenster erscheinen jeweils die Informationen über das im oberen Fenster markierte Feld. Mit der *<Pfeiltaste unten>* können Sie den Weg zurückgehen.

Bei großen Tabellen kann es vorkommen, daß die Überprüfung der Formeln und Felder sehr langsam erfolgt. MULTIPLAN gibt die Meldung aus: *Noch zu kontrollierende Felder (UNTERBRECHEN um abzubrechen!).*

```
┌─────────────────────────────────────────────────────────────┐
│Felder mit der Verwendung Z30S10:                            │
│Z30S11        Z31S10                                         │
│                                                              │
│                                                              │
│                                                              │
│                                                              │
│Wert: 2                        Angezeigter Wert: 2           │
│Format:  Stnd. Standard                                      │
└─────────────────────────────────────────────────────────────┘
┌─────────────────────────────────────────────────────────────┐
│Formel/Wert in Z30S11:                                       │
│WENN(Abnahme=Listenmenge;Bezugspreis;Ergebnis)              │
│                                                              │
│                                                              │
│                                                              │
│Wert:  2352                    Angezeigter Wert: 2.352,00 DM │
│Format:  Stnd. #.##0,00 DM;(#.##0,00 DM)                    │
└─────────────────────────────────────────────────────────────┘
PFAD KONTROLLE BEZÜGE Feld: Z30S10

Drücken Sie eine Richtungstaste oder UNTERBRECHEN!
Z30S10    Z(-1)S+1              ? ! 100% frei   Multiplan:   BEZUG3.TAB
```

Abb. 6-7: Kontroll-Fenster für Feldbezüge

Sie können den Kontrollvorgang mit der Taste *<Esc>* kurzfristig unterbrechen und mit der Funktionstaste *<F4>* später fortführen. Wenn ein zweites
Mal unterbrochen wird, ist damit der Kontrollvorgang beendet und die Tabelle
erscheint wieder auf dem Bildschirm.

6.3 Schutz von Tabellen

Wenn jede Formel und jeder Bezug überprüft und die gesamte Tabelle kontrolliert ist, wäre es fatal, durch unbeabsichtigte Änderungen die aufgebrachte
Mühe zunichte zu machen. Zur Vermeidung solcher Versehen bietet MULTI-
PLAN die Möglichkeit, für ausgewählte Felder und Rechenformeln Veränderungen auszuschließen. Darüberhinaus kann die gesamte Datei durch Vergabe
eines Passworts vor unberechtigten Zugriffen geschützt werden.

Schutz von Feldern und Formeln

Für das vorliegende Fallbeispiel wäre es sinnvoll, alle Feldbereiche zu schützen die nicht zur Dateneingabe dienen. Zwei Vorgehensweisen sind möglich:
Es werden alle Felder, die Formeln enthalten, geschützt oder die gesamte Tabelle wird bis auf die Felder zur Dateneingabe geschützt.

Aufgabe: Geschützt werden sollen:

a) die *Wenn-* und *Verweis*-Funktionen im Feldbereich Z10S5:
   Z12S5 sowie das Abbruchkriterium im Feld Z15S5

b) das Kalkulationsschema im Feldbereich Z30S5:Z39S5

c) die Was-Wäre-Wenn-Tabelle im Feldbereich Z30S10:Z44S11

Wählen Sie die Menübefehle *Schutz Felder*.

```
SCHUTZ Felder: Z10S5:Z12S5;Z15S5;Z29S5:Z39S5;Z30S10:Z44S11   Status: Geschützt U
ngeschützt
Wählen Sie bitte eine Option oder geben Sie deren Anfangsbuchstaben ein!
Z30S9                          ? ! 100% frei  UF           BEZUG3.TAB
```

Nachdem Sie die zu schützenden Bereiche bestimmt haben, stellen Sie den
Status auf: *Geschützt* ein. Die angegebenen Feldbereiche sind nunmehr *geschützt* vor:

* *Text-* und *Wert*-Eingaben,

* vor den Auswirkungen der Befehle: *Verändern, Radieren, Kopie* und *Xtern*.

Nicht geschützt sind diese Felder vor den Auswirkungen der Befehle:

* *Löschen, Format Felder, Einfügen, Bewegen, Ordnen*.

In machen Fällen ist es günstiger, den gesamten Tabellenbereich zu schützen
und nur die Dateneingabe von diesem Schutz auszunehmen.

```
SCHUTZ Felder: Z5S5:Z8S5      Status: Geschützt Ungeschützt

Wählen Sie bitte eine Option oder geben Sie deren Anfangsbuchstaben ein!
Z30S9                          ? ! 100% frei  UF           BEZUG3.TAB
```

Mit der Funktionstaste *<F2>* *(Nächstes ungeschütztes Feld)* und der Tastenkombination *<Umschalt>+<F2>* *(Vorhergehendes ungeschütztes Feld)* ist
es auch dann leicht, die ungeschützten Felder zu finden, wenn die Tabelle nicht
derart wohlgeordnet vorliegt wie hier.

Mit der Befehlsfolge *Schutz Rechenformeln J* schützen Sie alle Felder, die einen Text oder eine Formel zum Inhalt haben.

Speichern der Datei mit Passwort

Im Kapitel 3 über das Speichern von Dateien, wurde bereits erwähnt, daß MULTIPLAN erlaubt, ein Passwort für die Datei zu vergeben. Im sachlichen Zusammenhang des Schützens von Tabellen sei die Befehlsfolge wiederholt:

```
ÜBERTRAGEN SPEICHERN Dateiname: C:\MP\SCHULUNG\BEZUG3.TAB   geschützt: JA Nein

Wählen Sie bitte eine Option oder geben Sie deren Anfangsbuchstaben ein!
230S9                            ? ! 100% frei  UF           BEZUG3.TAB
```

Jeden eingegebenen Buchstaben des Passworts zeigt MULTIPLAN mit einem Punkt an. Wenn verlangt wird, das Kennwort zur Sicherung nochmals einzugeben, denken Sie daran, daß Groß- und Kleinschreibung in diesem Fall von Belang sind.

6.4 Befehls- und Funktionsübersicht

Druck Optionen Formeln stellt zur Wahl, ob die Tabelle mit den Formeln als Feldinhalt ausgedruckt wird.

Druck Randbegrenzung Einzug gibt die Anzahl der Zeichen an, die pro Ebene im Zusammenhang mit dem Befehlen Pfad Ausgabe eingerückt werden.

Format Optionen Formeln stellt zur Wahl, statt des Ergebniswertes einer Formel, die Formel selbst auf dem Bildschirm darzustellen.

Funktionstaste <F2> bewegt den Feldzeiger zum nächsten ungeschützten Feld. Mit der Kombination *<Umschalt> + <F2>* springt der Feldzeiger zum vorhergehenden ungeschützten Feld.

Pfad enthält Befehle zur Erstellung von Tabellenberichten, sowie von Formel- und Felderübersichten. Über Pfad Betriebssystem können Betriebssystem-Befehle eingegeben werden, ohne MULTIPLAN zu verlassen.

Pfad Datenbank enthält Befehle, die den Datenbankteil von MULTI-PLAN betreffen.

Pfad Ausgabe   erzeugt Berichte über Tabellenbeziehungen, Fehlerstatistiken und Feldnamen.

Pfad Ausgabe Platte/Diskette speichert die Berichte in einer Datei.

Pfad Ausgabe Drucker   gibt die Berichte auf den Drucker aus.

Pfad Ausgabe Drucker Namen druckt einen Bereicht aller Feldnamen, Feldbereiche und Makros.

Pfad Ausgabe Drucker Querverweis druckt einen Querverweis über das Beziehungsgeflecht der Felder.

Pfad Ausgabe Drucker Überblick druckt eine Statistik über mögliche Fehler.

Pfad Kontrolle   untersucht Felder, die in einer Formel verwendet werden oder auf die sich andere Felder beziehen.

Pfad Kontrolle Bezüge   zeigt die Felder, auf die sich andere Felder beziehen.

Pfad Kontrolle Formeln zeigt die Felder, die in einer Formel verwendet werden.

Schutz   schützt Felder vor unbeabsichtigten Veränderungen. Geschützt werden können Felder oder Rechenformeln.

Schutz Felder   erlaubt, sowohl Felder zu schützen als auch den Schutz wieder aufzuheben.

Schutz Rechenformeln   erlaubt den Schutz derjenigen Felder, die Text oder Formeln enthalten.

7 DIE DATENBANK

Sie lernen in diesem Abschnitt,

- *was unter einer MULTIPLAN-Datenbank zu verstehen ist und wie sie eingerichtet wird;*
- *wie Datensätze nach bestimmten Sortierschlüsseln in auf- oder absteigender Reihenfolge geordnet werden können;*
- *einen Kriterien- und Datenbankbereich anzulegen, um sich Datensätze suchen und in der Datenbank anzeigen zu lassen;*
- *einen Ausgabebereich zu bestimmen und sich die gesuchten Datensätze dorthin kopieren zu lassen;*
- *vergleichende, berechnete und logisch verknüpfte Suchkriterien aufzustellen, um präzise Abfragen zu starten;*
- *statistische Auswertungen mit Hilfe von Datenbank-Funktionen vorzunehmen.*

7.1 Eine Datenbank einrichten

Eine Datenbank bildet in einem Arbeitsblatt zunächst eine Tabelle, bei der jede Zeile einen einzelnen Datensatz darstellt und bei der jede Spalte ein Feld der Datenbank bildet. Die Namen der jeweiligen Felder bilden die Kopfzeile der Tabelle.

Kdn.-Nr.	Name	Vorname	Strasse	PLZ	Ort	Bez.	Betrag	Datum
1501	Baier	Fred	Salzburger Str.17	1000	Berlin	62	9.323,80	24.4.89
4713	Sauer	Anton	Essener Str.3	1000	Berlin	21	7.234,70	12.4.89
9265	Hartmann	Lutz	Oberanger 32	6000	Frankfurt	23	452,98	1.4.89
4765	Maier	Otto	Steinmetzstr.54	5300	Bonn	90	6.653,80	3.4.89
1117	Wolf	Heinz	Bundestr.46	2000	Hamburg	13	11.231,77	5.4.89
2289	Balzer	Jochen	Grundstr.29	2000	Hamburg	19	6.400,00	17.4.89
5729	Maier	Peter	Conrad-Allee 78	6000	Frankfurt	24	349,70	27.4.89
5098	Beier	Hubert	Reeperbahn 4	2000	Hamburg	11	2.700,50	24.4.89
3112	Posser	Rolf	Alter Markt 9	5300	Bonn	10	9.872,20	13.4.89
3113	Conradi	Sandra	Schloßstr.39	1000	Berlin	42	123,70	17.4.89
3114	Peters	Elke	Eberstr.67	1000	Berlin	33	400,50	11.4.89
5045	Gruber	Edgar	Am Brinck 9	2000	Hamburg	80	7.844,20	2.4.89

Abb. 7-1: Kundendatei - Testdaten

Zur Verständigung ist es wichtig, sich auf bestimmte Begriffe zu einigen. Die folgende Übersicht enthält Begriffe aus dem Gebiet der Datenbank, wie sie von MULTIPLAN interpretiert werden.

Datenorganisation

```
┌─────────────────────────────┐
│         Datenbank           │
│       Kunden-Datei          │
└─────────────────────────────┘

  ┌─────────────────────────────┐
  │         Datensatz           │
  │    Kdn._Nr.....Betrag       │
  └─────────────────────────────┘

  ┌─────────────────────────────┐
  │         Datenfeld           │
  │         Kdn.-Nr.            │
  └─────────────────────────────┘

┌──────────────────────────────────────────┐
│ numerische oder alphabeteische Zeichen   │
│        1501              Baier           │
└──────────────────────────────────────────┘
```

MULTIPLAN-Datenbankbegriffe

Datenbank   Eine Sammlung von Daten, die MULTIPLAN in einer selektier- und sortierbaren Datei verwaltet. Im vorliegenden Bespiel ist es die gesamte Kundendatei.

Datensatz   Jede Zeile in einer MULTIPLAN-Datenbank bildet einen Daten-satz. Ein Datensatz setzt sich aus einem oder mehreren Daten-feldern zusammen.

Feld   Jede Spalte in einer MULTIPLAN-Datenbank bildet ein Feld. Ein Feld kann Text, Zahlen, Datumsangaben, Formeln und Funktionen als Feldeinträge verwenden. Jedes Feld erhält einen Feldnamen.

Feldname   Ein Name, der die in einem Feld gespeicherten Daten identifi-ziert. Die Kopfzeile eines Datenbankbereichs enthält die Leiste der Feldnamen.

Wenn Sie eine Datenbank für Ihre Zwecke erstellen, ist der erste Schritt, sich zu überlegen, welche Art von Daten verwaltet, d.h. in einem Datensatz gebun-den werden sollen. Wieviele Felder mit welchen Feldnamen geeignet sind, prä-zise Abfragen für Ihre inhaltlichen Belange zu ermöglichen. Bevor Sie sich an die mühevolle Arbeit des Eingebens der Datensätze begeben, sollten Sie die Struktur und optimale Funktionsweise Ihrer Datenbank mit wenigen Datensät-zen überprüfen und testen.

Aufgabe: Geben Sie die Daten entsprechend der Abb. 7-1 ein oder laden Sie die Datei: KUNDEN.TAB von der beigefügten Diskette.

Die eingerichtete Datenbank finden Sie in der Datei: KUNDEN1.TAB auf der beigefügten Übungsdiskette gespeichert.

Das Eingeben der Feldnamen wie der Datensätze erfolgt mit den normalen Verfahren der Tabellenkalkulation.

1)   Zunächst geben Sie die Kopfzeile mit den Feldnamen ein, wobei zu berücksichtigen ist, daß Feldnamen als Texteingabe erfolgen müssen.

2)   Jeder Datensatz muß die gleichen Felder vorweisen. Bei der Eingabe der Datensätze achten Sie bitte darauf, daß Daten, je nach Typ des Feldes, er-faßt werden, d.h. entweder als TEXT oder als WERT. Vom Typ WERT sind: Zahlen, Datumswerte, Formeln, Funktionen. Jedes Feld darf nur Daten eines Typs enthalten. Nicht in jedes Feld müssen Eingaben erfol-gen. Großschreibung wird von MULTIPLAN beim Sortieren wie bei der Suche nach Datensätzen ignoriert.

3)   Die Ausrichtung und Zahlenformate der Feldinhalte können wie immer mit den Befehlen *Format Felder* bestimmt werden. Die Datumseingaben als Zeichenfolgen bewirken bei MULTIPLAN, daß als Feldinhalt die se-rielle Zahl eingetragen wird. Dem jeweiligen Feld wird das Zahlenformat T.M.JJ zugeschrieben.

Bislang unterscheiden sich die Eingaben in nichts von denen der bekannten Ta-bellen. Bereits an dieser Stelle lassen sich Techniken der Tabellenkalulation einsetzen, die in bezug auf die Datenbank von Relevanz sind. In diesem Sinne

kann der Menübefehl *Ordnen*, der für jede Tabelle gilt, dafür eingesetzt werden, Datensätze nach bestimmten Sortierschlüsseln in auf- oder absteigender
Reihenfolge zu sortiern.

7.2 Sortieren von Datensätzen

Aufgabe: Die Datensätze sollen nach Kundennummern geordnet in aufsteigender Reihenfolge sortiert werden.

VORGEHEN: Ordnen von Datensätzen nach einem Sortierschlüssel

* Rufen Sie den Menübefehl *Ordnen* auf.

* Mit dem Unterbefehl *Zeilen* präzisieren Sie, daß es darum geht,
  die in Zeilen eingegebenen Datensätze zu sortieren.

* Im Befehlsfeld *"ORDNEN ZEILEN nach Spalten:"* geben Sie
  die Spaltennummer an, die als Sortierschlüssel gelten soll. Da
  die Datensätze nach Kundennummern sortiert werden sollen,
  geben Sie die Spaltennummer: *1* ein.

* In den Befehlsfeldern: *"von zeile:"* und *"bis:"* begrenzen Sie
  den Bereich, der sortiert wird. In diesem Fall soll der Bereich
  von Zeile:*5* bis Zeile: *16* sortiert werden.

* Im Befehlsfeld: *"Sortierfolge:"* bestimmt man in welcher Reihenfolge geordnet werden soll. Wählen Sie für das Sortieren
  der Datensätze in aufsteigender Reihenfolge das Symbol:(>).

```
ORDNEN ZEILEN nach Spalten: 1        von Zeile: 5        bis: 16
            Sortierfolge: ⟩ ⟨
Wählen Sie bitte eine Option oder geben Sie deren Anfangsbuchstaben ein!
Z4S1      "Kdn.-Nr."               ? !  100% frei   Multiplan: KUNDEN.TAB
```

HINWEIS:
> Achten Sie bitte darauf, daß der zu sortierende Bereich nicht die Kopfzeile der Feldnamen
> enthält. Ansonsten würde diese wie ein normaler Datensatz eingeordnet.

Mit MULTIPLAN ist es möglich, Datensätze auch nach mehr als einem Sortierschlüssel zu ordnen.

Aufgabe: Die Datensätze sollen geordnet werden: a) in aufsteigender Reihenfolge nach dem *Ort* der Kunden und b) innerhalb des Kundenortes
in alphabetischer Reihenfolge nach dem *Namen* der Kunden.

VORGEHEN: Ordnen von Datensätzen nach zwei Sortierschlüsseln

- Rufen Sie die Menübefehle *Ordnen Zeilen* auf.

- Im Befehlsfeld *"ORDNEN ZEILEN nach Spalten:"* geben Sie
  die Spaltennummern an, die als Sortierschlüssel gelten sollen.
  Da die Datensätze zuerst nach: Ort, dann nach: Name sortiert
  werden sollen, geben Sie die Spaltennummern: *6;2* ein.

- In den Befehlsfelder: *"von zeile:"* und *"bis:"* begrenzen Sie den
  Bereich, der sortiert wird. In diesem Fall soll der Bereich von
  Zeile: *5* bis Zeile: *16* sortiert werden.

- Im Befehlsfeld: Sortierfolge wählen Sie wieder das Symbol für
  eine aufsteigende Sortierfolge:*(>)*.

```
ORDNEN ZEILEN nach Spalten: 6;2      von Zeile: 5      bis: 16
         Sortierfolge:())(
Geben Sie bitte die Spaltennummer(n) ein!
Z4S1     "Kdn.-Nr."          ? ! 100% frei   Multiplan:   KUNDEN.TAB
```

7.3 Suchen von Datensätzen

Die bisher eingesetzten Verfahren bewegten sich im Rahmen von Techniken
der normalen Tabellenkalkulation. Um Abfragen an Datenbanken zu richten,
d.h. nach bestimmten Daten zu suchen, müssen weitergehende Voraussetzungen geschaffen werden:

- der Datenbankbereich muß als solcher definiert werden, indem er mit dem
  Namen: Datenbank belegt wird;

- ein Kriterienbereich muß angelegt und mit dem Namen: Suchkriterien belegt
  werden.

- im Kriterienbereich werden konkrete Suchkriterien eingegeben, um Datensätze im Datenbankbereich suchen zu lassen.

- ein Ausgabebereich muß eingerichtet werden, um mit dem Kriterium
  übereinstimmende Datensätze dorthin zu kopieren.

7.3.1 Anzeigen von gesuchten Datensätzen in der Datenbank - Einrichten eines Datenbank- und Kriterienbereichs

Wir beginnen damit, einen Datenbank- und Kriterienbereich einzurichten und zu erstellen, um dann anhand einfacher Suchkriterien einen Testlauf zu starten.

Erstellen des Datenbank-Bereichs

Als Erstes werden die bereits erfassten Daten als Datenbank definiert, indem der für diesen Bereich reservierte Name "*Datenbank*" vergeben wird. Reserviert bedeutet, daß eben dieser Name für den Datenbankbereich zu vergeben ist und kein anderer. Der Datenbankbereich besteht aus der Tabelle, also aus der Kopfzeile mit den Feldnamen und aus den Zeilen mit den Datensätzen.

VORGEHEN: Datenbankbereich

- Vergeben Sie für den Feldbereich *Z4S1:Z16S9* den Namen: Datenbank, indem Sie zuerst den Menübefehl *Name* aufrufen.

- Geben Sie im ersten Befehlsfeld den Namen: *Datenbank* ein; setzen den Zeiger mit der *<Tab>*-Taste in das nächste Befehlsfeld und bestimmen dort den Bereich *Z4S1:Z16S9*.

- Bestätigen Sie Namen und Bereich mit *<Return>*.

Oder

- Mit einer *Maus* können Sie den Bereich markieren, bevor Sie den Befehl *Name* aufrufen.

HINWEIS:
   Achten Sie darauf, daß der Datenbank-Bereich die Kopfzeile der Feldnamen enthält. Nur über diese Feldnamen kann MULTIPLAN die gesuchten Daten identifizieren.

Hiermit ist die Datenbank erstellt worden. MULTIPLAN erkennt die Datenbank durch - und nur durch - den reservierten Namen: *Datenbank*. Dieser Name ist damit belegt und sollte nicht für andere Zwecke verwendet werden. Aus dieser Tatsache wird deutlich, daß bei MULTIPLAN *höchstens eine aktive Datenbank* vorhanden sein kann.

Sie könnten nun an jeder beliebigen Stelle der Datenbank neue Datensätze einfügen oder auch eingegebene Datensätze editieren. Fügen Sie neue Datensätze ein, erweitert MULTIPLAN automatisch den Bereich. Ausnahme: Wird der neue Datensatz am Ende der Datenbank hinzugefügt, muß der Bereich angepasst werden.

Einen Kriterienbereich einrichten und erstellen

Um den Datenbestand einer Datenbank mit Suchkriterien zu verbinden, wird ein Kriterienbereich eingerichtet und erstellt, in dem die Suchkriterien festgelegt werden. Um einen Kriterienbereich im Arbeitsblatt einzurichten genügt es, die Kopfzeile der Datenbank in einen freien Bereich des Blatts zu kopieren.

Aufgabe: Kopieren Sie die Kopfzeile mit den Feldnamen rechts neben den Datenbankbereich

VORGEHEN: Feldnamen kopieren

- Rufen Sie den Menübefehl *Kopie* und danach den Unterbefehl: *Von* auf.
- Geben Sie im ersten Befehlsfeld den Bereich an, den es zu kopieren gilt: *Z4S1:Z4S9*.
- Geben Sie im zweiten Befehlsfeld die Anfangsadresse des Bereiches an, in den kopiert werden soll: *Z4S12* und schließen Sie das Verfahren mit *<Return>* ab.

Bevor die Datensuche beginnen kann, muß der Kriterienbereich erstellt werden, d.h. es wird analog zum Datenbankbereich der schon tabellarisch eingerichtete Kriterienbereich mit dem reservierten Namen "*Suchkriterien*" benannt. Der Kriterienbereich besteht aus den Feldnamen und einer leeren Zeile darunter, in der später die konkreten Suchkriterien eingetragen werden.

VORGEHEN: Erstellen eines Kriterienbereichs

- Rufen Sie den Befehl: *Name* auf.
- Im ersten Befehlsfeld geben Sie den Text: *Suchkriterien* ein.
- Im zweiten Befehlsfeld geben Sie den Bereich über die Tastatur ein: *Z4:5S12:20* und bestätigen danach mit *<Return>*.

Oder:

- Markieren Sie mit der Maus den Kriterienbereich: Z4:5S12:20 bevor Sie den Menübefehl *Name* aufrufen.

Hiermit ist der Kriterienbereich erstellt worden.

Ähnlich zum Datenbankbereich belegt MULTIPLAN den Kriterienbereich mit dem reservierten Namen: Suchkriterien. Dieser Name darf von daher nicht für andere Zwecke eingesetzt werden. Zudem folgt, daß *höchstens ein aktiver Kriterienbereich* vorhanden sein kann.

Sobald der Datenbankbereich mit dem Namen "Datenbank" und der Kriterienbereich mit dem Namen "Suchkriterien" benannt worden sind, fehlt nur noch die Eingabe der konkreten Suchkriterien selbst, um danach per Menü die Datensuche zu starten.

Aufgabe: Suchen Sie in Ihrer Datenbank die Kunden mit Namen: Maier.

VORGEHEN: Anzeigen der gesuchten Datensätze im Datenbank-Bereich

- Tragen Sie im Kriterien-Bereich unterhalb des Feldnamens: Name (*Z5S13*) das Suchkriterium: *Maier* ein.
- Drücken Sie die Taste *<Pos1>* und rufen die Menübefehle *Pfad Datenbank* auf.
- Wählen Sie die Option *Vorwärts_Suchen*. MULTIPLAN springt in der ersten Spalte auf den ersten - mit dem Kriterium übereinstimmenden - Datensatz in der Datenbank (Zeile 9).
- Mit der *<Pfeiltaste unten>* überprüft MULTIPLAN, ob es noch weitere Datensätze gibt, die mit dem Kriterium übereinstimmen (Zeile 12). Ein Signalton und die Meldung:"*Kein Datensatz gefunden*" zeigt Ihnen, wenn MULTIPLAN keine übereinstimmenden Datensätze mehr findet. Mit *<Pfeiltaste oben>* können Sie wieder zum vorhergehenden übereinstimmenden Datensatz zurückkehren.
- Mit *<Return>* oder *<Esc>* brechen Sie die Suche ab.

Sie können sich die Sache so vorstellen. Das Feld: Name jedes Datensatzes im Datenbestand wird danach überprüft, ob es mit den jeweiligen Eingaben im Kriteriensatz übereinstimmt, und wird dementsprechend bewertet. Datensätze, die mit dem Kriteriensatz übereinstimmen, werden dem Wert 1, für WAHR, zugeordnet. Datensätze, die nicht mit dem Kriteriensatz übereinstimmen, werden dem Wert 0, für FALSCH, zugeordnet. Die Datensuche ergibt sich aus dieser Bewertung: Datensätze mit dem Wert 1 werden ausgewählt, Datensätze mit dem Wert 0 werden ignoriert.

Das Untermenü Pfad Datenbank beinhaltet für das Suchen nach Datensätzen und die Anzeige in der Datenbank zwei verschiedene Optionen:

Pfad Datenbank Vorwärts_Suchen

Pfad Datenbank Rückwärts_Suchen

Befindet sich der Zeiger innerhalb der Datenbank, so sucht MULTIPLAN bei *Vorwärts_Suchen* nach dem ersten übereinstimmenden Datensatz unterhalb des Zeigers; bei *Rückwärts_Suchen* nach dem ersten übereinstimmenden Datensatz oberhalb des Zeigers. Befindet sich der Zeiger außerhalb des Datenbankbereichs, so wählt MULTIPLAN bei *Vorwärts_Suchen* den ersten übereinstimmenden Datensatz der Datenbank aus; bei *Rückwärts_Suchen* den letzten übereinstimmenden Datensatz in der Datenabnk aus.

Mit *<Pfeiltaste oben>* und *<Pfeiltaste unten>* können Sie Schritt für Schritt und mit den Tasten: *<Bild oben>* bzw. *<Bild unten>* jeweils seitenweise in der Datenbank blättern.

7.3.2 Kopieren von gesuchten Datensätzen in einen Ausgabebereich

Mit der Befehlsfolge *Pfad Datenbank Kopieren_Daten* werden alle mit den Suchkriterien übereinstimmenden Datensätze in einen vorweg angezeigten Zielbereich (= Ausgabebereich) nacheinander kopiert.

Geben Sie bitte an diesem Punkt acht: Ein Zielbereich wird eingerichtet - wie der Daten- und Kriterienbereich. Ein Zielbereich wird aber nicht erstellt in dem Sinne, daß er mit einem reservierten Namen belegt wird.

Vorbild eines Zielbereichs ist eine Zeile mit den Feldnamen der Datenbank. Um den Zielbereich so einzurichten, genügt es, die Kopfzeile mit den Feldnamen der Datenbank in einen freien Bereich des Arbeitsblattes zu kopieren. Die Zeilen unterhalb der Namen der jeweiligen Felder der Datenbank sind leer. Der Zielbereich hat die Form einer "leeren Datenbank".

VORGEHEN: Datensuche mit Kopie der gesuchten Datensätze in einem
Zielbereich

- Rufen Sie die Menübefehle *Pfad Datenbank* auf.
- Wählen Sie dann den Unterbefehl *Kopieren_Daten*, geben im Befehlsfeld den Bereich der Feldnamen im eingerichteten Ausgabebereich *Z11S12:20* ein,
- und bestätigen mit *<Return>*.

Oder:

- Mit der Maus markieren Sie vorab die Feldnamenleiste des Ausgabebereichs *Z11S12:20* und rufen danach die Befehlsfolge *Pfad Datenbank Kopieren_Daten* auf. Der Bereich ist bereits richtig eingetragen und kann mit der rechten Maustaste zur Befehlsausführung bestätigt werden.

```
PFAD DATENBANK KOPIEREN_DATEN in Felder: Z11S12:20█

Geben Sie bitte eine Positions- oder Bereichsangabe ein!
Z4S1     "Kdn.-Nr."          ? ! 100% frei  UF          KUNDEN.TAB
```

MULTIPLAN listet diejenigen Sätze der Datenbank, die mit den Suchkriterien übereinstimmen, unterhalb der Feldnamen im Zielbereich auf.

HINWEIS:
> Wenn wie im vorliegenden Beispiel lediglich die Feldnamen als Ausgabebereich bestimmt werden, erstreckt sich der Zielbereich bis zum unteren Rand des Arbeitsblattes. Speichern Sie von daher keine anderen Daten unterhalb des so definierten Zielbereichs oder beschränken Sie ihn erfahrungsgemäß auf eine bestimmte Anzahl von Zeilen. Sollten nicht alle übereinstimmenden Datensätze in diesen beschränkten Zielbereich passen, zeigt dies MULTIPLAN in der Meldungszeile an mit: "Zielbereich ist zu klein"

Löschen von Datensätzen

Auch ohne die Definition eines Zielbereichs wäre es möglich, die gesuchten Datensätze aus der Datenbank zu löschen. Um allerdings sicher zu gehen, daß die gewünschten Datensätze und nicht aus Versehen andere gelöscht werden, sollte eine Überprüfung durch die Ausgabe der gesuchten Datensätze im Zielbereich stattfinden. Das Löschen von Datensätzen, die den Suchkriterien entsprechen, erfolgt danach mit der Befehlsfolge *Pfad Datenbank Löschen_Daten*.

VORGEHEN: Löschen von Datensätzen

- Rufen Sie die Menübefehle *Pfad Datenbank* auf.
- Wählen Sie dann den Unterbefehl *Löschen_Daten*.
- Auf dem Bildschirm erscheint die Meldung: *"J für Löschen, N für Löschen aller Datensätze oder UNTERBRECHEN!"*.

  Wenn Sie "*N*" eingeben, werden ohne Nachfrage alle Datensätze in der Datenbank gelöscht, die mit den Suchkriterien übereinstimmen.

  Geben Sie "*J*" ein, fragt MULTIPLAN vor jedem Datensatz nochmals nach, ob er gelöscht werden soll oder nicht.

  Unterbrechen können Sie das Verfahren mit der Taste *<Esc>*.

7.3.3 Gezielter Zugriff auf Daten - Suchkriterien für präzise Datenbank-Abfragen aufstellen

In diesem Abschnitt wird es primär darum gehen, Suchkriterien so präzise zu formulieren, daß der Zugriff auf jeden gewünschten Datensatz erfolgen kann. Nachdem der Test mit der Datei: KUNDEN.TAB soweit gelungen ist, können wir dazu übergehen, eine größere Anzahl von Datensätzen zu verwalten. Bei dieser Gelegenheit wird wiederholt, wie die drei Bereiche der MULTIPLAN-Datenbank bestimmt werden und Sie lernen darüberhinaus Möglichkeiten kennen, Kriterien- und Zielbereich zu gestalten.

Gestaltung von Kriterien- und Ausgabebereich

Kriterien- und Ausgabebereich wurden bislang durch einfaches Kopieren der Feldnamen der Datenbank in freie Bereiche des Arbeitsblattes eingerichtet. Nun sind beide Bereiche weder daran gebunden, alle Feldnamen der Datenbank aufzuführen, noch ist die Reihenfolge der Feldnamen vorgeschrieben. Bedingung für beide Bereiche ist hingegen, daß die verwendeten Feldnamen bei vergleichenden Suchkriteren - und das sind der überwiegende Teil, wie Sie noch sehen werden - genau übereinstimmen müssen.

Aufgabe: Laden Sie die Datei: *KUNDEN2.TAB* von der beigefügten Diskette. Erstellen Sie einen Datenbank- und Kriterienbereich und tragen als Suchkriterium ein, daß alle Kunden mit Namen: Meier gesucht werden sollen. Richten Sie schließlich einen Zielbereich ein und veranlassen die Suche und Kopie nach übereinstimmenden Datensätzen.

VORGEHEN: Datenbankabfrage

- Laden Sie die Datei: KUNDEN.2.TAB mit den Befehlen: *Übertagen Laden A:KUNDEN2.TAB <Return>*.
- Erstellen Sie den Datenbank-Bereich, indem Sie für den Bereich Z4:52S1:9 den Namen: Datenbank vergeben. Rufen Sie den Befehl *Name* auf, geben: *Datenbank* im ersten Befehlsfeld und den Bereich: *Z4:52S1:9* im zweiten Befehlsfeld ein und veranlassen die Ausführung mit *<Return>*.

```
NAME: Namen eingeben: Datenbank        Bereich: Z4:52S1:9
              Makro: Ja(Nein)   Tastenschlüssel:
Bitte einen Namen eingeben!
Z4S1     "Kdn.-Nr."            ? ! 100% frei  UF         KUNDEN.TAB
```

- Richten Sie einen Kriterienbereich ein, der nur die Feldnamen: *Kdn-Nr., PLZ, Name, Datum und Betrag* enthält. Tragen Sie den ersten Feldnamen im Feld *Z4S15* ein.

```
⊒⌐     15       16       17       18       19        20       21
  1 Kriterienbereich
  2
  3
  4 Kdn-Nr.    PLZ     Name     Datum    Betrag
  5 ▄▄▄▄▄▄
```

- Erstellen Sie den Kriterien-Bereich, indem Sie für den Bereich *Z4:5S15:19* den Namen: Suchkriterien vergeben. Rufen Sie den Befehl *Name* auf, geben: *Suchkriterien* im ersten Befehlsfeld und den Bereich: *Z4:5S15:19* im zweiten Befehlsfeld ein und veranlassen die Ausführung mit *<Return>*.

Die erste Zeile des Kriterienbereichs umfasst die Feldnamen, die zweite vorläufig leere Zeile bleibt den konkreten Suchkriterien vorbehalten.

```
NAME: Namen eingeben: Suchkriterien         Bereich: Z4:5S15:19
         Makro: Ja(Nein)     Tastenschlüssel:
Bitte einen Namen eingeben!
Z5S15                       ?  !  100% frei  UF          KUNDEN3.TAB
```

- Tragen Sie im Feld *Z5S17* das Suchkriterium: *Meier* ein.

- Richten Sie einen Zielbereich mit den Feldnamen: *Kdn-Nr, Name, Ort, Datum, Betrag* ein, in den später die übereinstimmenden Datensätze kopiert werden.

- Veranlassen Sie mit der Befehlsfolge: *Pfad Datenbank Kopieren_Daten* die Suche nach den übereinstimmenden Datensätzen und lassen diese in den Zielbereich *Z11S15:Z11S19* kopieren.

```
PFAD DATENBANK KOPIEREN_DATEN in Felder: Z11S15:19

Geben Sie bitte eine Positions- oder Bereichsangabe ein!
Z14S15                      ?  !  100% frei  UF          KUNDEN3.TAB
```

Im Zielbereich werden Ihnen zwei Datensätze angezeigt, die dem Suchkriterium "Meier" entsprechen.

```
▄    15       16       17       18        19       20    21
  1 Kriterienbereich
  2
  3
  4 Kdn-Nr.   PLZ       Name     Datum      Betrag
  5                     Meier
  6
  7
  8
  9 Ausgabebereich
 10
 11 Kdn-Nr.   Name      Ort      Datum      Betrag
 12  1669     Meier     Berlin   19.4.89    12941,51
 13  5729     Meier     Frankfurt  7.4.89    6423,59
 14 ▬▬▬▬▬▬
```

Abb. 7-2: Suchkriterien mit Zeichenfolgen

Nachdem die Bereiche eingerichtet und erstellt sind und die erste Abfrage erfolgreich war, wenden wir uns den Suchkriterien selbst zu.

MULTIPLAN unterscheidet *vergleichende und berechnete Suchkriterien*. Wir beginnen mit den vergleichenden Suchkriterien, weil mit deren Hilfe die meisten Abfragen gestartet werden können.

Vergleichende Suchkriterien müssen:

- mit einem Feldnamen arbeiten, der identisch ist mit dem Feldnamen der Datenbank.
- ein Wert, eine Formel oder ein Textelement sein oder mit einem Vergleichsoperator beginnen.

Verwenden von Werten als vergleichende Suchkriterien

Aufgabe: Gesucht und kopiert werden sollen alle Datensätze, deren *Betrag über 13000 DM* liegt

```
🖹|      15        16         17         18            19          20      21
    1 Kriterienbereich
    2
    3
    4 Kdn-Nr.    PLZ        Name       Datum         Betrag
    5                                               )13000
    6
    7
    8
    9 Ausgabebereich
   10
   11 Kdn-Nr.    Name        Ort        Datum         Betrag
   12  2971    Fürstenberg Düsseldorf    16.4.89      13543,45
   13  3114    Peters      Berlin         7.4.89      13109,58
   14  6932    Voigt       Köln           3.4.89      13198,83
   15  5619    Nimmersatt  Berlin        27.4.89      14394,65
   16  5338    Baiersdorf  Köln           3.4.89      14404,65
   17
```

Abb. 7-3: Suchkriterien mit Werten

HINWEIS:
    Ein altes Suchkriterium wird entweder überschrieben oder radiert (Befehl Radieren), weil
    es sonst zusammen mit dem neuen wirksam bleibt (vgl. UND-Verknüpfungen).

Aufgabe: Gesucht und kopiert werden sollen alle Datensätze, deren *Betrag
            unter 100 DM* liegt

```
🖹|      15        16         17         18            19          20      21
    1 Kriterienbereich
    2
    3
    4 Kdn-Nr.    PLZ        Name       Datum         Betrag
    5                                               <100
    6
    7
    8
    9 Ausgabebereich
   10
   11 Kdn-Nr.    Name        Ort        Datum         Betrag
   12  4123    Engelhardt  Berlin       16.4.89        82,96
   13  7336    Schürholz   Hamburg       3.4.89        50,43
   14
```

Abb. 7-4: Suchkriterium mit Wert

Bei vergleichenden Suchkriterien wird immer Text mit Text verglichen - auch wenn es zunächst nicht den Anschein hat. Den vergleichenden Operatoren liegt eine alphabetische Reihenfolge zugrunde. Dieses spezielle Alphabet ist der ASCII-Code (Standard Code of Information Interchange). Der ASCII-Code ordnet jedem Zeichen, also auch den Ziffern 0,1,2,3, .. ,9, eine Ziffer zu. Es wird folgenderweise verglichen:

Zu vergleichen:	1 < 2
ASCII-Code der Ziffer "1":	49
ASCII-Code der Ziffer "2":	50
Verglichen wird:	49 < 50
Ergebnis:	WAHR.

Unter die Kategorie, Werte in Suchriterien zu verwenden, fällt auch die Suche nach Datumswerten. Erinnern Sie sich bitte daran, daß MULTIPLAN über eine Datumsarithmetik verfügt, die mit seriellen Datums-Zahlen arbeitet.

Im unteren Beispiel wird das Suchkriterium =DATUM(89;4;23) verglichen mit dem Datum des ersten Datensatzes: 24.4.89. Es werden verglichen die seriellen Zahlen: 32621 = 32622.

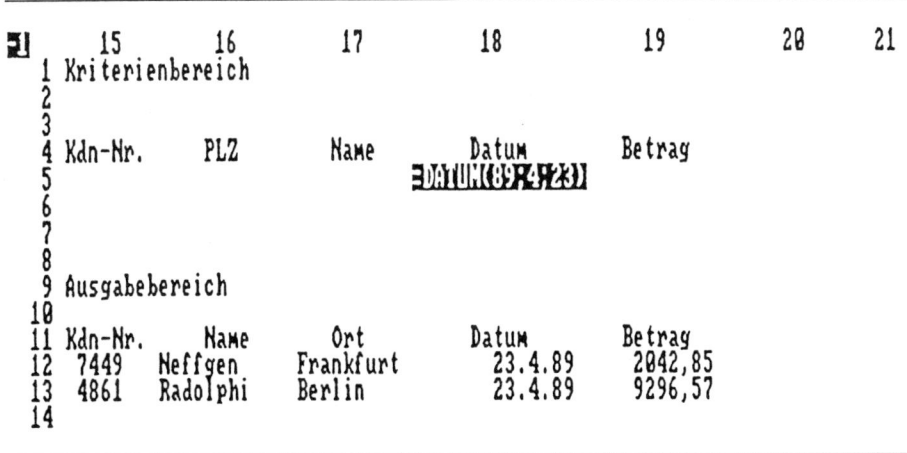

Abb. 7-5: Suchkriterium mit Datum

Verwenden von Text in vergleichenden Suchkriterien

Werden Texte in Suchkriterien verwendet, werden diese nach dem gleichen Verfahren verglichen wie Werte. Zwei Unterschiede sind zu vermerken:

1)   Verwendete Texte können nur auf Gleichheit bzw. Ungleichheit unter-
      sucht werden, d.h. nur die zwei Operatoren " = " (gleich) und " < > " (un-
      gleich) kommen zur Anwendung.

2)   Die genauere Textsuche wird nach dem Operatoren mit einem &-Zeichen
      eingeleitet.

Aufgabe: Lassen Sie Sich alle Kunden suchen und kopieren, deren *Name:*
                Maier ist.

▇	15	16	17	18	19	20	21
1	Kriterienbereich						
2							
3							
4	Kdn-Nr.	PLZ	Name	Datum	Betrag		
5			=&Maier				
6							
7							
8							
9	Ausgabebereich						
10							
11	Kdn-Nr.	Name	Ort	Datum	Betrag		
12	4765	Maier	Bonn	7.4.89	7361,49		
13							
14							

Abb. 7-6: Suchkriterium mit Operator und Zeichenfolge

Das &-Zeichen nach dem Operatoren zeigt, daß es sich bei den folgenden Zeichen um einen Text handelt. Die Datensätze werden nach diesem spezifizierten
Suchkriterium verglichen und nur exakt übereinstimmende Datensätze werden
kopiert.

Ein häufig anzutreffenden Name wird unterschiedlich geschrieben: Maier,
Meier oder Meyer. Wenn Sie nicht sicher sind, ob Ihr Kunde sich mit einem
"e" oder "a" schreibt, setzen Sie an diese Stelle ein Fragezeichen als Stellvertreterzeichen.

```
█1     15        16        17        18        19        28      21
 1  Kriterienbereich
 2
 3
 4  Kdn-Nr.      PLZ       Name      Datum     Betrag
 5                        ▘M?ier
 6
 7
 8
 9  Ausgabebereich
18
11  Kdn-Nr.      Name      Ort       Datum     Betrag
12  1669      Meier     Berlin      19.4.89   12941,51
13  5729      Meier     Frankfurt    7.4.89    6423,59
14  4765      Maier     Bonn         7.4.89    7361,49
```

Abb. 7-7: Stellvertreterzeichen "?"

Stellvertreterzeichen:

? (Fragezeichen)	Ein einzelnes Zeichen an der gleichen Position wie das Fragezeichen (z.B. M?ier oder M??er).
* (Sternchen)	Eine beliebige Anzahl von Zeichen an der gleichen Position wie das Sternchen.

Sie haben bereits im vorherigen Abschnitt eine Möglichkeit kennengelernt nach Texten zu suchen, ohne das &-Zeichen zu verwenden. Die verwendeten Texte wurden duch den Operatoren wie durch das &-Zeichen exakt verglichen. Verzichtet man auf diese beiden Zeichen, dann werden alle Datensätze daraufhin überprüft, inwieweit die überprüften Felder mit dieser Zeichenfolge beginnen.

Aufgabe: Lassen Sie sich alle Kunden ausgeben, deren *Namen* mit einem *M* beginnt.

```
▐    15      16       17       18        19        20    21
 1 Kriterienbereich
 2
 3
 4 Kdn-Nr.   PLZ      Name     Datum     Betrag
 5                   ▌▬▬▬▬▬▌
 6
 7
 8
 9 Ausgabebereich
10
11 Kdn-Nr.   Name     Ort      Datum     Betrag
12 9275  Martini   Hannover    3.4.89   10213,27
13 4377  Mayer     Hannover   21.4.89    3275,17
14 1669  Meier     Berlin     19.4.89   12941,51
15 5729  Meier     Frankfurt   7.4.89    6423,59
16 9993  Michelsen München    27.4.89    7242,36
17 4765  Maier     Bonn        7.4.89    7361,49
18 7919  Mittellos Breitenach 21.4.89    8704,81
```

Abb. 7-8: Suchkriterium mit Zeichenfolge ohne Operator

UND- und ODER-Verknüpfungen von Suchkriterien

Bislang wurde zur Datensuche lediglich ein Kriterium eingesetzt. Präzise Abfragen bedingen indes Kombinationen von Suchkriterien, die es erlauben, gezielt auf bestimmte Datensätze zuzugreifen. Darunter fallen Abfragen, die zum Beispiel alle Berliner Kunden mit einem Betrag über 13.000 DM suchen lassen Eine UND-Verknüpfung bedeutet: übereinstimmen muß das erste Kriterium (Berlin) und das zweite (>13000). Oder der Zugriff soll auf alle Berliner und Hamburger erfolgen (ODER-Verknüpfung: entweder es stimmt das erste Kriterium (Berlin) oder das zweite (= Hamburg).

Werden in der freien Zeile unterhalb der Feldnamen des Kriterienbereichs zwei Suchkriterien eingetragen, so handelt es sich um eine UND-Verknüpfung. Diese logische Bedingung bewirkt, daß nur diejenigen Datensätze ausgewiesen werden, die beide Suchkriterien erfüllen.

Aufgabe: Lassen Sie sich alle *Berliner Kunden* ausgeben, deren *Betrag über 13000 DM* liegt.

```
▓     15      16      17        18          19       20    21
 1 Kriterienbereich
 2
 3
 4 Kdn-Nr.    PLZ     Name      Datum       Betrag
 5           =1000                         ▓13000▓▓▓▓▓▓
 6
 7
 8
 9 Ausgabebereich
10
11 Kdn-Nr.    Name    Ort       Datum       Betrag
12 3114    Peters    Berlin      7.4.89    13109,58
13 5619    Nimmersatt Berlin    27.4.89    14394,65
14
```

Abb. 7-9: UND-Verknüpfung mit zwei Feldern

Eine andere Weise der UND-Verknüpfung ergibt sich aus der Abfrage mit Suchkriterien *innerhalb eines Feldes*. MULTIPLAN kann in einem Feld keine Suchkriterien verarbeiten, die nach Zwischenbereichen fragen. Zum Bespiel muß für die folgende Abfrage nach Beträgen größer als 11000 und kleiner als 12000 im Kriterienbereich ein weiteres Feld mit dem Namen: *Betrag* (identisch mit dem Feldnamen) eingerichtet werden.

VORGEHEN: Erweitern des Kriterienbereichs

- Geben Sie im Feld *Z4S20* den Namen: *Betrag* ein.
- und erweitern dann den Kriterienbereich, indem Sie den Befehl *Name* aufrufen,
- mit der *<Pfeiltaste unten>* die Liste der vergeben Namen abrufen,
- den Namen: *Suchkriterien* markieren,
- mit *<Tab>* in das nächste Befehlsfeld springen und den Bereich anpassen: *Z4:5S15:20*.
- schließlich mit *<Return>* abschließen.

Aufgabe: Lassen Sie sich alle Kunden ausgeben, deren *Betrag zwischen 11000 DM und 12000 DM* liegt.

```
 ▣     15       16        17        18          19           20       21
 1  Kriterienbereich
 2
 3
 4  Kdn-Nr.     PLZ       Name      Datum       Betrag        Betrag
 5                                              )11000        <12000
 6
 7
 8
 9  Ausgabebereich
10
11  Kdn-Nr.     Name      Ort       Datum       Betrag
12  1117        Wolf      Hamburg   12.4.89     11561,60
13  2289        Balzer    Hamburg    3.4.89     11504,74
14  9991        Grabert   Berlin    25.4.89     11364,79
15  6911        Fleischmann Stuttgart 21.4.89   11695,04
16  5861        Herbst    Düsseldorf 19.4.89    11360,18
```

Abb. 7-10: UND-Verknüpfung; innerhalb eines Feldes

Um eine *ODER-Verknüpfung* zu realisieren, bedarf es der Erweiterung des Kriterienbereichs durch eine weitere Zeile. Die Kriteriensätze werden jeweils in einer Zeile unterhalb der Feldnamen des Kriterienbereichs geschrieben. Beachten Sie bitte den mißverständlichen Unterschied zwischen Sprachgebrauch und logischer Operation. Gesucht werden z.B. alle Berliner *und* Hamburger Kunden, d.h. gesucht werden alle Datensätze, die entweder dem ersten Kriterium entsprechen *oder* dem zweiten.

Damit die logische ODER-Verknüpfung der Suchkriterien wirksam wird, muß vor der Abfrage der Kriterienbereich entsprechend angepasst, d.h. um eine Zeile vergrößert werden (Bereich *Z4:6S15:20*).

Aufgabe: Lassen Sie sich alle Kunden ausgeben, deren *Betrag über 13000 DM und unter 100 DM* liegt.

```
▐▌    15      16      17      18      19       20      21
  1 Kriterienbereich
  2
  3
  4 Kdn-Nr.   PLZ     Name    Datum    Betrag   Betrag
  5                                    >13000
  6                                    ◀100▬▬▬▬▬
  7
  8
  9 Ausgabebereich
 10
 11 Kdn-Nr.   Name       Ort        Datum    Betrag
 12 2971   Fürstenberg Düsseldorf  16.4.89  13543,45
 13 4123   Engelhardt  Berlin      16.4.89     82,96
 14 7336   Schürholz   Hamburg      3.4.89     50,43
 15 3114   Peters      Berlin       7.4.89  13109,58
 16 6932   Voigt       Köln         3.4.89  13198,83
 17 5619   Nimmersatt  Berlin      27.4.89  14394,65
 18 5338   Baiersdorf  Köln         3.4.89  14404,65
```

Abb. 7-11: ODER-Verknüpfung;

HINWEIS:
Wenn Sie die zweite Zeile nicht mehr benötigen und Abfragen ohne ODER-Verknüpfung starten wollen, müssen Sie entweder den Kriterienbereich wieder verkleinern oder einen sogenannten Stopper wie xxx oder zzz einbauen. Wird diese Maßnahme unterlassen und die Zeile bleibt leer, gibt MULTIPLAN alle Datensäzte der Datenbank aus. Der Stopper kann alle möglichen Zeichen enthalten, von denen sicher ausgegangen werden kann, daß sie mit keinem Datensatz übereinstimmen.

```
▐▌    15      16      17      18      19       20      21
  1 Kriterienbereich
  2
  3
  4 Kdn-Nr.   PLZ     Name    Datum    Betrag   Betrag
  5           =1000                    >13000
  6           xxx▬▬▬▬▬
  7
```

Abb. 7-12: ODER-Verknüpfung mit Stopper

Feldbezüge in Suchkriterien verwenden, die außerhalb der Datenbank liegen

Bislang wurden in den Suchkriterien Werte und Texte verwendet. Es ist möglich Feldbezüge einzubeziehen, die sich *außerhalb der Datenbank* befinden. Richten Sie als Beispiel außerhalb der Datenbank ein Feld ein, in das Sie als Stichtag das Datum: 26.4.89 eintragen.

VORGEHEN:

- Bewegen Sie den Feldzeiger zum Feld *ZIS4* und tragen den Text: Stichtag ein.

- Bewegen Sie den Feldzeiger in das rechts liegende Feld *ZIS5* und geben das Datum: 26.4.89 ein.

- Vergeben Sie für das Feld *ZIS5* den Namen "Stichtag", indem Sie den Menübefehl Name aufrufen, den Text: Stichtag im ersten Befehlsfeld eingeben und den Bereich *ZIS5* mit *<Return>* bestätigen.

HINWEIS:
Alle Adressen, die außerhalb der Datenbank liegen müssen absolut adressiert sein !

Aufgabe: Lassen Sie sich alle Kunden ausgeben, deren *Datum nach dem Stichtag liegt.*

```
█|    15        16       17        18          19        20      21
 1 Kriterienbereich
 2
 3
 4 Kdn-Nr.    PLZ      Name       Datum       Betrag     Betrag
 5                               )Stichtag
 6           XXX
 7
 8
 9 Ausgabebereich
10
11 Kdn-Nr.    Name       Ort       Datum      Betrag
12  4729    Gundelech   Köln       27.4.89     789,00
13  7566    Goldbeck    Köln       27.4.89    6402,05
14  4444    Kleinschmidt Düsseldorf 27.4.89  12030,14
15  9998    Scholz      Hannover   27.4.89     205,46
16  9993    Michelsen   München    27.4.89    7242,36
17  5619    Nimmersatt  Berlin     27.4.89   14394,65
18  7224    Hermes      Köln       27.4.89    7073,88
```

Abb. 7-13: Suchkriterium mit einem Feldbezug außerhalb der Datenbank

Berechnete Suchkriterien

Berechnete Suchkriterien sind Formeln, die - auf die Datensätze der Datenbank bezogen - die wahrheitswerte WAHR oder FALSCH ergeben. Im Gegensatz zu den vergleichenden Suchkriterien dürfen die Feldnamen der Datenbank im Kriterienbereich nicht eingesetzt werden.

Für die Lösung mit berechneten Suchkriterien reicht ein Feld aus, nur muß ein neuer, von den Feldnamen der Datenbank unterschiedener vergeben werden und der Kritereienbereich entsprechend vergrößert werden (*Z4:6S15:21*).

7.4 Statistische Auswertungen mit Hilfe von Datenbank-Funktionen

MULTIPLAN stellt Ihnen Funktionen zur Verfügung, mit denen Sie statistische Auswertungen Ihrer Datenbank vornehmen können. So können in kürzester Zeit Fragen nach der Summe, dem Mittelwert oder der Standardabweichung beantwortet werden.

Die allgemeine Schreibweise der Datenbank-Funktionen lautet:

DBFunktionsname(Datenbank;Feld;Suchkriterien)

konkret anhand der Summenfunktion:

DBSUMME;(Datenbank;"Betrag";Suchkriterien)

Die Summenfunktion kennen Sie bereits aus der normalen Tabellenkalkulationsanwendung. Die gleiche Funktion in Bezug auf die Datenbank sieht etwas anders aus. Alle Datenbankfunktionen beginnen mit den beiden Buchstaben: DB. Danach folgt der jeweilige Funktionsname, hier: SUMME. Das erste Argument der Funktion ist der Datenbankbereich, auf den sich die Auswertung bezieht. Da es immer nur einen aktiven Datenbankbereich mit dem reservierten Namen "Datenbank" gibt, trifft dieses Argument für alle Funktionen zu. Das zweite Argument bezieht sich auf das genaue Feld, das ausgewertet werden soll, hier: Betrag. Beachten Sie bitte, daß der Feldname in Anführungsstriche gesetzt werden muß. Dieses Argument wechselt, je nach dem, welche Spalte der Datenbank Sie auswerten wollen. Das dritte Argument bezieht sich auf den Kriterienbereich mit dem reservierten Namen "Suchkriterien". Dieses Argument bleibt für alle Funktionen gleich, weil immer nur ein Kriterienbereich aktiv sein kann. Da der Kriterienbereich das konkrete Suchkriterium enthält, steuert dieses Argument, welche Datensätze ausgewertet werden, z. B. alle Berliner Kunden.

In der folgenden Abbildung sehen Sie die Auswertung der Spalte "Betrag" für alle Berliner Kunden.

```
⌐¶    23      24        25       26      27      28      29
  1 Statistische Auswertung
  2
  3
  4 Datenbank-Funktionen in Bezug auf die Berliner Kunden
  5 ...................................................................
  6
  7 DBSUMME          92.980,92 DM
  8 DBANZAHL                13
  9 DBANZAHL2               13
 10 DBMAX            14.394,65 DM
 11 DBMIN               82,96 DM
 12 DBMITTELWE        7.152,38 DM
 13 DBSTDABW          5.008,36 DM
 14 DBSTDABWN         4.811,88 DM
```

Abb. 7-14: Datenbank-Funktionen

Die Funktionen im einzelnen:

DBSUMME (Datenbank; "Betrag"; Suchkriterien)

>Die Funktion liefert als Ergebnis die Summe der Zahlen im angegebenen Feld derjenigen Datensätze in der Datenbank, die die Suchkriterien erfüllen. Konkret: 92.980,92 DM ist die Summe des Betrages für alle Berliner Kunden.

DBANZAHL (Datenbank; "Betrag"; Suchkriterien)
DBANZAHL2 (Datenbank; "Name"; Suchkriterien)

>Die Funktion *DBANZAHL* liefert als Ergebnis die Anzahl der Zahlen im angegebenen Feld derjenigen Datensätze in der Datenbank, die die Suchkriterien erfüllen. Die verwandte Funktion: *DBANZAHL2* liefert die Anzahl aller nicht leeren Felder in einem bestimmten Feld einer Datenbank.

>Konkret: Die Funktion DBANZAHL ergibt mit dem spezifizierten Feld "Betrag" die richtige Anzahl von 13. Die gleiche Funktion auf das Feld "Name" bezogen, ergäbe ein 0, weil sich in diesem Feld nur Texte befinden und keine Zahlen. Damit Felder, deren Inhalt ein Text ist, mitgezählt werden, verwendet man die Funktion DBANZAHL2. Diese Funktion auf das Feld: "Name" spezifiziert ergibt ein 13.

DBMAX(Datenbank; "Betrag";Suchkriterien)

> Die Funktion liefert als Ergebnis die größte Zahl im angegebenen Feld derjenigen Datensätze in der Datenbank, die die Suchkriterien erfüllen. Konkret: der höhste Betrag in der Berliner Kundschaft beträgt 14.394,65 DM.

DBMIN(Datenbank; "Betrag";Suchkriterien)

> Die Funktion liefert als Ergebnis die kleinste Zahl im angegebenen Feld derjenigen Datensätze in der Datenbank, die die Suchkriterien erfüllen.Konkret: der kleinste Betrag in der Berliner Kundschaft beträgt 82,96 DM.

DBMITTELWERT(Datenbank; "Betrag";Suchkriterien)

> Die Funktion liefert als Ergebnis den Mittelwert der Zahlen im angegebenen Feld derjenigen Datensätze in der Datenbank, die die Suchkriterien erfüllen. Konkret: Die Berliner Kundschaft hat im Durchschnitt einer Betrag von 7.152,38 DM.

DBSTDABW(Datenbank; "Betrag";Suchkriterien)

> Die Funktion liefert durch Schätzung als Ergebnis die Standardabweichung einer Grundgesamtheit anhand einer Stichprobe unter Verwendung der Zahlen im angegebenen Feld derjenigen Datensätze in der Datenbank, die die Suchkriterien erfüllen. Konkret: Die geschätzte Streuung des Betrages der Berliner Kunden beträgt 5.008,36 DM.

DBSTDABWN(Datenbank; "Betrag";Suchkriterien)

> Die Funktion liefert als Ergebnis die Standardabweichung einer vollständigen Grundgesamtheit unter Verwendung der Zahlen im angegebenen Feld derjenigen Datensätze in der Datenbank, die die Suchkriterien erfüllen. Konkret: Die nicht nur geschätzte Standardabweichung in bezug auf die Berliner Kunden beträgt 4.811,88 DM.

Der Vollständigkeit wegen sei vermerkt, daß es weitere Datenbank-Funktionen gibt, die in diesem Beispiel nicht zur Anwednung kommen.

DBPRODUKT(Datenbank;Feld;Suchkriterien)

> Liefert als Ergebnis das Produkt der Zahlen im angegebenen Feld.

DBVARIANZ(Datenbank;Feld;Suchkriterien)

> Schätzt die Varianz einer Grundgesamtheit anhand einer Stichprobe.

DBVARIANZEN(Datenbank;Feld;Suchkriterien)

> Liefert als Ergebnis die Varianz einer Grundgesamtheit.

7.5 Befehls- und Funktionsübersicht

DBANZAHL(Datenbank;Feld;Suchkriterien) gehört zu den Datenbankfunktionen von MULTIPLAN und liefert als Ergebnis die Anzahl der Zahlen im angegebenen Feld in bezug auf die übereinstimmenden Datensätze.

DBANZAHL2(Datenbank;Feld;Suchkriterien) gehört zu den Datenbankfunktionen von MULTIPLAN und liefert als Ergebnis die Anzahl aller nicht leeren Felder im angegebenen Feld in bezug auf die übereinstimmenden Datensätze.

DBMAX(Datenbank;Feld;Suchkriterien) gehört zu den Datenbankfunktionen von MULTIPLAN und liefert als Ergebnis die größte Zahl der Zahlen im angegebenen Feld in bezug auf die übereinstimmenden Datensätze.

DBMIN(Datenbank;Feld;Suchkriterien) gehört zu den Datenbankfunktionen von MULTIPLAN und liefert als Ergebnis die kleinste Zahl im angegebenen Feld in bezug auf die übereinstimmenden Datensätze.

DBMITTELWERT(Datenbank;Feld;Suchkriterien) gehört zu den Datenbankfunktionen von MULTIPLAN und liefert als Ergebnis den Mittelwert der Zahlen im angegebenen Feld in bezug auf die übereinstimmenden Datensätze.

DBSTDABWN(Datenbank;Feld;Suchkriterien) gehört zu den Datenbankfunktionen von MULTIPLAN und liefert als Ergebnis die Standardabweichung einer Grundgesamtheit unter Verwendung der Zahlen im angegebenen Feld in bezug auf die übereinstimmenden Datensätze.

DBSUMME(Datenbank;Feld;Suchkriterien) gehört zu den Datenbankfunktionen von MULTIPLAN und liefert als Ergebnis die

Summe der Zahlen im angegebenen Feld in bezug auf die übereinstimmenden Datensätze.

Ordnen beinhaltet Befehle zum Sortieren nach Spalten und nach Zeilen

Ordnen Zeilen ordnet die Zeilen einer Tabelle nach Sortierschlüsseln, die in Spalten angegeben werden.

Pfad Datenbank enthält Befehle zum Suchen, Kopieren und Löschen von Datensätzen.

Pfad Datenbank Kopieren_Daten sucht nach Datensätzen, die mit den Suchkriterien übereinstimmen und kopiert diese in den angegebenen Ausgabebereich.

Pfad Datenbank Löschen_Daten löscht Datensätze aus der Datenbank, die mit den Suchkriterien übereinstimmen.

Pfad Datenbank Rückwärts_Suchen sucht oberhalb des aktiven Feldes den nächsten Datensatz in der Datenbank, der mit den Suchkriterien übereinstimmt.

Pfad Datenbank Vorwärts_Suchen sucht unterhalb des aktiven Feldes den nächsten Datensatz in der Datenbank, der mit den Suchkriterien übereinstimmt.

8 VERBINDEN VON MULTIPLAN-DATEIEN UND DATENAUSTAUSCH ZWISCHEN MULTIPLAN UND ANDEREN ANWENDERPROGRAMMEN

Im achten Kapitel lernen Sie,

- *wie Daten aus anderen MULTIPLAN-Dateien eingelesen werden können;*
- *wie mit mehreren verbundenen MULTIPLAN-Dateien gearbeitet wird;*
- *mehrere Dateien zu konsolidieren;*
- *einen Datentransfer zwischen MULTIPLAN und anderen Tabellenkalkulations-Programmen vorzunehmen;*
- *Dateien im ASCII-Format zu speichern und einzulesen, sowie Druckdateien für den Datentransfer mit einem Textprogramm zu erstellen.*

Fallbeispiel: Kostenstellenrechnung

Ein Betrieb verteilt die entstandenen Gemeinkosten auf 4 Kostenstellen: Material, Fertigung, Verwaltung und Vertrieb. Jede Kostenstelle enthält eine Aufteilung der Kostenarten für den Monat Januar. In einem Betriebsabrechnungsbogen (BAB) wird die Summe der Gemeinkosten/Januar für jede Kostenstelle erfasst. Nach Kalkulation des Selbskostenpreises werden die Kosten den Erlösen gegenübergestellt und der Bruttogewinn ermittelt.

Solche - auf den ersten Blick für nicht-kaufmännisch versierte Anwender verwickelten Beziehungen - werden mit Hilfe von MULTIPLAN nicht nur lösbar, sondern auch durchschaubar. Als erster Schritt empfiehlt sich, das Problem in einzelne Lösungsabschnitte zu untergliedern.

8.1 MULTIPLAN-Dateien miteinander verbinden und konsolidieren

8.1.1 Auf Daten anderer MULTIPLAN-Dateien zugreifen - Verbinden von Dateien

Aufgabe: Die Summe der Gemeinkosten/Januar soll aus den einzelnen Kostenstellen automatisch in einen Betriebsabrechnungsbogen eingelesen werden. Auf der beigefügten Diskette sind Dateien für die einzelnen Kostenstellen vorbereitet (*MGK.TAB*, *FGK.TAB*, *VWGK.TAB*, *VTGK.TAB*).

HINWEIS:
Eine Musterlösung dieser Aufgabe finden Sie in der Datei BAB1.TAB auf der beigefügten Diskette.

```
 ▟|       1         2       3       4       5       6
  | 1 KOSTENSTELLE MATERIAL
  2
  3
  4 Kostenart            JANUAR  FEBRUAR   MÄRZ
  5 ----------------------------------------------------------
  6 Hilfsstoffe           750,00
  7 Betriebsstoffe        450,00
  8 Hilfslöhne          1.500,00
  9 Gehälter            4.700,00
 10 Soz. Abgaben          150,00
 11 Abschreibungen      1.100,00
 12 Betriebssteuern       800,00
 13 Sonst. Aufwendungen 1.000,00
 14 ----------------------------------------------------------
 15 SUMME_MATERIAL      10.450,00 DM
 16 ----------------------------------------------------------
```

Abb. 8-1: Kostenstelle Material

Im Feld *Z15S3* der Datei *MGK.TAB* sehen Sie die Summe der Gemeinkosten/Material für den Januar berechnet. Im ersten Schritt wird diese Summe in den Betriebsabrechnungsbogen eingelesen werden. Mit den übrigen Kostenstellen, die genauso aufgebaut sind wie die abgebildete Kostenstelle Material, wird ebenso verfahren.Den Betriebsabrechnungbogen finden Sie in der auf der beigefügten Übungsdiskette gespeicherten Datei *BAB.TAB*.

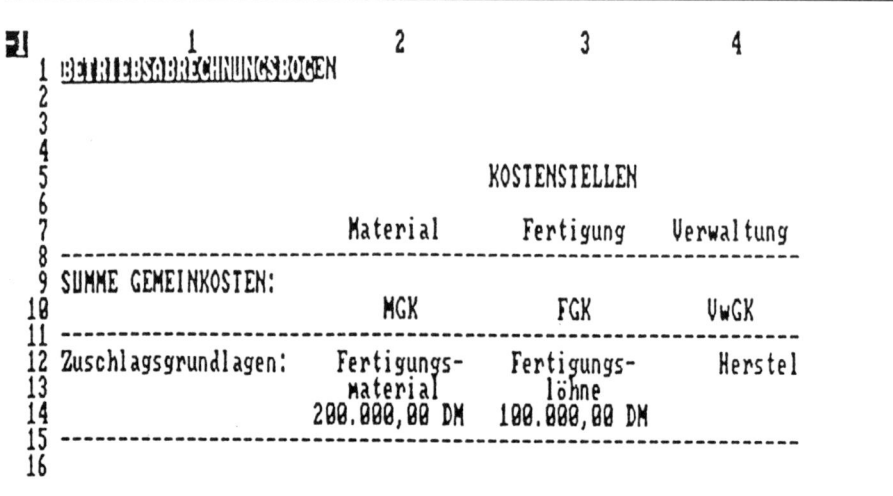

Abb. 8-2: Betriebsabrechnungsbogen

Die Aufgabe besteht also darin, den BAB zu *verbinden* mit jeder Kostenstellendatei, und zwar exakt mit dem Feld *Z15S3*, in dem die Summe der Gemeinkosten gespeichert ist. MULTIPLAN spricht in diesem Zusammenhang von *Quelldateien*, aus denen die Daten stammen (Kostenstelle), und einer Zieldatei, in die sie eingelesen werden (BAB).

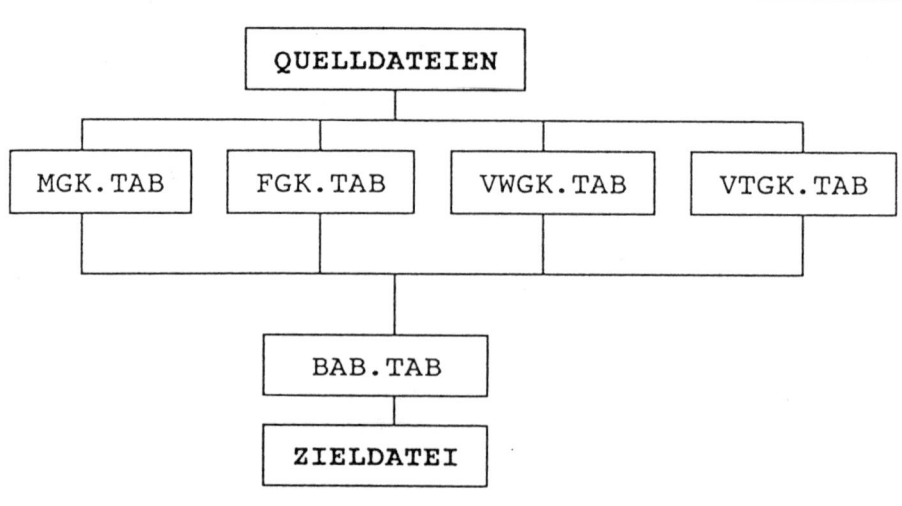

Abb. 8-3: Quell- und Zieldateien

Herstellen einer Verbindung zwischen einer Ziel- und einer Quelldatei

Im folgenden werden wir den Wert des Feldes *Z15S3* in der Datei *MGK.TAB* einlesen in die Datei *BAB.TAB*. Das wäre auf direktem Wege möglich. Sinnvoll ist es, vorab für das Feld *Z15S3* den Namen: *SUMME_MATERIAL* zu vergeben, um später ohne genaue Kenntnis der Adresse auf dieses Feld Bezug nehmen zu können.

VORGEHEN: Namen vergeben

- Laden Sie die Datei MGK.TAB mit der Befehlsfolge *Übertragen Laden* und bewegen den Feldzeiger zum Feld *Z15S1*.
- Vergeben Sie für das Feld den Namen, indem Sie den Menübefehl *Name* aufrufen. Aufgrund der Feldzeigerposition schlägt Ihnen MULTIPLAN den Text "*SUMME_MATERIAL*" bereits vor. Sie können von daher sofort mit der *<Tab>*-Taste zum zweiten Befehlsfeld springen, den Feldzeiger auf das Feld Z15S3 bewegen und die Namensvergabe mit *<Return>* ausführen lassen.
- Speichern Sie die Datei MGK.TAB mit der Befehlsfolge *Übertragen Speichern J*.

Nach dieser Vorbereitung können wir damit beginnen, die Summe der Materialgemeinkosten in den BAB einzulesen. MULTIPLAN stellt für diese Zwecke die Befehle *Xtern Kopie* zur Verfügung.

VORGEHEN: Einlesen von Daten aus einer anderen MULTIPLAN-Datei

- Laden Sie die Datei BAB.TAB mit *Übertragen Laden*. Die Datei MGK.TAB wird dadurch überschrieben.
- Bewegen Sie den Feldzeiger zum Feld *Z9S2*, in das die Summe der Gemeinkosten/Material für den Monat Januar eingelesen werden soll.
- Rufen Sie den Menübefehl *Xtern* auf und wählen den Unterbefehl *Kopie*.
- Im ersten Befehlsfeld wird angegeben, aus welcher *Quelldatei* die Daten eingelesen werden sollen: *MGK.TAB*.
- Das zweite Befehlsfeld fragt ab, welcher Bereich aus der Datei eingelesen werden soll. Die Antwort lautet hier: Z15S3 oder besser und einfacher: Mit *<Pfeiltaste unten>* die Namenliste abrufen, den Namen: *SUMME_MATERIAL* markieren und mit *<Return>* die Verbindung der Datei bestätigen.

- Sie konnten bereits an dieser Stelle bestätigen, weil im dritten Befehlsfeld aufgrund der Feldzeigerposition die richtige Feldadresse vorgeschlagen und im vierten Befehlsfeld bereits die Verbindung mit (*Ja*) voreingestellt war.

```
XTERN KOPIE von Tabelle: MGK.TAB        Bereichsname: SUMME_MATERIAL
             nach: Z9S2                   verbunden: JA Nein
Wählen Sie bitte eine Option oder geben Sie deren Anfangsbuchstaben ein!
Z1S1                           ? ! 100% frei UF              TEMP
```

In das Feld *Z9S2* wird ein unformatierter Wert von 10450 geschrieben: die Summe der Materialgemeinkosten für den Monat Januar aus der Datei MGK.TAB. Wie Sie in der Statuszeile sehen können, vermerkt MULTIPLAN die Verbindung, indem als Inhalt des Feldes *Z9S2* Bereich und Quelldatei angezeigt wird: (*MGK.TAB SUMME_MATERIAL*). Darüber hinaus bietet MULTIPLAN eine Informationsliste über die verbundenen Dateien an.

HINWEISE:

a) Der Befehl Xtern Kopie kopiert Daten nur in leere Felder und zwar unformatiert.

b) Überprüfen läßt sich das Feld Z9S2 mit der im sechsten Kapitel vorgestellten Befehlsfolge Pfad Kontrolle Formeln.

c) Mit der Befehlsfolge Xtern Liste erhalten Sie eine Übersicht über die abhängigen Dateien:

```
----------------------------------------------------

Folgende Tabellen senden Werte an C:\MP\SCHULUNG\BAB.TAB


MGK.TAB


Keine Tabelle sind abhängig von C:\MP\SCHULUNG\BAB.TAB
----------------------------------------------------
```

Die Verbindung der Dateien kann mit keinem der normalen MULTIPLAN-Befehle aufgehoben werden. Das Feld, das die Verbindung hält, wird automatisch geschützt. Testen Sie diesen Schutz, indem Sie versuchen, den Inhalt des Feldes *Z9S2* zu radieren. MULTIPLAN meldet: "*Geschützte Felder dürfen nicht geändert werden! :Z9S2*".

Aufheben können Sie die Verbindung nur, indem Sie über *Xtern Kopie* im Befehlsfeld "*nach:*" den Feldbereich löschen (*<Entf>*-Taste).

```
XTERN KOPIE von Tabelle: MGK.TAB          Bereichsname: SUMME_MATERIAL
          nach: █                    verbunden:(Ja)Nein
Geben Sie bitte die Position eines Felds oder eines Tabellenbereichs ein!
Z9S2      (MGK.TAB SUMME_MATERIAL ?  !  100% frei  UF          BAB.TAB
```

Die Verknüpfung zwischen den Dateien sorgt dafür, daß Veränderungen in der *Quelldatei MGK.TAB* zu Anpassungen in der *Zieldatei BAB.TAB* führen.

Aufgabe: Die Summe der Materialgemeinkosten ist aufgrund zusätzlicher Hilfslöhne um 2.000 DM gestiegen. Die Veränderung soll im BAB übernommen werden.

Bislang beliefen sich die Materialgemeinkosten auf 10.450 DM. Speichern Sie die Datei BAB.TAB und laden die Datei MGK.TAB. Wir nehmen an, daß die Hilfslöhne sich von 1.500 DM auf 3.500 DM erhöht haben. Geben Sie diese Zahl im Feld *Z8S3* ein. Die Summe in Feld *Z15S3* wird automatisch neuberechnet. Speichern Sie die aktualisierte Datei. Rufen Sie nun BAB.TAB auf. MULTIPLAN zeigt Ihnen die aktualisierte Summme der Materialgemeinkosten in Höhe von 12.450 DM im Feld Z9S3 an. Die Verbindung der Dateien führt bei Veränderungen in der Quelldatei zu einer *automatischen Anpassung in der Zieldatei.*

Die Aktualisierung verbundener Dateien muß nicht immer im Interesse des Anwenders liegen. Mit MULTIPLAN ist es möglich, die Werte der Quelldateien lediglich einmal einzulesen, ohne eine dauerhafte Verbindung der Dateien herzustellen. Dazu wird die gleiche Befehlsfolge wie bislang aufgerufen, mit dem Unterschied, daß im Befehlfeld "*verbunden:*" die Antwort auf *(Nein)* eingestellt wird.

```
XTERN KOPIE von Tabelle: MGK.TAB          Bereichsname: SUMME_MATERIAL
          nach: Z9S2                  verbunden: Ja Nein
Wählen Sie bitte eine Option oder geben Sie deren Anfangsbuchstaben ein!
Z9S2      (MGK.TAB SUMME_MATERIAL ?  !  100% frei  UF          BAB.TAB
```

Wenn Sie den Feldinhalt in der Statuszeile überprüfen, werden Sie feststellen, daß auschließlich der Wert ohne eine Verknüpfung angezeigt wird. Wird der Wert aus einer anderen Datei ohne Dateiverbindung eingelesen, bleibt das Feld ungeschützt und kann mit allen MULTIPLAN-Befehlen bearbeitet werden.

Arbeiten mit mehreren verbundenen Dateien

Die gleiche Aufgabenstellung kann auch mit Hilfe einer anderen Technik gelöst werden. MULTIPLAN erlaubt, mehrere Dateien auf dem Bildschirm anzeigen und bearbeiten zu lassen.

VORGEHEN: Mehrere Dateien auf dem Bildschirm anzeigen lassen

- Sie haben die Datei BAB.TAB geladen. Rollen Sie nun den Ausschnitt so, daß die Zeile 6 zur ersten Zeile auf dem Bildschirm wird.

- Bewegen Sie den Feldzeiger auf Zeile 12 und richten einen zweiten waagerechten Ausschnitt ein mit *Ausschnitt Teilen Waagerecht*.

- Laden Sie im zweiten Ausschnitt die Datei MGK.TAB mit *Übertragen Laden*.

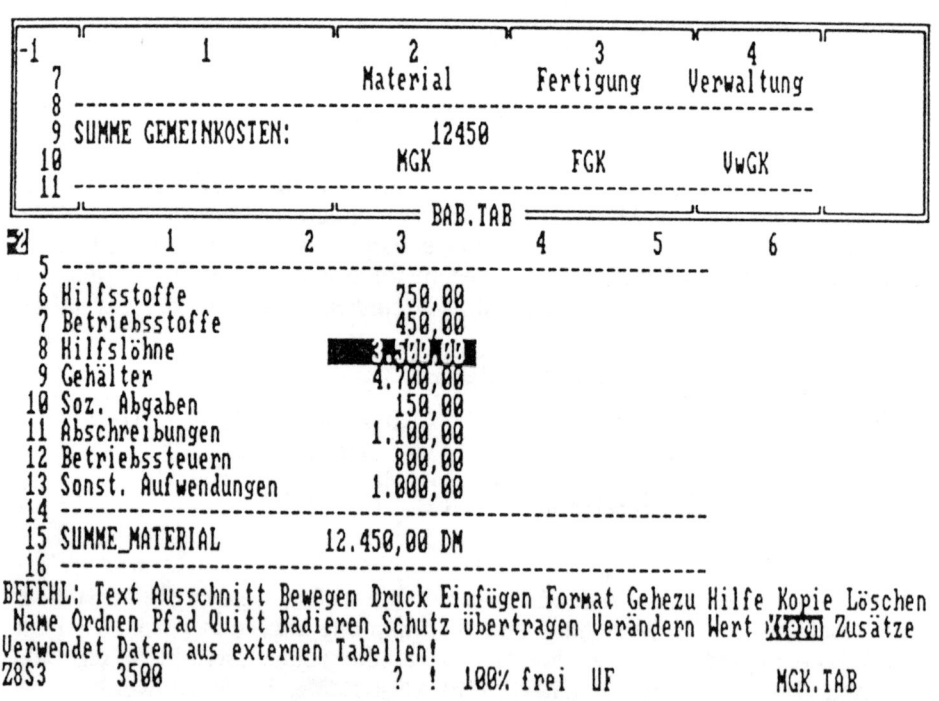

Abb. 8-4: Bildschirm mit zwei Dateien

HINWEIS:
> Mit der Maus können Ausschnitte sehr komfortabel eingerichtet werden. Voraussetzung ist, daß der zu teilende Ausschnitt umrahmt ist (Ausschnitt Umrahmen). Bewegen Sie den Mauszeiger einfach auf den Rahmen und zwar an die Stelle, wo die Teilung erfolgen soll. Drücken Sie dann eine der Maustasten, und der neue Ausschnitt wird eingerichtet.

Nehmen wir nun an, die Sozialabgaben in der Kostenstelle Material seien um 1.850 DM auf 2.000 DM angestiegen.

VORGEHEN: Aktualisieren von verbundenen Dateien

- Bewegen Sie den Feldzeiger im *Ausschnitt -2* zum Feld *Z10S3* und geben die Zahl 2000 ein. Die Summe der Materialgemeinkosten wird sofort neuberechnet und mit 14.300 DM ausgewiesen.

- Versetzen Sie den Feldzeiger mit der Funktionstaste *<F1>* bzw. einem Klick mit der *Maustaste* in den *Ausschnitt -1*.

- Die Aktualisierung erfolgt nicht automatisch, sondern bedarf der Befehlsfolge *Xtern Aktualisieren* oder den Funktionstasten *<Umschalt> + <F6>*. Die neuberechnete Summe der Materialgemeinkosten wird in den BAB eingelesen.

HINWEIS:
> Eine automatische Aktualisierung findet nur statt, wenn - wie gezeigt - die Datei BAB.TAB und MGK.TAB nicht gleichzeitig auf dem Bildschirm angezeigt werden.

Nicht nur die Aktualisierung von zwei bereits verbunden Dateien ist mit dieser Technik lösbar. Zwei oder mehrere Dateien auf dem Bildschirm erlauben eine direktere Bearbeitung auch im Hinblick auf die *Verbindung von Dateien*. Anhand der Kostenstelle Fertigung wird das gesamte Verfahren vorgeführt.

Aufgabe: Die Summe der Fertigungsgemeinkosten (Datei *FGK.TAB*, Feld *Z15S3*) soll in den Betriebsabrechnungsbogen (Datei *BAB.TAB*, Feld *Z9S3*) eingelesen werden.

VORGEHEN: Verbinden von mehreren Dateien am Bildschirm

- Rollen Sie den *Ausschnitt -2* so, daß die Zeile 6 zur ersten Zeile und die Spalte 3 zur ersten Spalte des Ausschnitts wird.

- Bewegen Sie den Feldzeiger auf die Spalte 4 und richten einen neuen - dieses Mal senkrechten - Ausschnitt ein mit *Ausschnitt Teilen Senkrecht*.

- Laden Sie mit *Übertragen Laden* die Datei *FGK.TAB* in den neuen *Ausschnitt -3*.

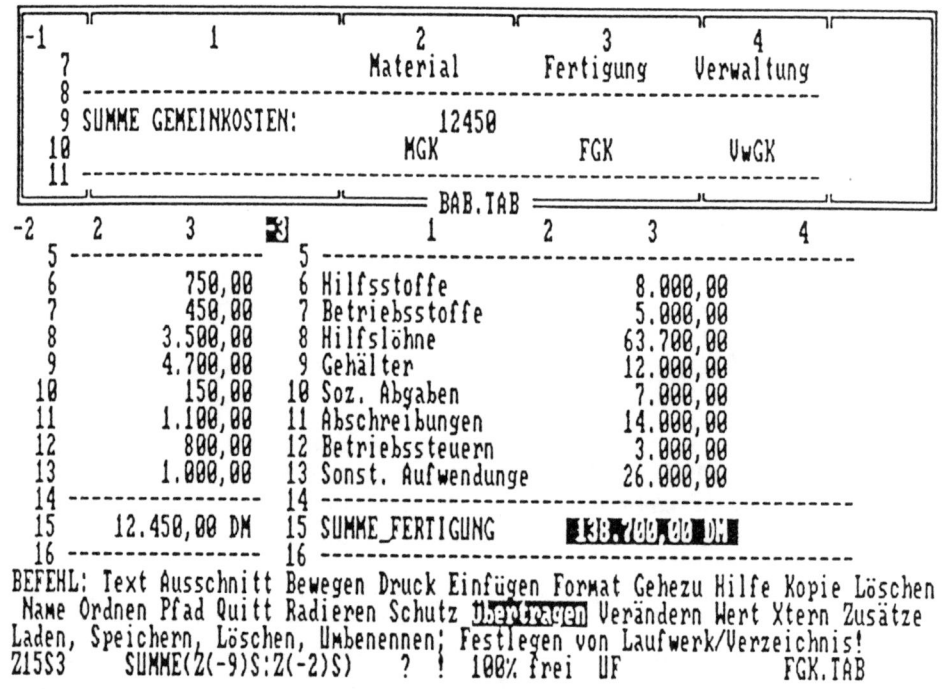

```
 -1        1            2          3          4
     7                Material  Fertigung  Verwaltung
     8   ---------------------------------------------
     9  SUMME GEMEINKOSTEN:      12450
    10                 MGK         FGK        UwGK
    11   ============================================
                           BAB.TAB
 -2   2     3      3          1        2         3         4
     5  ----------------  5 ------------------------------------
     6        750,00      6 Hilfsstoffe         8.000,00
     7        450,00      7 Betriebsstoffe      5.000,00
     8      3.500,00      8 Hilfslöhne         63.700,00
     9      4.700,00      9 Gehälter           12.000,00
    10        150,00     10 Soz. Abgaben        7.000,00
    11      1.100,00     11 Abschreibungen     14.000,00
    12        800,00     12 Betriebssteuern     3.000,00
    13      1.000,00     13 Sonst. Aufwendunge 26.000,00
    14  ----------------  14 ------------------------------------
    15     12.450,00 DM  15 SUMME_FERTIGUNG    138.700,00 DM
    16  ----------------  16 ------------------------------------
BEFEHL: Text Ausschnitt Bewegen Druck Einfügen Format Gehezu Hilfe Kopie Löschen
  Name Ordnen Pfad Quitt Radieren Schutz Übertragen Verändern Wert Xtern Zusätze
Laden, Speichern, Löschen, Umbenennen; Festlegen von Laufwerk/Verzeichnis!
Z15S3     SUMME(Z(-9)S:Z(-2)S)    ? !  100% frei   UF           FGK.TAB
```

Abb. 8-5: Verbinden mehrerer Dateien am Bildschirm

- Vergeben Sie für das Feld *Z15S3* den Namen "SUMME_FER-TIGUNG". Bewegen Sie den Feldzeiger zum Feld *Z15S1* und rufen den Menübefehl *Name* auf. Akzeptieren Sie den bereits eingetragenen Namen, indem Sie gleich mit *<Tab>* zum nächsten Befehlsfeld übergehen. Markieren Sie entweder das Feld *Z15S3* mit der Maus oder bewegen den Zeiger mit der *<Pfeiltaste rechts>* um zwei Felder nach rechts. Lassen Sie die Namensvergabe mit *<Return>* ausführen.

- Springen Sie mit der Funktionstaste *<F1>* zum *Ausschnitt -1*, in dem der BAB angezeigt wird. Mit der *Maus* aktivieren Sie den Ausschnitt durch ein Klicken mit der Maustaste.

- Bewegen Sie den Feldzeiger zum Feld *Z9S3* und stellen Sie die Verbindung her mit den Menübefehlen *Xtern Kopie*. Im ersten Befehlsfeld geben Sie die Quelldatei *FGK.TAB* ein, im zweiten lassen Sie sich die Namen mit einer der Pfeiltasten auflisten und wählen "*SUMME_FERTIGUNG*". Akzeptieren Sie auch die beiden letzten Befehlsfelder mit *<Return>*.

Wenden Sie zu Übungszwecken das gleiche Verfahren in Bezug auf das Einlesen der Summe der Verwaltungs- und Vertriebsgemeinkosten an. In Abb. 8-6 können Sie das Ergebnis vergleichen.

```
┌─────┬───────────────────┬──────────┬──────────┬──────────┬──────────┐
│ ▄▌  │        1          │    2     │    3     │    4     │    5     │
│  7  │                   │ Material │ Fertigung│Verwaltung│ Vertrieb │
│  8  │ ----------------------------------------------------------------│
│  9  │ SUMME GEMEINKOSTEN:│   12450  │  138700  │   55740  │ ▓▓▓▓▓▓▓  │
│ 10  │                   │   MGK    │   FGK    │   VwGK   │   VtGK   │
│ 11  │ ----------------------------------------------------------------│
└─────┴───────────────────┴──────────┴──────────┴──────────┴──────────┘
                          ════════ BAB.TAB ════════
-2      3       -3       3        -4    2      3      -5        3
   5 ------------   5 --------------   5 ---------------   5 --------------
   6      750,00    6    8.000,00      6    2.000,00       6     2000,00
   7      450,00    7    5.000,00      7      540,00       7      450,00
   8    3.500,00    8   63.700,00      8    1.200,00       8    60000,00
   9    4.700,00    9   12.000,00      9   30.000,00       9     7000,00
  10      150,00   10    7.000,00     10    6.000,00      10     1000,00
  11    1.100,00   11   14.000,00     11    5.000,00      11     1000,00
  12      800,00   12    3.000,00     12    2.000,00      12      700,00
  13    1.000,00   13   26.000,00     13    9.000,00      13     7000,00
  14 ------------  14 --------------  14 ---------------  14 --------------
  15 12.450,00 DM  15 138.700,00 DM   15 55.740,00 DM     15 79.150,00 DM
  16 ------------  16 --------------  16 ---------------  16 --------------
BEFEHL: Text Ausschnitt Bewegen Druck Einfügen Format Gehezu Hilfe Kopie Löschen
 Name Ordnen Pfad Quitt Radieren Schutz Übertragen Verändern Wert ▓Xtern▓ Zusätze
Verwendet Daten aus externen Tabellen!
Z9S5        (VTGK.TAB Z15S3)        ? !  100% frei   UF          BAB.TAB
```

Abb. 8-6: Eingelesene Werte aus 4 Quelldateien

Überprüfen Sie die von Ihnen hergestellten Verbindungen mit *Xtern Liste*.

8.1.2 Daten aus mehreren Dateien zusammenfassen - Konsolidieren von Dateien

Machen wir einen kleinen inhaltlichen Sprung und unterstellen, die Ist-Gemeinkostenzuschläge seien ermittelt und Herstellkosten und Selbstkosten kalkuliert. Von Interesse für unseren Betrieb bleibt ein Abgleich der Kosten mit den Erlösen.

Aufgabe: Stellen Sie die ermittelten Kosten den in der Datei: *GEWINN.TAB* gespeicherten Erlösen gegenüber und geben Sie die nötigen Formeln zur Berechnung des Bruttogewinns ein.

HINWEIS:
Eine Musterlösung für diese Aufgabe finden Sie in der Datei GEWINN1.TAB auf der beigelegten Diskette.

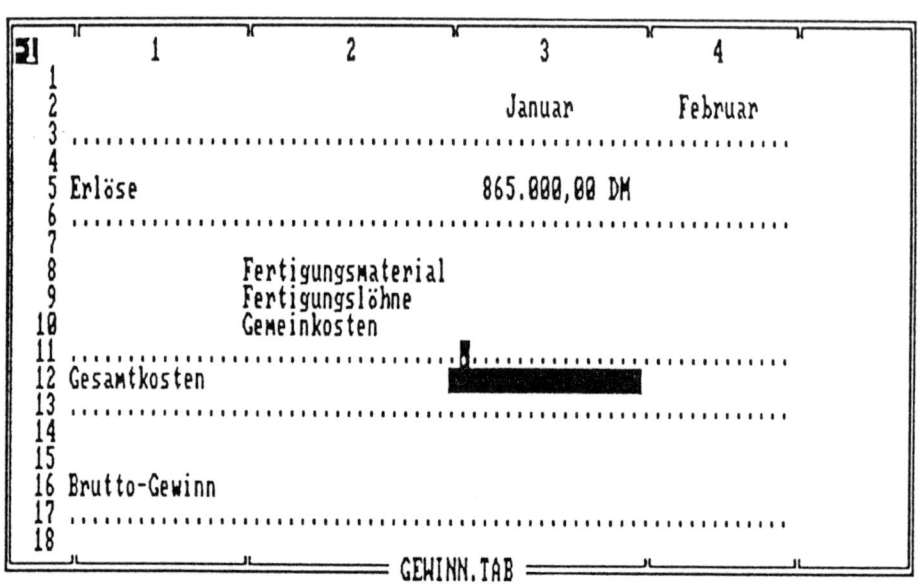

Abb. 8-7: Konsolidierung von Dateien

Der Abbildung 8-7 können Sie die notwendigen Bezüge entnehmen. Mit 865.000 DM wurden die Erlöse bereits eingetragen. Fertigungsmaterial, Fertigungslöhne und die Summe der Gemeinkosten aus allen 4 Kostenstellen müssen hingegen noch aus der Datei BAB.TAB eingelesen werden. Bereiten wir die Datei BAB.TAB auf diesen Datentransfer vor, indem wir für die Felder Z14S2 und Z14S3 Namen vergeben.

> *Name:* F_Material   *Bereich:* Z14S2
> *Name:* F_Löhne   *Bereich:* Z14S3

Speichern Sie danach die Dateien mit: *Übertragen Speichern* und Löschen den gesamten Bildschirm: *Übertragen Bildschirmlöschen Gesamt.* Sollten Sie die Sicherung Ihrer Dateien vergessen haben, fragt MULTIPLAN zur Sicherheit nochmals nach, ehe der Bildschirm gelöscht wird.

Laden Sie nun die Datei *GEWINN.TAB* von der Übungsdiskette oder geben Sie die Tabelle entsprechend der Abbildung 8-7 ein.

Im ersten Schritt lesen Sie in die Felder *Z8S3* und *Z9S3* aus der Datei BAB.TAB die Werte für Fertigungsmaterial und Fertigungslöhne ein. Das Verfahren kennen Sie bereits.

VORGEHEN: Einlesen von Werten

- Bewegen Sie den Feldzeiger zum Feld *Z8S3* und geben die Befehlsfolge ein *Xtern Kopie*.
- Im ersten Befehlsfeld geben Sie die Quelldatei *BAB.TAB* ein. Im zweiten Befehlsfeld rufen Sie mit einer der Pfeiltasten die Namensliste ab, markieren den Feldnamen "*F_Material*" und bestätigen die Verbindung mit *<Return>*.
- Bewegen Sie den Feldzeiger nach unten zum Feld *Z9S3* und rufen wieder die Befehle auf *Xtern Kopie*.
- Die Datei BAB.TAB ist bereits im ersten Befehlsfeld vorgeschlagen und kann von Ihnen übernommen werden, indem Sie mit *<Tab>* zum nächsten Befehlsfeld springen.
- Rufen Sie wieder mit der Pfeiltaste die Namensliste ab, markieren den Feldnamen "*F_Löhne*" und schließen mit *<Return>* ab.

Nachdem die Werte für Fertigungsmaterial und -löhne eingelesen worden sind, können den einzelnen Kostenstellen die Gemeinkosten entnommen werden. Im Feld *Z10S3* sollen die Gemeinkosten aller Kostenstellen kumuliert, d.h. nacheinander eingelesen und addiert werden. Dazu steht Ihnen die Befehlsfolge *Xtern Gesamt* zur Verfügung, mit der Sie die Addition der einzelnen Werte aus den verschiedenen Dateien bewerkstelligen können.

VORGEHEN: Konsolidieren von Dateien

- Bewegen Sie den Feldzeiger zum Feld *Z10S4*.
- Rufen Sie die Menübefehle *Xtern Gesamt* auf.
- Im ersten Befehlsfeld "*von Tabelle:*" geben Sie die erste Datei *MGK.TAB* an, aus der Werte eingelesen werden sollen.
- Im zweiten Befehlsfeld: "Bereichsname:" rufen Sie mit der Pfeiltaste die Namensliste auf und wählen "*SUMME_MATERIAL*".
- Sie können mit *<Return>* die Ausführung starten, weil die Feldadresse im dritten Befehlsfeld aufgrund der Feldzeigerposi-

tion stimmt und die Operation im vierten Befehlsfeld bereits mit (+) als Addition eingestellt ist.

```
XTERN GESAMT von Tabelle: MGK.TAB          Bereichsname: SUMME_MATERIAL
              Beginn bei: Z10S4                 Operation: + - * /
Wählen Sie bitte eine Option oder geben Sie deren Anfangsbuchstaben ein!
Z12S3                            ? ! 100% frei UF            GEWINN.TAB
```

- Wiederholen Sie die gleichen Befehle für die Datei *FGK.TAB* und den Bereich *"SUMME_FERTIGUNG"*, die Datei *VWGK.TAB* und den Bereich *"SUMME_VERWALTUNG"*, die Datei VTGK.TAB und den Bereich *"SUMME_VERTRIEB"*.

Berechnen Sie zum Schluß noch die Gesamtkosten mit der Formel: SUMME(Z(-4)S:Z(-2)S) und den Brutto-Gewinn mit der Formel: Z(-11)S-Z(-4)S.

Der Befehl *Xtern Liste* gibt die unten abgebildeten Verbindungen aus, woraus ersichtlich wird, daß die Datei BAB.TAB sowohl als Ziel- wie als Quelldatei fungiert.

```
-----------------------------------------------------
Folgende Tabellen senden Werte an C:\MP\SCHULUNG\BAB.TAB

MGK.TAB
FGK.TAB
VWGK.TAB
VTGK.TAB


Folgende Tabellen sind abhängig von C:\MP\SCHULUNG\BAB.TAB

C:\MP\SCHULUNG\GEWINN.TAB
-----------------------------------------------------
```

8.2 Datenaustausch zwischen MULTIPLAN und anderen Anwenderprogrammen

Im folgenden lernen Sie die Möglichkeiten von MULTIPLAN kennen, Daten von anderen Anwenderprogrammen einzulesen und Daten für andere Anwenderprogramme bereitzustellen. Über die Menü-befehle *Übertragen Optionen* können Sie Dateiformate vorgeben, die als Mittler den Datentransfer zwischen MULTIPLAN und anderen Tabellenkalkulationsprogrammen, Textprogrammen und Datenbankprogrammen ermöglichen. Komfortabler eingerichtet ist der Datenaustausch zwischen MULTIPLAN und WINDOWS-Anwenderprogramme eine Perspektive für künftige übergreifende Lösungen.

Beschrieben wird das Verfahren des Datentransfers, nicht die Weiterverarbeitung mit den jeweiligen Programmen.

8.2.1   Datenaustausch mit anderen Tabellenkalkulationsprogrammen - Dateiformate: "Normal" und "Fremd"

Wie Daten zwischen Tabellenkalkualtionsprogrammen verschiedener Software-Anbieter ausgetauscht werden können, wird im folgenden anhand der Anwenderprogramme: LOTUS 1-2-3, SYMPHONY und MICROSOFT EXCEL beschrieben.

Datenaustausch zwischen MULTIPLAN und LOTUS

Zwischen den Programmen LOTUS 1-2-3 und SYMPHONY besteht in bezug auf den Datenaustausch mit MULTIPLAN kein Unterschied. Zum Test steht Ihnen die Vereinsrechnung aus dem zweiten Kapitel dieses Buches als LOTUS-Datei im WK1-Format auf der beigefügten Übungsdiskette zur Verfügung (*VEREIN.WK1*).

LOTUS-Dateien können Sie mit MULTIPLAN, Version 4.0 mit "*Übertragen Laden*" einlesen, ohne andere Voreinstellungen zu treffen.

Der Großteil der Daten wird ohne Probleme in das MULTIPLAN-Arbeitsblatt übertragen. Bis auf wenige Ausnahmen werden die *Funktionen* übersetzt. Kann eine Formel nicht übersetzt werden, überträgt MULTIPLAN den Wert. *Feldinhalte*, die über eine Spalte hinausgehen, werden bei LOTUS standardmäßig vollständig angezeigt. Bei MULTIPLAN muß das mit dem *Formatcode* @[Zusammen] nachgeholt werden.

Auf zwei prinzipielle Einschränkungen der Übertragung ist hinzuweisen:

• Das LOTUS-*Arbeitsblatt* verfügt über mehr Spalten und Zeilen als das MULTIPLAN-Arbeitsblatt. Alle Feldinhalte aus Spalten, die über 255 und Zeilen, die über 4095 hinausgehen, werden nicht übertragen.

• LOTUS-*Makros* werden nicht übersetzt. Sie werden lediglich als Text in das Arbeitsblatt geschrieben.

Zur Übertragung einer MULTIPLAN-Tabelle in das LOTUS-Arbeitsblatt muß vor der Speicherung ein besonderes Dateiformat eingestellt werden. Mit *Übertragen Optionen Format Fremd* stellen Sie ein Dateiformat ein, daß es LOTUS ermöglicht, MULTIPLAN -Daten einzulesen.

```
ÜBERTRAGEN OPTIONEN Format: Normal Symbolisch Fremd ASCII
  Laufwerk/Inhaltsverzeichnis: C:\MP\SCHULUNG    Bereich: Z1:4095
Wählen Sie bitte eine Option oder geben Sie deren Anfangsbuchstaben ein!
Z12S3                         ?  !  100% frei  UF           GEWINN.TAB
```

Datenaustausch zwischen MULTIPLAN und EXCEL

Für EXCEL gilt im Prinzip das Gleiche, was für LOTUS in bezug auf den Datenaustausch mit MULTIPLAN gesagt wurde. XLS-Dateien sind direkt einlesbar, allerdings mit dem Nachteil, daß Umlaute im Normal-Format nicht umgesetzt werden. Vorteilhafter ist es, EXCEL-Dateien im SYLK-Format (Format Symbolisch) abzuspeichern und in MULTIPLAN einzulesen.

Eine Besonderheit stellen einige Formate von EXCEL dar. MULTIPLAN gibt während des Datentransfers die Meldung aus: *"Format kann nicht hinzugefügt werden"*. In solchen Fällen reicht es, normale MULTIPLAN-Zahlenformate zu wählen, um die korrekt übertragenen Feldinhalte als solche anzeigen zu lassen.

Nicht immer ist der Datentransfer zwischen Anwenderprogammen so komfortabel gelöst wie in den beschriebenen Fällen. Wenn MULTIPLAN Daten von anderen Progammen nicht direkt einlesen kann, hilft oft eine Vermittlung über das ASCII-Format. Dieses Dateiformat, das als Mittler zwischen vielen Programmen dient, wird im folgenden anhand des Datenaustauschs mit einem Textprogramm konkret behandelt.

8.2.2 Datenaustausch zwischen MULTIPLAN und Textprogrammen - Dateiformat: "ASCII" und Druckdatei

In der Praxis ist häufig der Wunsch anzutreffen, die fertiggestellten Tabellen mit einem Dokument zu verknüpfen, das mit Hilfe eines Textprogramms erstellt wurde. Sie haben mit MULTIPLAN zwei Möglichkeiten, Ihre Tabelle in einem Dateiformat abzuspeichern, das von einem Textprogramm gelesen werden kann.

Die Tabelle im ASCII-Format speichern

Damit die Tabelle im ASCII-Format gespeichert werden kann, muß vorab die entsprechende Option eingestellt werden mit *Übertragen Optionen Format ASCII*.

```
ÜBERTRAGEN OPTIONEN Format: Normal Symbolisch Fremd ASCII
   Laufwerk/Inhaltsverzeichnis: C:\MP\SCHULUNG    Bereich: Z1:4095
Wählen Sie bitte eine Option oder geben Sie deren Anfangsbuchstaben ein!
Z12S3                              ? ! 100% frei  UF          GEWINN.TAB
```

Anschließend kann die Datei mit *Übertragen Speichern* gesichert werden. Neu im Menü dieser Befehlsfolge ist das Befehlsfeld *"Abgrenzung: ^t"*. Das Zeichen ^t steht für den Tabulator als Abgrenzungszeichen (^l steht für die Leertaste). Wenn das Textprogramm die Tabelle einliest, werden die Abgrenzungen zwischen den MULTIPLAN-Feldern umgesetzt in Text-Tabulatoren.

Für einen Test finden Sie auf der Übungsdiskette die Datei *VEREIN.ASC*, die als ASCII-Datei gespeichert wurde.

Die Tabelle als Druckdatei speichern

Um MULTIPLAN-Tabellen speziell in eine Textdatei zu integrieren, bietet sich noch eine andere Möglichkeit. Im Normal-Format können sie über die Befehle *Druck Platte/Diskette* eine Datei erzeugen, die von Textsystemen wie WORD direkt gelesen werden kann. Im Kapitel 3 haben Sie bereits gelernt, wie beim Ausdruck von Tabellenbereichen zu verfahren ist. Gehen Sie genauso vor, wenn Sie eine Druckdatei herstellen. Über die Befehle *Druck Optionen Bereich* definieren Sie als Erstes den zu übertragenden Tabellenbereich. Zur Vorbereitung der Tabelle für den Datenaustausch zählt auch die Einstellung der Randbegrenzungen. Über die Befehle *Druck Randbegrenzung* könnnen Sie die Seitenlänge für Ihre Tabelle bestimmen. Zählt Ihre Tabelle zum Beispiel 14 Zeilen und geben Sie als oberen und unteren Rand jeweils 2 Zeilen ein, beträgt die Seitenlänge 18 Zeilen. Den linken Rand stellen Sie auf 0 ein, damit die Tabelle mit dem linken Schreibanfang des Textes übereinstimmt. Sollte Ihre Tabelle über die normale Breite von 83 Zeichen hinausgehen, stellen Sie mit *Druck Randbegrenzung Breite* 132 Zeichen als Druckbreite ein. Ansonsten könnte es passieren, daß der Übertrag unvollständig wird.

Zum Schluß rufen Sie die Befehle auf *Druck Platte/Diskette*, geben den *Dateinamen* ein und lösen mit *<Return>* den Übertrag aus.

Auf der Übungsdiskette steht Ihnen zu Testgründen die Druckdatei *VEREIN.PRN* zur Verfügung. Wenn Sie diese Datei zum Beispiel in WORD einlesen, reicht es, den Schriftgrad auf 8 zu verkleinern, um die vollständige Tabelle anzeigen zu lassen.

Dateien im ASCII-Format einlesen

Der umgekehrte Weg ist mit MULTIPLAN ebenfalls möglich. Geht Ihr Interesse dahin, mit einem Textsystem geschriebene Daten in MULTIPLAN einzulesen, stellen Sie als Erstes wieder das Dateiformat ASCII ein mit *Übertragen Optionen Format ASCII*.

Wählen Sie danach wie gewohnt die Befehle *Übertragen Laden*. Sollten Sie vergessen haben, die ASCII-Option einzustellen und dennoch den Versuch unternehmen, eine ASCII-Datei zu laden, gibt MULTIPLAN die Meldung aus: *"Fehler im Dateiformat oder keine Multiplan-Datei"*. Haben Sie die richtige Einstellung vorgenommen, erhalten Sie veränderte Befehlsfelder im *Übertragen*-Menü

```
ÜBERTRAGEN LADEN Dateiname:                    in: Z12S3
Zahlen:(Ja)Nein    Abfragen:(Ja)Nein    Abgrenzungen: ^l;^t
Bitte geben Sie einen Dateinamen ein oder wählen Sie einen!
Z12S3                        ? ! 100% frei  UF            GEWINN.TAB
```

MULTIPLAN interpretiert alle zu übertragenden numerischen Daten als Wert, vorausgesetzt, Sie beantworten das Befehlsfeld: *"Zahlen:"* mit *(Ja)*. Im anderen Fall werden numerische Werte als Texte übertragen, wie auch Datumsformate, die nicht den MULTIPLAN-Standardformaten entprechen. Währungzeichen, Prozentzeichen und wissenschaftliche Zeichen werden von MULTIPLAN beim Übertrag erkannt.

Im Befehlsfeld *"Abfragen:"* können Sie einstellen, ob MULTIPLAN belegte Felder ungefragt überschreibt oder jedes Mal zunächst anfragt mit der Meldung: *"Geben Sie bitte J ein, um die Daten in diesem Feld zu überschreiben:"* mit anschließender Feldadresse.

Im Befehlsfeld *"Abgrenzung:"* geben Sie an, welche Zeichen MULTIPLAN zur Abgrenzung einsetzt, um die Aufteilung des Übertrags in die einzelnen Felder vorzunehmen. Wählen Sie zum Beispiel den Tabulator als Abgrenzungszeichen, so wird jeder im Text gesetzte Tabulator in eine Feldabgrenzung transferiert.

HINWEIS:
Durch das symbolische Dateiformat (SYLK-Format) kann man MULTIPLAN-Tabellen auch mit anderen Anwenderprogrammen schreiben. Es liegt im ASCII-Format vor und ist in einzelne Sätze unterteilt. Für den Einsteiger ist wesentlich, daß MULTIPLAN alle im SYLK-Format gespeicherten Datein in eine Tabelle umwandeln kann. Zum Beispiel bietet das Datenbankprogramm dBASE III die Möglichkeit, Datensätze im SYLK-Format zu speichern. MULTIPLAN kann diese Datensätze als Tabelle einlesen, wenn vorab mit Übertragen Optionen Format Symbolisch die entsprechende Einstellung vorgenommen wurde.

8.3 Befehls- und Funktionsübersicht

Übertragen Optionen Format legt das Dateiformat fest in bezug auf das Laden und Speichern von Dateien. Optiert werden kann für die Formate: Normal, Symbolisch, Fremd und ASCII.

Xtern fasst Befehle zusammen, die sich auf externe Tabellen beziehen.

Xtern Aktualisieren liest die aktuellen Daten der Quelldateien ein. Die Aktualisierung kann auch durch die Tastenkombination *<Umschalt> + <F6>* ausgelöst werden.

Xtern Gesamt liest die angegebenen Feldbereiche aus externen Dateien ein und bestimmt die Operation (addieren, subtrahieren, multiplizieren, dividieren).

Xtern Kopie kopiert Werte aus einer externen Datei in die aktive. Es kann eine dauerhafte Verbindung zwischen den Dateien hergestellt werden.

Xtern Liste zeigt eine Liste der unterstützenden und abhängigen Dateien.

9 ÜBUNGSBEISPIELE

9.1 Übungsbeispiel: Kalkulation

HINWEIS:
   Die Lösung dieser Aufgabe erfordert einen Kenntnisstand, wie er in den ersten beiden
   Kapiteln dieses Buches vermittelt wurde.

Aufgabe: Vor- und Nachkalkulation

Eine Klingenfabrik plant, einen Posten Hirschmesser in Fertigung zu geben.
Die Vorkalkulation basiert auf folgenden Daten:

Fertigungsmaterial:	1.200,00 DM
Fertigungslöhne I:	486,00 DM
Fertigungslöhne II:	273,00 DM

Normalgemeinkostenzuschläge

Material:	8,0 %
Fertigung I:	110,0 %
Fertigung II:	120,0 %
Verwaltung:	20,0 %
Vertrieb:	4,0 %

Nach Durchführung der Produktion ergeben sich folgende Kosten:

Fertigungsmaterial:	1.260,00 DM
Fertigungslöhne I:	469,80 DM
Fertigungslöhne II:	288,75 DM

Istzuschlagssätze

Material:	7,5 %
Fertigung I:	108,0 %
Fertigung II:	124,0 %
Verwaltung:	19,0 %
Vertrieb:	5,0 %

Bauen Sie ein Kalkulationsschema auf, das die Plan- und Istgrößen bis zur Berechnung der Selbstkosten gegenüberstellt.

HINWEIS:
> Die folgende Abbildung zeigt die Ausgangstabelle, wie sie in der Datei: KALK.TAB auf der Übungsdiskette gespeichert vorliegt.

▤	1	2	3	4	5	6	7
6	Fertigungs		1200		1260		
7	Materialge	0,08		0,075			
8							
9	Materialko						
10							
11	Fertigungs		486		469,8		
12	Fertigungs	1,1		1,08			
13							
14	Fertigungs						
15							
16	Fertigungs		273		288,75		
17	Fertigungs	1,2		1,24			
18							
19	Fertigungs						
20							
21	Herstellko						
22	Verwaltung	0,2		0,19			
23	Vertriebsg	0,04		0,05			
24							
25	Selbskoste		███				

Abb. 9-1: Kalkulationsraster

Übersichtliche Gestaltung der Tabelle

Laden Sie zunächst die Datei *KALK.TAB* von der Diskette mit der Befehlsfolge
Übertragen Laden A:KALK.TAB <Return>

1. Spaltenbreite bestimmen

Damit die vollständigen Texte der ersten Spalte angezeigt werden, muß die Spalte verbreitert werden mit *Format Breite_der_Spalten*.

```
FORMAT BREITE_DER_SPALTEN in Zeichen oder S(tandard): 23
                    Spalte: 1              bis: 1█
Bitte eine Zahl eingeben!
Z25S5                        ? ! 100% frei  UF          KALK.TAB
```

2. Texte über zwei oder mehr Spalten zusammenhängend darstellen

Die Spaltenüberschriften: "Vorkalkulation" und "Nachkalkulation" können über eine Feldformatierung vollständig dargestellt werden mit der Befehlsfolge *Format Felder Formatcode @[Zusammen]*.

```
FORMAT Felder: Z4S2:Z4S5  Ausrichtung:(Stnd)Mitte Norm Links Rechts -
     Formatcode: @[Zusammen]
Geben Sie bitte das Format ein oder wählen Sie von der Liste!
Z25S5                        ? ! 100% frei  UF          KALK.TAB
```

3. Trennlinien einfügen

Die einzelnen Kalkulationsabschnitte können zur besseren Übersicht mit Trennlinien voneinander abgegrenzt werden. Zuerst werden im Feld Z5S1 Striche als *Text* eingegeben und dann in alle anderen Felder kopiert.

Die Kopie der Trennlinie in den angrenzenden rechten Bereich Z5S2:Z5S5 wird am schnellsten mit dem Befehl *Kopie Rechts* durchgeführt.

```
KOPIE RECHTS Anzahl Kopien: 4     Beginn bei: Z5S1█

Geben Sie bitte die Position eines Felds oder eines Tabellenbereichs ein!
Z5S1      "-------------------"  ? ! 100% frei  UF          KALK.TAB
```

Zur Kopie der Trennlinie in die Zeilen: 8, 10, 13, 15, 18, 20 und 24 ist dieser Befehl nicht anzuwenden. Für Kopien in *Mehrfachbereiche* steht der Befehl *Kopie Von* zur Verfügung.

```
KOPIE VON Feld: Z5S1:Z5S5          in Feld: Z8S1;Z10S1;Z13S1;Z15S1;Z18S1;Z20S1;Z
24S1█
Geben Sie bitte eine Positions- oder Bereichsangabe ein!
Z5S1      "-----------------"  ?  !  100% frei  UF            KALK.TAB
```

4.   Spalten einfügen

Der Übersicht dient ebenfalls, wenn - zur Abgrenzung von Vor- und Nachkalkulation - Spalten mit Trennlinien eingefügt werden. Spalten können eingefügt werden mit den Befehlen *Einfügen Spalten*.

```
EINFÜGEN SPALTE Spaltenanzahl: 1      vor Spalte: 2
                von Zeile: 4               bis: 25█
Bitte eine Zahl eingeben!
Z4S2      "VORKALKULATION"  ?  !  100% frei  UF            KALK.TAB
```

Als Trennsymbol kann in *Z4S2* ein großes "I" eingeben und in die übrigen Bereiche kopiert werden. Wenn Sie ein anderes Trennsymbol bevorzugen, kann z.B. die durchbrochene Linie " | " mit Hilfe der *<Alt>*-Taste (gedrückt halten) und den Zahlen 124 im numerischen Tastaturblock erzeugt werden.

Die senkrechte Trennlinie kann mit Hilfe des dritten Kopierbefehls *Kopie Nach_Unten* übertragen werden.

```
KOPIE NACH_UNTEN Anzahl Kopien: 21      Beginn bei: Z4S2█

Geben Sie bitte die Position eines Felds oder eines Tabellenbereichs ein!
Z4S2      "I"  ?  !  100% frei  UF            KALK.TAB
```

Die eingefügten Spalten werden mit der Standardbreite angezeigt. Für die Darstellung der Trennlinie reicht die Breite von einem Zeichen.

```
FORMAT BREITE_DER_SPALTEN in Zeichen oder S(tandard): 1
                Spalte: 2               bis: 2█
Bitte eine Zahl eingeben!
Z4S2      "I"  ?  !  100% frei  UF            KALK.TAB
```

5.   Zahlenformate bestimmen

Die Prozentwerte für die Normal- und Istzuschlagssätze wurden zusammen mit
dem Prozentzeichen eingegeben. Angezeigt wird der Faktor, mit dem MULTI-
PLAN rechnet. Die Befehlsfolge *Format Felder Formatcode 0,0%* bewirkt
sowohl die Multiplikation mit 100 als auch Anzeige des Prozentzeichens hinter
der Zahl.

```
FORMAT Felder: Z7S3;Z7S6;Z12S3;Z12S6;Z17S3;Z17S6;Z22S3:Z23S3;Z22S6:Z23S6   Ausr
ichtung:(Stnd)Mitte Norm Links Rechts -         Formatcode: 0,0%
Geben Sie bitte das Format ein oder wählen Sie von der Liste!
Z4S2      "I"                      ? ! 100% frei  UF              KALK.TAB
```

Die Beträge können zusammen mit einem Währungssymbol angezeigt werden.
Die Befehlsfolge *Format Felder Formatcode: #.##0,00 DM; (#.##0,00 DM)*
bewirkt, daß alle formatierten Felder die Zahlen mit dem DM-Symbol anzeigen
und negative Werte in Klammern gesetzt werden.

```
FORMAT Felder: Z6S4:Z25S4;Z6S7:Z25S7     Ausrichtung:(Stnd)Mitte Norm Links Rech
ts -          Formatcode: #.##0,00 DM;(#.##0,00 DM)
Geben Sie bitte das Format ein oder wählen Sie von der Liste!
Z4S2      "I"                      ? ! 100% frei  UF              KALK.TAB
```

Schnellformatierung: In diesem Fall können sie die Schnellformatierung von
   MULTIPLAN nutzen. Ohne die Formatliste abzurufen, geben Sie im Befehlsfeld für den Formatcode *"W"* ein.

Berechnung der Tabelle

1.   Berechnung der Materialgemeinkosten im Feld Z7S4

Die Materialgemeinkosten betragen 8% von 1200,00 DM. Um das Kalkulationsschema für weitere Kalkulationen flexibel zu halten, wird die Formel unter
Verwendung von Feldadressen aufgestellt.

   Z(-1)S*Z(S(-1)

In Worten: Nimm den Inhalt des Feldes, aus der gleichen Spalte um eine Zeile
nach oben versetzt (*Z6S4*), und multipliziere ihn mit dem Inhalt des Feldes, in
der gleichen Zeile um eine Spalte nach links versezt (*Z7S3*).

2. Kopie einer Formel mit relativen Feldadressen

Wenn wir zunächst lediglich die Kalkulation bis zu den Herstellkosten betrachten, gilt die aufgestellte Formel ebenso für die Berechnung der Fertigungsgemeinkosten I (*Z12S4*) und Fertigungsgemeinkosten II (*Z17S4*). Der
"Versatz" bleibt der gleiche - die entscheidende Voraussetzung für kopierfähige Formeln mit relativen Feldadressen.

```
KOPIE VON Feld: Z7S4              in Feld: Z12S4;Z17S4█

Geben Sie bitte eine Positions- oder Bereichsangabe ein!
Z4S2      "I"                    ? ! 100% frei  UF           KALK.TAB
```

---

3. Berechnung der Materialkosten im Feld Z9S4 und Kopie dieser Formel zur Berechnung von Fertigungskosten I (Z14S4) und Fertigungskosten II (Z19S4)

Die Vorgehensweise ist analog zur Prozentberechnung. Im Feld *Z9S4* wird die
Formel *Z(-3)S+Z(-2)S* unter Verwendung von relativen Feldadressen eingegeben. In Worten: Nimm den Inhalt des Feldes, in der gleichen Spalte um
drei Zeilen nach oben versetzt (*Z6S4*), und addiere den Inhalt des Feldes, in
der gleichen Spalte um zwei Zeilen nach oben versetzt (*Z7S4*). Diese Formel
kann wieder in die Felder *Z14S4* und *Z19S4* kopiert werden.

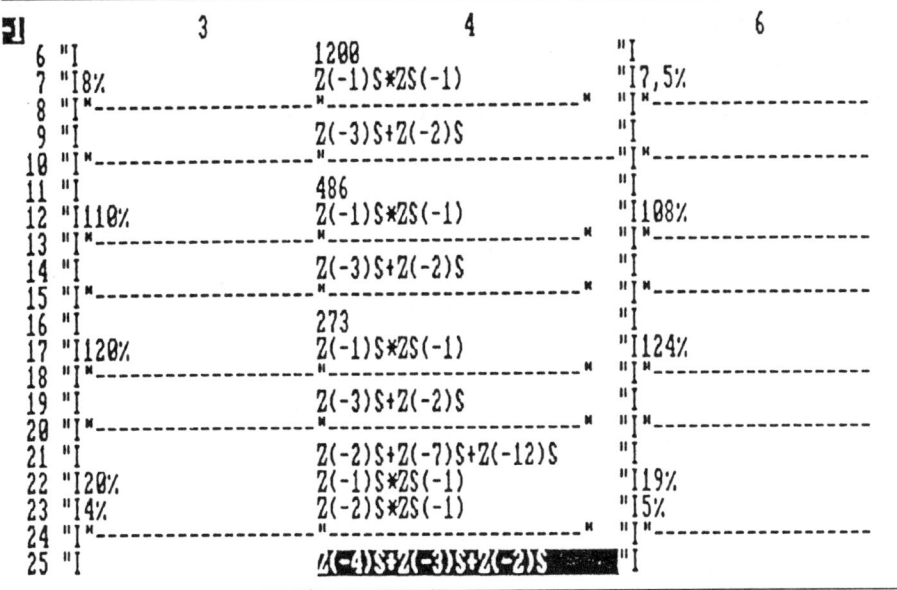

Abb. 9-2: Formeln der Vorkalkulation

4. Berechnung der Herstellkosten (Feld Z21S4), der Verwaltungs- und Vertriebsgemeinkosten (Feldbereich Z22S4:Z23S4) und der Selbstkosten (Feld Z25S4).

Die Herstellkosten im Feld *Z21S4* werden berechnet mit der Formel: *Z(-12)S+(-7)S+Z(-2)S.* In Worten: Addiert werden die Inhalte der Felder: Z9S4 (=Herstellkosten), Z14S4 (= Fertigungskosten I) und Z19S4 (Fertigungskosten II).

Die Berechnung der Verwaltungsgemeinkosten im Feld Z22S4 kann nach der bereits aufgestellten und damit kopierbaren Formel ausgeführt werden: *Z(-1)S*Z(S(-1)*

Für die Berechnung der Vertriebsgemeinkosten im Feld *Z23S4* muß diese Formel verändert werden in: *Z(-2)S*ZS(-1).* Entweder geben Sie zu diesem Zweck die neue Formel ein, oder Sie wählen den Befehl *Verändern* und überschreiben die 1 durch eine 2.

Die Selbstkosten im Feld *Z25S4* berechnen sich mit der Formel: *Z(-4)S+Z(-3)S+Z(-2)S.*

5. Kopie aller Formeln der Vorkalkulation für die Nachkalkulation

Die aufgestellten Formeln können aufgrund der relativen Feldadressierung und des gleichen Kalkulationsschemas für die Nachkalkulation in einem Schritt kopiert werden. Im ersten Befehlsfeld des Befehls *Kopie Von* geben Sie den zu kopierenden Mehrfachbereich an. Als Zielbereich der Kopie reicht die erste Feldadresse *Z7S7* als Beginn.

```
KOPIE VON Feld: Z7S4:Z9S4;Z12S4:Z14S4;Z17S4:Z19S4;Z21S4:Z23S4;Z25S4   in Feld: Z
7S7█
Geben Sie bitte eine Positions- oder Bereichsangabe ein!
Z25S1    "Selbstkosten"          ? !  100% frei  UF              KALK1.TAB
```

HINWEIS:
   Die Abbildung 9-4 zeigt eine Musterlösung der Aufgabe, die Sie auf der Übungsdiskette unter den Namen KALK1.TAB gespeichert vorfinden.

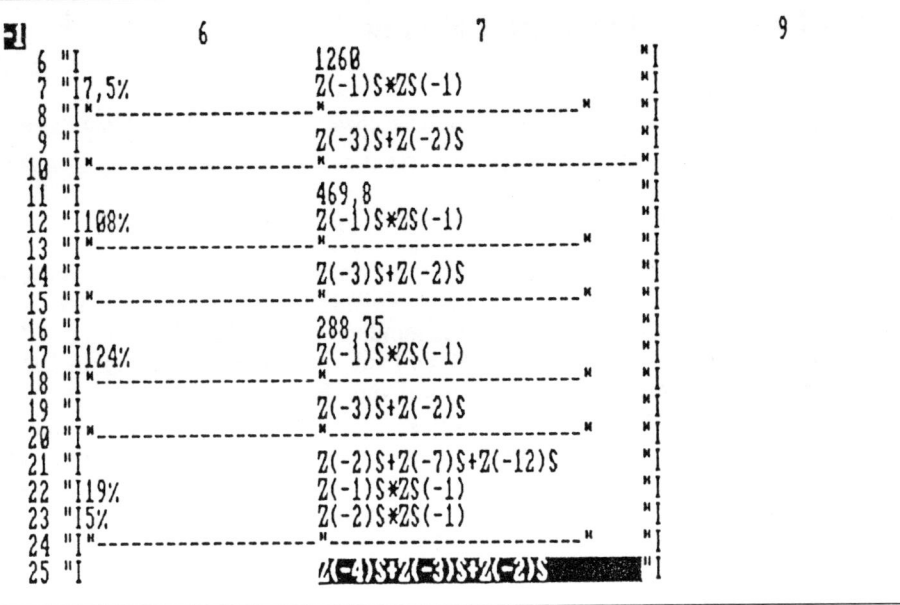

Abb. 9-3: Formeln der Nachkalkulation

	1		3	4		6	7	
6	Fertigungsmaterial	I		1.200,00 DM	I		1.260,00 DM	I
7	Materialgemeinkosten	I	8,0%	96,00 DM	I	7,5%	94,50 DM	I
8								
9	Materialkosten			1.296,00 DM	I		1.354,50 DM	I
10								
11	Fertigungslöhne I	I		486,00 DM	I		469,80 DM	I
12	Fertigungsgemeinkosten	I	110,0%	534,60 DM	I	108,0%	507,38 DM	I
13								
14	Fertigungskosten I			1.020,60 DM	I		977,18 DM	I
15								
16	Fertigungslöhne II	I		273,00 DM	I		288,75 DM	I
17	Fertigungsgemeinkosten	I	120,0%	327,60 DM	I	124,0%	358,05 DM	I
18								
19	Fertigungskosten II			600,60 DM	I		646,80 DM	I
20								
21	Herstellkosten	I		2.917,20 DM	I		2.978,48 DM	I
22	Verwaltungsgemeinkosten	I	20,0%	583,44 DM	I	19,0%	565,91 DM	I
23	Vertriebsgemeinkosten	I	4,0%	116,69 DM	I	5,0%	148,92 DM	I
24								
25	Selbstkosten	I		3.617,33 DM	I		3.693,32 DM	I

Abb. 9-4: Ergebnis der Kalkulation

9.2 Übungsbeispiel: Lagerplanung

HINWEIS:
> Die Lösung dieser Aufgabe erfordert einen Kenntnisstand, wie er in den ersten 4 Kapiteln dieses Buches vermittelt wurde.

Aufgabe: Berechnung der optimalen Bestellmenge

Ein Weinhändler beabsichtigt für das neue Geschäftsjahr eine Sortimentser-weiterung. Die Absatzchancen für den geplanten Importwein werden auf 21.000 Flaschen/Jahr geschätzt. Der Einstandspreis pro Flasche beträgt 7,00 DM. Für jeden Import werden 750,00 DM an fixen Kosten eingeplant. Die Lagerkosten der Firma berechnen sich auf das Jahr umgelegt mit 10 % des durchschnittlich eingelagerten Warenwerts. Der Weinhändler kann zwischen verschiedenen Bestellmengen wählen. Um seinen Gesamtbedarf zu decken, kann die Lieferung monatlich, alle zwei Monate, viertel- und halbjährlich oder einmal im Jahr erfolgen. Geben Sie dem Weinhändler eine Entscheidungshilfe, indem Sie berechnen, bei welcher Bestellmenge die Gesamtkosten am geringsten ausfallen.

Gegebene Beziehungen:

Unmittelbare Beschaffungskosten =
Jahresbedarf*Einstandspreis

Mittelbare Beschaffungskosten =
Fixe Kosten/Bestellmenge*Jahresbedarf

Lagerkosten/Jahr =
Bestellmenge*Einstandspreis/2*Lagerkostensatz

Gesamtkosten =
Unmittelbare Beschaffungskosten + Mittelbare
Beschaffungskosten + Lagerkosten

Planung und Aufbau der Tabelle

1. Datenerfassung und Berechnungsteil in unterschiedlichen Arbeitsblattbe-reichen planen.

2. Ein Feld für die Anzeige des Ergebnisses vormerken.

3. Gegebene Daten und Bezeichnungen eingeben.

4. Namen für die Datenfelder vergeben, mit denen später gerechnet wird.

```
-1      1        2        3           4           5           6
  1  LAGERPLANUNG
  2
  3  Einstandspreis/Flasche                     7,00 DM
  4  Fixe Kosten/Bestellung                   750,00 DM
  5  Zins- und Lagerkostensatz                  10,00%
  6  Jahresbedarf                   21.000 Flaschen
  7
  8  MINIMUM/GESAMTKOSTEN
         1        2        3           4           5           6
 15  Bestellmenge
 16  --------------------------------------------------------
 17  Unmittelbare
 18  Beschaffungskosten
 19  ........................................................
 20  Mittelbare
 21  Beschaffungskosten
 22  ........................................................
 23  Lagerkosten/Jahr
 24  --------------------------------------------------------
 25  Kosten/Total                ████████████████
```

Abb. 9-5: Lager - Tabellenraster

Das abgebildete Tabellenraster finden Sie auf der Übungsdiskette in der Datei: *LAGER.TAB* gespeichert.

Berechnung der Tabelle

1. Formeln für die einzelnen Bestellmengen eingeben.

2. Formel zur Berechnung der unmittelbaren Beschaffungskosten für die erste Bestellmenge eingeben.

3. Formel zur Berechnung der mittelbaren Beschaffungskosten für die erste Bestellmenge eingeben.

4. Formel zur Berechnung der Lagerkosten für die erste Bestellmenge eingeben.

5. Formel zur Berechnung der Gesamtkosten für die erste Bestellmenge eingeben.

6. Die eingegebenen Formeln nach rechts zur Berechnung der übrigen Bestellmengen kopieren.

7. Ausgabe der geringsten Gesamtkosten im Ergebnisfeld.

```
-1      1       2       3           4           5       6           7
     1 LAGERPLANUNG
     2
     3 Einstandspreis/Flasche           7,00 DM
     4 Fixe Kosten/Bestellung         750,00 DM
     5 Zins- und Lagerkostensatz       10,00%
     6 Jahresbedarf             21.000 Flaschen
     7
     8 MINIMUM/GESAMTKOSTEN      151.837,50 DM
        1       2       3           4           5       6           7
    15 Bestellmenge    1.750           3.500   5.250   10.500      21.000
    16 ----------------------------------------------------------------------
    17 Unmittelbare
    18 Beschaffungskosten 147.000      147.000 147.000 147.000     147.000
    19 ......................................................................
    20 Mittelbare
    21 Beschaffungskosten  9.000         4.500   3.000   1.500         750
    22 ......................................................................
    23 Lagerkosten/Jahr      613         1.225   1.838   3.675       7.350
    24 ----------------------------------------------------------------------
    25 Kosten/Total      156.613       152.725 151.838 152.175    155.100
```

Abb. 9-6: Ergebnis der Lagerplanung

Die abgebildete *Musterlösung* finden Sie auf der Übungsdiskette in der Datei: *LAGER1.TAB* gespeichert.

Hilfestellung

1. Selbstdefinierte Anwenderformate

Format Felder Formatcode: #.##0 "Flaschen"

2. Vergebene Feldnamen (Befehl Name)

Die untenstehende Namensliste wurde ausgegeben mit:

Pfad Ausgabe Drucker Namen Nicht_Makros

```
┌─────────────────────────────────────────────────────────────────────┐
│Bestellmenge:        Makro - Nein    Befehlscode - kein  │
│   Z15S3:7                                               │
│                                                         │
│Einstandspreis:      Makro - Nein    Befehlscode - kein  │
│   Z3S4                                                  │
│                                                         │
│Fixe_Kosten:         Makro - Nein    Befehlscode - kein  │
│   Z4S4                                                  │
│                                                         │
│Gesamtkosten:        Makro - Nein    Befehlscode - kein  │
│   Z25S3:7                                               │
│                                                         │
│Jahresbedarf:        Makro - Nein    Befehlscode - kein  │
│   Z6S4                                                  │
│                                                         │
│Lagerkostensatz:     Makro - Nein    Befehlscode - kein  │
│   Z5S4                                                  │
└─────────────────────────────────────────────────────────────────────┘
```

3. Formeln unter Verwendung von Feldadressen und Namen

Wenn Sie die vergebenen Namen vergessen haben und MULTIPLAN die Eingabe überlassen wollen, rufen Sie nach dem Befehl *Wert* die Namensliste ab mit der Funktionstaste *<F3>* + einer *<Pfeiltaste>*. Markieren Sie den Namen und fahren fort mit der Eingabe des Operators.

Bestellmenge in *Z15S3*:

Z6S7/12   oder: Jahresbedarf/12

Unmittelbare Beschaffungskosten in *Z18S3*:

Z3S4*Z6S4   oder: Einstandspreis*Jahresbedarf

Mittelbare Beschaffungskosten in *Z21S3*:

Z4S4*Z6S4/Z(-6)S

oder: Fixe_Kosten*Jahresbedarf/Bestellmenge

Lagerkosten/Jahr in *ZZ23S3*:

(Z(-8)S*Z3S4/2)*Z5S4

oder: (Bestellmenge*Einstandspreis/2)*Lagerkostensatz

Kosten/Total in *Z25S3*:

$$Z(-2)S + Z(-4)S + Z(-7)S$$

HINWEIS:
    Erinnern Sie sich bitte daran, daß MULTIPLAN alle Namen absolut adressiert.

4.   Eingesetzte Funktionen

MULTIPLAN bietet eine komfortable Möglichkeit, Funktionen abzurufen und eintragen zu lassen. Mit dieser Hilfe entdecken oder erinnern Sie sich an Funktionen und vermeiden Syntax- und Schreibfehler.

- Liste der Funktionen abrufen

  Wählen Sie den Befehl *Wert*. Drücken Sie die *<Umschalt>*-Taste, danach die Funktionstaste *<F3>* und schließlich eine *<Pfeiltaste>*. MULTIPLAN zeigt Ihnen auf dem Bildschirm eine geordnete Liste aller Standardfunktionen an. Markieren Sie die gesuchte Funktion. Mit *<Return>* wird die Funktion im Befehlsfeld eingetragen.

- *WIEDERHOLEN()* in *Z16S1*

  Diese Textfunktion wurde eingesetzt, um die Trennlinien einzuziehen: WIEDERHOLEN("-";20). Das erste Argument der Funktion bezeichnet den zu wiederholenden Text. Das zweite Argument gibt an, wie oft die Zeichen wiederholt werden sollen.

- MIN() in Z8S4

  Die von MULTIPLAN unter den statistischen Funktionen eingereihte MIN-Funktion gibt den niedrigsten Wert eines Bereiches aus: MIN(Gesamtkosten).

9.3 Übungsbeispiel: Umsatzentwicklung

Die Lösung dieser Aufgabe erfordert einen Kenntnisstand, wie er in den Kapiteln 7 und 8 dieses Buches vermittelt wurde.

Aufgabe: Abfrage und Auswertung von Umsatzdaten

Zur Aufgabe der Controlling-Abteilung eines weltweit agierenden Konzerns zählt die Überwachung und Auswertung der internationalen Umsatzentwicklung. Den einzelnen Controlling-Gruppen wurde die Prüfung der Umsatzentwicklung bestimmter Artikel in verschiedenen Regionen übertragen.

Auftrag der Controller ist es,

- die vorliegenden Umsatzdaten so zusammenzustellen, daß kurzfristig Informationen über die Verkaufsziffern, sowohl in einzelnen Ländern, als auch bestimmter Artikel bereitgestellt werden können.

- die Umsatzdaten quartalsweise fortzuschreiben und zu pflegen,

- eine halbjährlich statistische Auswertung der gesamten Umsatzentwicklung vorzulegen.

Die Umsatzzahlen für die Regionen I, II und III finden Sie auf der Übungsdiskette in der Datei: *UMSATZ.TAB* gespeichert.

```
🖹|       1        2        3        4        5        6
  1 UMSATZENTWICKLUNG 1989 REGION I + II + III
  2
  3
  4                              UMSATZ 1.000/DM
  5 LAND        STOFF-NR. PRODUKT        1.Quart.  2.Quart.
  6 Spanien        4000  Achsschenkel     12200
  7 Tansania       3000  Gebläse          13000
  8 Tunesien       3500  Kugellager      129000
  9 Ungarn         3500  Kugellager     1200000
 10 Mexiko         3500  Kugellager      239000
 11 Nicaragua      3000  Gebläse           1000
 12 Algerien       3000  Gebläse         213000
 13 Italien        3000  Gebläse         675000
 14 Niederlande    4000  Achsschenkel    351000
 15 Venezuela      3500  Kugellager      130000
 16 Kenia          4000  Achsschenkel    760000
 17 Marokko        4000  Achsschenkel
 18 Österreich     4000  Achsschenkel    330000
 19 Argentinien    3000  Gebläse         134000
 20 Bahrain        3500  Kugellager       46000
```

Abb. 9-7: Umsatz-Datenbank

Hilfestellung

1. Selbstdefinierte Anwenderformate für Zahlen

Die Präsentation der Daten kann durch spezielle Zahlenformate optimiert werden. Die Stoffnummern werden zentriert und einheitlich mit 6 Stellen dargestellt. Die Umsatzzahlen werden in 1.000/DM dargestellt. Die Befehlsfolge: *Format Felder Ausrichtung Formatcode* ermöglicht, Ausrichtung und Zahlenformat zu bestimmen.

Ausrichtung und Zahlenformat der Stoffnummern:

```
FORMAT Felder: Z6S2:Z38S2      Ausrichtung: Stnd(Mitte)Norm Links Rechts -
       Formatcode: 000000█
Geben Sie bitte das Format ein oder wählen Sie von der Liste!
Z6S2      4000                    ?  !  100% frei  UF            UMSATZ.TAB
```

Zahlenformat der Umsatzziffern:

```
FORMAT Felder: Z6S4:Z38S4      Ausrichtung:(Stnd)Mitte Norm Links Rechts -
       Formatcode: █▓▓▓▓░
Geben Sie bitte das Format ein oder wählen Sie von der Liste!
Z6S4     12200                   ?  !  100% frei  UF            UMSATZ.TAB
```

Die Zeichen "0" und "#" sind Platzhalter mit unterschiedlichen Wirkungen.
Bleibt der Platz unbelegt, wird die "0" wie bei den Stoffnummern mit angezeigt, das "#" hingegen verschwindet, wie bei den Umsatzzahlen.

2.   Sortieren von Daten

Die Controller haben keinen Einfluß darauf, in welcher Ordnung die Umsatzdaten geliefert werden. Einer der ersten Schritte wird das Sortieren der Daten
sein mit der Befehlsfolge *Ordnen Zeilen*.

Sortieren der Daten in alphabetischer Reihenfolge der Länder:

```
ORDNEN ZEILEN nach Spalten: 1          von Zeile: 6        bis: 38
         Sortierfolge: ▌ ⟨
Wählen Sie bitte eine Option oder geben Sie deren Anfangsbuchstaben ein!
Z6S4     12200                   ?  !  100% frei  UF            UMSATZ.TAB
```

Sortieren der Daten nach Produktgruppen und innerhalb der Produktgruppen
nach Ländern:

```
ORDNEN ZEILEN nach Spalten: ▓█▓      von Zeile: 6        bis: 38
         Sortierfolge:( )⟩⟨
Geben Sie bitte die Spaltennummer(n) ein!
Z6S4    745000                   ?  !  100% frei  UF            UMSATZ.TAB
```

3.   Einrichten von Datenbank und Kriterienbereich

Um Abfragen zu starten, wie hoch der Umsatz in bestimmten Ländern ist oder welche Umsätze für ein bestimmtes Produkt vorliegen, müssen die Daten als Datenbank definiert und ein Kriterienbereich eingerichtet und definiert werden.

Für die Definition des Datenbankbereichs muß der festgelegte Name: *Datenbank* vergeben werden.

```
NAME: Namen eingeben: Datenbank          Bereich: Z5S1:Z38S5
                 Makro: Ja(Nein)     Tastenschlüssel:
Bitte einen Namen eingeben!
Z6S4     762000               ? ! 100% frei   Multiplan: UMSATZ.TAB
```

Der Kriterienbereich wird - bei vergleichenden Suchkriterien - eingerichtet durch die Übernahme der Feldnamen der Datenbank. Die Leiste der Feldnamen plus einer Leerzeile werden als Kriterienbereich definiert.

Für die Definition des Kriterienbereichs muß der festgelegte Name: *Suchkriterien* vergeben werden.

```
NAME: Namen eingeben: Suchkriterien       Bereich: Z5:6S8:12
                 Makro: Ja(Nein)     Tastenschlüssel:
Bitte einen Namen eingeben!
Z12S8     "LAND"               ? ! 100% frei   Multiplan: UMSATZ1.TAB
```

---

4.   Ausgabebereich einrichten und Abfragen starten

Anders als der Datenbank- und Kriterienbereich muß der Ausgabebereich stets neu über das Menü angegeben werden. Vorerst reicht es, die Feldnamen in einen freien Teil des Arbeitsblattes zu kopieren.

Erste Abfrage: Umsatzzahlen für Kenia.

Geben Sie das Suchkriterium: Kenia unterhalb des Feldnamens: LAND im Kriterienbereich ein. Mit der Befehlsfolge *Pfad Datenbank Kopieren_Daten* können Sie die Abfrage durchführen. Als Ausgabebereich bestimmten Sie die kopierte Feldnamenleiste.

```
PFAD DATENBANK KOPIEREN_DATEN in Felder: Z12S8:Z12S12

Geben Sie bitte eine Positions- oder Bereichsangabe ein!
Z12S12    "2.Quart."              ?  !  100% frei   Multiplan:   UMSATZ1.TAB
```

MULTIPLAN überprüft die Datenbank und zeigt mit dem Suchkriterium übereinstimmende Datensätze im Ausgabebereich an.

```
▟       8        9         10          11         12         13         14
 1
 2
 3 KRITERIENBEREICH
 4
 5 LAND      STOFF-NR. PRODUKT        1.Quart.  2.Quart.
 6 Kenia
 7
 8
 9
10 AUSGABEBEREICH
11
12 LAND      STOFF-NR. PRODUKT        1.Quart.  2.Quart.
13 Kenia     004000    Achsschenkel      760
14
```

Zweite Abfrage: Alle Umsätze über 500.000 DM

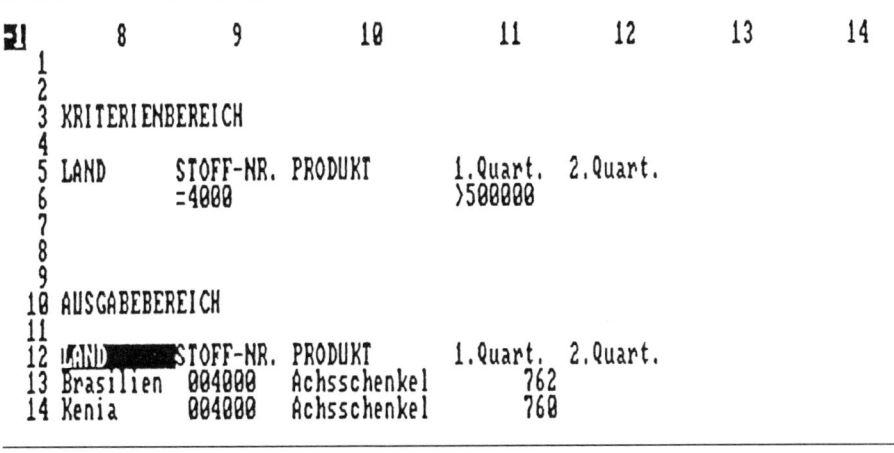

```
⊒      8        9        10         11      12      13      14
 1
 2
 3 KRITERIENBEREICH
 4
 5 LAND        STOFF-NR. PRODUKT    1.Quart. 2.Quart.
 6                                 >500000
 7
 8
 9
10 AUSGABEBEREICH
11
12 LAND        STOFF-NR. PRODUKT    1.Quart. 2.Quart.
13 Brasilien   004000    Achsschenkel    762
14 Kenia       004000    Achsschenkel    760
15 Italien     003000    Gebläse         675
16 Ägypten     003500    Kugellager      745
17 El Salvado  003500    Kugellager      660
18 Schweden    003500    Kugellager      912
19 Ungarn      003500    Kugellager    1.200
20
```

Dritte Abfrage: Umsätze der Stoffnummer 4000 (Achsschenkel), die über 500.000 DM liegen.

```
⊒      8        9        10         11      12      13      14
 1
 2
 3 KRITERIENBEREICH
 4
 5 LAND        STOFF-NR. PRODUKT    1.Quart. 2.Quart.
 6             =4000                >500000
 7
 8
 9
10 AUSGABEBEREICH
11
12 LAND        STOFF-NR. PRODUKT    1.Quart. 2.Quart.
13 Brasilien   004000    Achsschenkel    762
14 Kenia       004000    Achsschenkel    760
```

5.   Einlesen der Daten für das 2.Quartal 1989

Inzwischen liegen die Daten für das zweite Quartal 1989 vor und sollen eingelesen werden.

HINWEIS:
   Sie finden die Umsatzzahlen für 2/89 auf der Übungsdiskette in der Datei
   FORT_2_89.TAB gespeichert.

Mit dem Befehl *Übertragen Laden A:FORT_2_89.TAB* wird die Datei in den
Arbeitsspeicher kopiert.

Für die neuen Umsatzzahlen wird ein Name vergeben, der es später erlaubt,
diesen Bereich in die Ursprungsdatei *UMSATZ.TAB* einzulesen.

```
NAME: Namen eingeben: Quartal_2_89        Bereich: Z6:38S4
           Makro: Ja(Nein)    Tastenschlüssel:
Bitte einen Namen eingeben!
Z6S4      789000              ?  !  100% frei    Multiplan:   FORT2_89.TAB
```

Die Datei *UMSATZ.TAB* wird geladen, um die Fortschreibung der Umsatzzahlen vorzunehmen. Mit dem Befehl *Xtern Kopie* können Daten aus anderen
MULTIPLAN-Dateien eingelesen werden.

```
XTERN KOPIE von Tabelle: FORT2_89.TAB        Bereichsname: Quartal_2_89
                  nach: Z6S5                     verbunden: Ja Nein
Wählen Sie bitte eine Option oder geben Sie deren Anfangsbuchstaben ein!
Z6S5      789000                 ?  !  100% frei    Multiplan:   UMSATZ1.TAB
```

Vierte Abfrage: Gesucht werden alle Datensätze, in denen der Umsatz für das erste und zweite Quartal über 500.000 DM liegt (UND-Verknüpfung;).

```
⊟|        8        9        10        11        12        13        14
 2
 3  KRITERIENBEREICH
 4
 5  LAND        STOFF-NR.  PRODUKT       1.Quart.  2.Quart.
 6                                       >500000   >500000
 7
 8
 9
10  AUSGABEBEREICH
11
12  LAND        STOFF-NR.  PRODUKT      1.Quart.  2.Quart.
13  Brasilien   004000     Achsschenkel      762       789
14  Kenia       004000     Achsschenkel      760       700
15  Ägypten     003500     Kugellager        745       650
```

6.   Statistische Auswertung des ersten Halbjahres 1989

Die statistische Auswertung (Summe, Mittelwert, Maximum, Streuung) bezieht sich auf den Gesamtumsatz. Achten Sie deshalb darauf, daß Sie im Kriterienbereich alle Suchkriterien gelöscht haben.

Sollten Sie sich an die Schreibweise der Datenbankfunktionen nicht mehr erinnern, rufen Sie nach dem Befehl *Wert* die Liste der MULTIPLAN-Funktionen auf mit der Tastenkombination: *<Umschalt> + <F3>* und nachfolgend einer *<Pfeiltaste>*.

```
┛         15          16          17          18          19          20
 1
 2
 3
 4
 5 Statistische Auswertung: Umsatzentwicklung 1.Halbjahr 1989
 6 ..............................................................
 7 ███████████████    1. Quartal  2. Quartal
 8 ..............................................................
 9 SUMME                           8.558       8.849
10 MITTELWERT                        317         385
11 MAXIMUM                         1.200       1.230
12 STREUUNG                          332         308
13
14
```

Abb. 9-8: Ergebnis der Datenbankauswertung

HINWEIS:
    Eine Musterlösung finden Sie auf der Übungsdiskette in der Datei: Umsatz1.Tab
    gespeichert.

Formelübersicht für das 2.Quartal:

```
┛                                18
 9 DBSUMME(Datenbank;"2.Quart.";Suchkriterien)
10 DBMITTELWERT(Datenbank;"2.Quart.";Suchkriterien)
11 DBMAX(Datenbank;"2.Quart.";Suchkriterien)
12 DBSTDABWN(Datenbank;"2.Quart.";Suchkriterien)
13
```

ANHANG

HINWEIS FÜR OS/2-ANWENDER

Die MULTIPLAN-Version 4.0 ist auch unter dem Betriebssystem OS/2 lauffähig, d.h. MULTIPLAN kann gleichzeitig mit anderen Anwendungprogrammen ausgeführt werden ("Multi Tasking"). MULTIPLAN läßt sich so starten, daß der gesamte Bildschirm genutzt wird ("full screen") oder ein besonderes Fenster eröffnet wird. An dieser Stelle wird beschrieben wie Sie MULTIPLAN unter OS/2 für beide Arbeitsweisen einrichten können.

1. Anlegen eines Unterverzeichnisses für MULTIPLAN

Mit dem Start von OS/2 erscheint das *"Start Programm"*-Fenster. Um ein Unterverzeichnis neu einzurichten, muß das *"File System"* gestartet werden.

Vier Techniken ermöglichen den Start des Programms:

- mit einer Maus reicht es zweimal hintereinander mit der linken Taste auf die jeweilige Option zu klicken

- oder die Option mit einem Klick zu markieren und die Befehle *Program Start* zu wählen.

- Über die Tastatur markieren Sie zunächst die Option und führen mit *<Return>* aus.

- oder Sie markieren die Option und wählen die Befehle *Programm Start*, indem Sie die unterstrichenen Buchstaben der jeweiligen Option eingeben.

Da *"File System"* als erste Option im "Start Program"-Fenster bereits markiert ist, reicht zum Start ein *<Return>*

Im *"File System"*-Fenster (der Zeiger steht im *"Directory Tree"* auf dem Stammm C:\) rufen Sie die Befehlsfolge *File Create directory...* auf. Geben Sie in der Dialogbox "New directory name: den Namen des Unterverzeichnisses ein (z.B. *MP4*) und bestätigen mit *Create*. Das neue Verzeichnis wird im Verzeichnis-Baum angezeigt.

2. MULTIPLAN-Dateien in das Unterverzeichnis kopieren

Nachdem Sie ein Unterverzeichnis auf der Festplatte eingerichtet haben, kopieren Sie die MULTIPLAN-Dateien von der Diskette in dieses Verzeichnis. Hier wird die einfachste Methode beschrieben, die Dateien mit Hilfe der Maus direkt über den Bildschirm zu kopieren.

- Klicken Sie im *"Directory Tree"*-Fenster das Laufwerk A an (Tasten: Strg + A) und lassen sich den Inhalt des Verzeichnisses mit *File Open* in einem Fenster anzeigen (Fenstertitel = A:*.*).

- Wechseln Sie mit der gleichen Methode wieder zum Laufwerk C und verzweigen in das neu eingerichtete Unterverzeichnis *MP4*.

- Ordnen Sie die Fenster mit *Arrange Tile* an und aktivieren danach das Fenster für *A:*.**.

- Wählen Sie die Befehlsfolge *File Select all*. Alle Datein werden markiert.

- Mit der gedrückten linken Maustauste "ziehen" Sie die gesamten Dateien der Diskette zum Fenster: *C:\MP4*.**. Indem Sie die Maustaste loslassen, wird der Kopiervorgang ausgelöst.

Durch einen Doppelklick oder über das Menü können Sie *MP.EXE* aufrufen und das Arbeitsblatt von MULTIPLAN erscheint über den gesamten Bildschirm ("Full Screen").

3. MULTIPLAN in die Gruppe der Tabellenkalkulation aufnehmen

Sie können unter OS/2 für Programme der Tabellenkalkulation eine eigene *"Group"* einrichten. Machen Sie das *"File System"* zum *Sinnbild*. Klicken Sie entweder auf den nach unten gerichteten Pfeil in der rechten oberen Ecke des Bildschirms oder wählen Sie im Fenstermenü (Balken im linken oberen Teil des Bildschirms) den Befehl *Minimize*.

- Wählen Sie im *"Start Programm"*-Fenster die Befehle *Group Add*.

- In der Dialogbox vergeben Sie einen Gruppennamen wie zum Beispiel: *Tabellenkalkulation* und fügen ihn an mit dem Befehl *Add*.

- Unter diesem Gruppennamen können Sie MULTIPLAN einordnen. Wählen Sie dazu die Befehle *Programm Add* und bezeichnen das MULTIPLAN-Programm mit einem eigenen Titel ("Alias") wie zum Beispiel: *Multiplan 4.0* und geben den Pfad und Programmnamen ein.

Required
   Programm titel: Multiplan 4.0
   Path and file name: C:\MP4\MP.EXE

Bestätigen Sie mit dem Befehl *Add*.

4. MULTIPLAN in einem Fenster

Wenn MULTIPLAN zunächst wieder im "Full screen" erscheint, sollten Sie
angeben, daß ein Fenster eingerichtet werden soll.

*   Rufen Sie die Befehle *Progamm Change* auf. Es erscheint ein Fenster mit
    dem Titel: *"Change Program Information"*.

*   Wählen Sie den Befehl *Change* und es erscheint ein weiteres Fenster mit
    dem Titel: *"How to run the programm"*.

*   Markieren Sie die Option *"Run the programm in a text window"* und bestä-
    tigen Sie mit *Enter*.

Als *"Group"* wird nunmehr im Fenster: *Tabellenkalkulation* angezeigt und als
Programmname erscheint: *Multiplan 4.0*. Mit einem Doppelklick oder
<Return> starten Sie MULTIPLAN in einem Fenster unter OS/2.

Sachwortverzeichnis

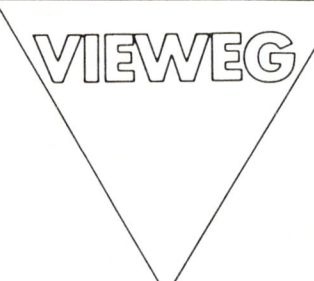

Peter Norton und Richard Wilton

Peter Nortons
neues Programmierhandbuch
für IBM PC & PS/2

Aus dem Amerikanischen übersetzt von Bert Gillert, Translingua. Ein Microsoft Press/ Vieweg-Buch. 1989. XII, 492 Seiten. 18,5 x 23,5 cm. Gebunden.

Der Name „Peter Norton" steht bereits für Expertenwissen der Programmierung schlechthin. Mehr noch galt bisher das „Programmierhandbuch für den IBM PC" als das unabdingbare Standardwerk der PC-Literatur. Nunmehr gibt es den neuesten Peter Norton – ein Microsoft Press/Vieweg-Buch, das neue Maßstäbe setzt.

Der Programmierer erhält mit diesem Buch alle notwendigen Informationen, um mit seinem Rechner (IBM PC, PS/2 oder Kompatible) effizient umgehen zu können. Zum Beispiel geht es um folgende Inhalte: Aufbau von PC und PS/2 – Interne Kommunikation – ROM-Software – Externspeicher – ROM BIOS – Hilfsprogramme – DOS-Interrupts – DOS-Funktionen – Interface-Routinen – Schnittstelle zu Programmiersprachen.

Die Datenangaben zu den PCs und PS/2, die Beschreibung der technischen Details und ausführliche Tabellen erläutern die Unterschiede und Gemeinsamkeiten der jeweiligen Rechnerarchitektur. Der Programmierer erhält alle essentiellen Informationen, um klare, übersichtliche und professionelle Programme zu entwickeln. Programme, wie sie Peter Norton selbst nicht besser hätte konzipieren können!